청소년
지도사

2·3급

2차 면접대비

SD에듀
(주)시대고시기획

2024 청소년지도사 2 · 3급 2차 면접대비

Always with you

사람의 인연은 길에서 우연하게 만나거나 함께 살아가는 것만을 의미하지는 않습니다.
책을 펴내는 출판사와 그 책을 읽는 독자의 만남도 소중한 인연입니다.
SD에듀는 항상 독자의 마음을 헤아리기 위해 노력하고 있습니다. 늘 독자와 함께하겠습니다.

머리말

청소년지도사가 되기 위한 첫 번째 관문인 필기시험이 직무를 수행하는 데 필요한 지식을 평가하는 시험이라면, 두 번째 관문인 면접시험은 청소년지도사로서의 가치관 및 청소년에 관한 지식과 응용능력, 지도력 등을 평가합니다.

청소년지도사의 경우에는 특히 청소년에 대한 봉사와 사랑과 헌신이 있어야 하는 도덕적 직업이기에 면접시험이 더욱 중요합니다. 그러나 한정된 시간이라는 조건 속에서 수많은 수험생들을 제대로 평가하기란 어려운 일이며, 수험생 또한 자신의 본 모습을 제대로 평가받는다는 것은 매우 힘든 일입니다.

말하는 사람의 태도에 따라서 똑같은 답변이 진실된 답변으로 받아들여질 수도 있고, 반대로 허구적 답변으로 받아들여질 수도 있으며, 상황에 따라서는 너무 튀어버리는 답변이 될 수도 있고, 반대로 창의적인 답변으로 평가받을 수도 있습니다.

면접준비는 단 10여 분의 짧은 시간 안에 자신이 왜 청소년지도사가 되어야 하는지를 보여주기 위한 준비를 하는 것이며, 자신의 답변이 진실성 있는 답변으로 받아들여지고, 창의성 있는 답변으로 받아들여질 수 있도록 준비하는 과정입니다.

이 책의 모범답안은 각 공기업, 기업체 등에서 면접관으로 참여했던 전문가들의 자문을 받아 작성한 답안입니다. 하지만 이 책의 모범답안이 반드시 면접시험의 정답은 아니며, 답변의 방법과 방향을 제시하는 답안일 뿐입니다. 수험생은 모범답안을 참고하며, 본인 스스로의 답변을 따로 준비하고 정리해야 합니다. 그리고 주위의 가족이나 동료들 앞에서 미리 답변하는 연습을 수차례 하여 조언을 받고, 수정하는 작업을 반복해야 합니다.

이 책의 특징은 다음과 같습니다.

도서의 특징

❶ 청소년지도사 2급과 3급을 준비하는 수험생들을 한꺼번에 아우를 수 있도록 효과적으로 구성하였습니다.

❷ 2023년 치러진 면접시험에 응시한 수험생들의 후기를 취합하여 새로 등장한 문제들을 수록하였습니다.

❸ 최신개정법령을 반영하여 도서 내용을 수정하였습니다. 본 도서에서 참고한 법령은 다음과 같습니다.
청소년기본법(시행 24.3.26), 청소년활동진흥법(시행 24.9.27), 청소년보호법(시행 24.3.26), 아동 · 청소년의 성보호에 관한 법률(시행 24.6.27), 청소년복지지원법(시행 24.4.25)

아무쪼록 본 수험서가 청소년지도사라는 고귀한 직업에 도전하는 수험생들을 합격으로 이끄는 작은 길라잡이가 되기를 희망하면서, 수험생 여러분 모두의 건강과 합격을 진심으로 기원합니다.

편저자 씀

이 책의 구성과 특징

CHAPTER

01 | 청소년지도사로서의 가치관 및 정신자세

'01 청소년지도사로서의 가치관 및 정신자세'에서는 청소년지도사가 가...
청소년지도사로서 봉사하고자 하는 자세를 갖추고 있는지를 확인합니...
기, 바람직한 청소년지도자상, 청소년지도사가 갖추어야 할 덕목 등에 ...
니다.

평가항목
• 청소년에 대한 기본적 이해
• 사명감 및 지도철학
• 사회적 책임과 의무

| 질 문 |

청소년지도사에 대해 설명해 주세요.

| 답변 |

청소년지도사는 청소년시설, 단체, 관련 기관에서 청소년 육성 및 지도 업...
년기본법」 제21조에 따라, 자격검정에 합격하고 청소년지도사 연수기관에...
게 이 자격을 부여합니다.

01 청...

CHAPTER

01 | 청소년육성제도론

〈PART 02 과목별 예상 면접질문〉편에서는 청소년지도사 필기시험 각 과목별로 반드시 숙지해야 할 개념들과 주요 용어들을 중심으로 예상 질문과 모범답안을 수록하였습니다.

주요개념
• 청소년, 청소년법규의 기본적 이해
• 청소년관계법 및 청소년정책제도
• 청소년법과 제도의 과제 및 발전방향 등

| 질 문 |

「청소년기본법」의 기본이념은 무엇인가요?

| 답변 |

「청소년기본법」은 청소년이 사회구성원으로서 정당한 대우와 권익을 보장받음과 아울러 스스로 생각하고 자유롭게 활동할 수 있도록 하며, 보다 나은 삶을 누리고 유해한 환경으로부터 보호될 수 있도록 함으로써, 국가와 사회가 필요로 하는 건전한 민주시민으로 자랄 수 있도록 하는 것을 기본이념으로 합니다.

| 질 문 |

「청소년기본법」이 규정한 청소년의 연령은 어떻게 되나요?

| 답변 |

「청소년기본법」이 규정한 청소년은 9세 이상 24세 이하인 사람을 말합니다.

01 청소년육성제도론 51

PART 1   채점항목별 예상 면접질문

면접시험 채점표의 다섯 분야를 담아 출제가능성이 높은 질문과 그에 따른 모범답안을 수록하였습니다. 대부분의 질문들이 본 단원에서 많이 출제되고 있으므로 특히 유념해서 공부해야 하며, 본인만의 창의적인 답변 준비가 필요한 단원입니다.

PART 2   과목별 예상 면접질문

청소년관련 전문지식을 묻는 질문에 대비하여 출제가 예상되는 전문지식들과 이에 적합한 답안을 간추려 수록하였습니다. 본 단원은 전문지식과 관련된 분야로서, 수록된 답안을 그대로 암기하여 발표해도 무방한 분야이므로 숙독 학습이 필요합니다.

CHAPTER

01 | 2008 ~ 2023년 면접 기출문제

- 실제 면접 응시생의 기억을 바탕으로 복원한 면접 기출문제를 수록하였습니다.
- 정리된 개념을 보고 실제 면접을 대비해 말하기 연습을 하거나 예상 면접답변...
- 유사질문에 대한 답도 함께 정리한다면 면접관의 질문의 핵심을 파악할...

질문

청소년지도사가 되려는 이유는 무엇인가?

기본적으로 정답이 있는 것은 아니지만 아래와 같은 답변이 포함되면 좋...

- 평소 청소년에 관심이 많았다.
- 청소년의 성장을 바라보며 자아실현의 욕구를 실현하고 싶다.
- 청소년의 문제점에 대해 이해하며, 그들의 발전 가능성을 인정하기 때문에...

☑ **유사질문**

○ 청소년지도사로서의 자신만의 철학은 무엇인가?
○ 청소년지도사의 비전에 대해 어떻게 생각하는가?
○ 청소년 관련 분야 중 일하고 싶은 분야와 그 이유는 무엇인가?
○ 교사와 같이 청소년을 접하는 다른 직업이 많은데, 청소년지도사를 선...

질문

청소년지도사와 청소년지도자의 개념 차이는 무엇인가?

청소년지도사와 청소년지도자의 개념을 명확하게 구분하여 대답해야 하는...

- 청소년지도사는 청소년시설, 단체, 관련 기관에서 청소년 육성 및 지도...
- 청소년지도사는 「청소년기본법」 제21조에 따라 청소년 관련분야의 경력...을 갖춘 자이다.
- 청소년지도자는 「청소년기본법」에 의한 청소년지도사 및 청소년상담사와...청소년육성 및 지도업무에 종사하는 자를 총칭한다.

☑ **유사질문**

○ 청소년지도사에 대해 설명하시오.

CHAPTER

01 | 면접에 잘 나오는 시사상식

- '01 면접에 잘 나오는 시사상식'은 더 알아두면 좋은 배경지식으로, 실제 면접에서 풍부한 답변을 할 수 있도록 도움이 되는 정보를 수록하였습니다.
- 본 내용을 정독한 후에, 예상문제의 모범답안 작성 등 면접대비에 활용하시기 바랍니다.

■ **가상현실**
컴퓨터로 만들어 놓은 가상의 세계에서 사람이 실제와 같은 체험을 할 수 있도록 하는 최첨단 기술

■ **감정노동자**
- 배우가 연기를 하듯 타인의 감정에 맞추기 위하여 자신의 감정을 억누르고 통제하는 일을 일상적으로 수행하는 노동자
- 주요 직종 : 항공기 객실승무원, 홍보 도우미 및 판촉원, 고객상담원(콜센터 상담원), 미용사

■ **거품족**
지난 1986년부터 1990년까지의 거품경기 때 입사했거나 대학생활을 보낸 현재의 직장인 중 거품경기가 사라지면서 급변한 기업적 환경에 적응하지 못하는 직장인

■ **국회선진화법**
국회의장의 직권상정을 제한한 다수당의 법안 강행 처리를 차단하고, 여야가 첨예하게 대립하는 쟁점 법안은 과반수보다 엄격한 재적의원 5분의 3 이상이 동의해야 신속처리 법안으로 상정할 수 있도록 하는 법

■ **나일리지**
나이와 마일리지의 합성어로 나이를 앞세워 혜택, 권력을 행사하고 무조건적으로 우대받기를 원하는 사람을 뜻하며, 주로 젊은 사람들이 기성세대를 비판할 때 사용하는 용어

■ **니토족**
'당장 회사 때려치운다'며 말만 앞세우는 사람(No Action Talking Only)

■ **네스팅(둥지)족**
- 사회적 성공보다 단란한 가정을 중시하는 젊은 직장인들
- 유사용어로 대학동지족은 취업난 속에서 1년 이상 대학졸업을 늦추는 학생을 말함

| **PART 3** | **면접 기출문제 모음** |

2008~2023년 최근 면접 기출문제를 수록하였으며, 각 질문에 대한 답을 스스로 말하는 연습이 가능하도록 구성하였습니다. 질문 아래 적혀있는 핵심 Point를 자신의 말로 바꾸는 과정을 통해 면접시험을 대비할 수 있으며, 유사질문을 통해 비슷한 질문을 정리할 수 있도록 하였습니다. 이를 통해 면접관의 의도를 정확히 파악하고 올바르게 답변할 수 있을 것입니다.

| **부록** |

부록에는 '면접에 잘 나오는 시사상식', '면접에 잘 나오는 청소년 관련 정보'를 수록하였습니다. 먼저 '면접에 잘 나오는 시사상식'은 머리를 식힐 겸 가볍게 읽을 수 있도록 흥미롭게 구성하였습니다. '면접에 잘 나오는 청소년 관련 정보'는 개념들에 대해 다시 한번 연습하기 용이하도록 개념을 정리하였습니다.

시험안내

주최 · 주관기관

❶ **주최** : 여성가족부
❷ **주관**
  ▸ 한국산업인력공단 : 원서접수, 필기 및 면접시험 운영, 응시자격 서류접수 및 심사, 합격자 발표
  ▸ 한국청소년활동진흥원 : 자격연수, 자격증 교부

청소년지도사 개요

❶ 「청소년기본법」 제21조 제1항에 의거하여 1, 2, 3급으로 구분되는 청소년지도사 자격시험에 합격하고 청소년지도사 연수기관에서 실시하는 연수과정을 마친 후 국가(여성가족부장관)로부터 자격을 부여 받는 국가전문자격증을 말함
❷ 청소년지도사의 체계적이고 전문적인 양성을 위해 「청소년기본법」에서는 청소년지도사의 양성 및 배치에 관한 내용을 규정하여 1993년부터 국가공인 청소년지도사를 양성해오고 있음
❸ 청소년지도사는 청소년활동(수련활동, 문화활동, 교류활동)을 전담하여 청소년의 신체단련, 정서함양, 자연체험, 예절수양, 사회봉사, 전통문화활동 등을 지도함
❹ 「청소년기본법」에 따라 청소년시설과 단체에는 일정 기준에 의거하여 청소년지도사를 배치하여야 함

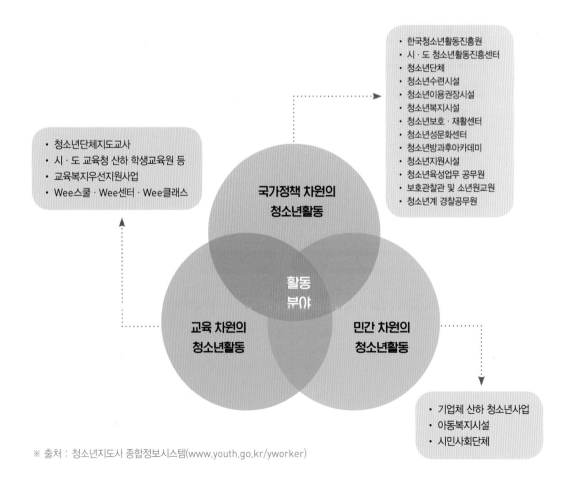

• 청소년단체지도교사
• 시 · 도 교육청 산하 학생교육원 등
• 교육복지우선지원사업
• Wee스쿨 · Wee센터 · Wee클래스

• 한국청소년활동진흥원
• 시 · 도 청소년활동진흥센터
• 청소년단체
• 청소년수련시설
• 청소년이용권장시설
• 청소년복지시설
• 청소년보호 · 재활센터
• 청소년성문화센터
• 청소년방과후아카데미
• 청소년지원시설
• 청소년육성업무 공무원
• 보호관찰관 및 소년원교원
• 청소년계 경찰공무원

국가정책 차원의 청소년활동

활동 분야

교육 차원의 청소년활동

민간 차원의 청소년활동

• 기업체 산하 청소년사업
• 아동복지시설
• 시민사회단체

※ 출처 : 청소년지도사 종합정보시스템(www.youth.go.kr/yworker)

2024년 시험일정

회 차	원서접수	필기시험	필기합격자 발표일	면접접수	면접시험	최종합격자 발표일
32회	7.8~7.12	8.24	11.6	11.11~11.15	12.2~12.7	12.26

※ 시험일정은 변경될 수 있으니 반드시 해당 홈페이지를 확인하시기 바랍니다(q-net.or.kr/site/jidosa).

시험과목 및 검정방법

❶ 필기시험

구 분	시험과목	검정방법		문제수(객관식/주관식) / 배점(객관식/주관식)
1급 (5과목)	• 청소년연구방법론 • 청소년 인권과 참여 • 청소년정책론 • 청소년기관 운영 • 청소년지도자론	주·객관식 필기시험 (면접 없음)		각 20문제(14/6) / 100점(70/30)
2급 (8과목)	• 청소년육성제도론 • 청소년지도방법론 • 청소년심리 및 상담 • 청소년문화 • 청소년활동 • 청소년복지 • 청소년프로그램 개발과 평가 • 청소년문제와 보호	객관식 필기시험	면 접 (3급 청소년지도사 자격증 소지자는 면접시험 면제)	각 20문제(20/0) / 100점(100/0)
3급 (7과목)	• 청소년육성제도론 • 청소년심리 및 상담 • 청소년문화 • 청소년지도방법론 • 청소년활동 • 청소년문제와 보호 • 청소년프로그램 개발과 평가	객관식 필기시험	면 접	각 20문제(20/0) / 100점(100/0)

❷ 면접시험

주요 면접 내용	면접방법	면접대상
• 청소년지도자로서의 가치관 및 정신자세 • 용모·예의·품행 및 성실성 • 의사발표의 정확성 및 논리성 • 청소년에 관한 지식과 그 응용능력 • 창의력과 의지력, 지도력 등	집단면접 (응시자 3~5명씩 1조로 하여 3인의 면접위원이 채점)	2급·3급 시험응시자

시험안내

응시자격

구 분	자격요건
1급	• 2급 청소년지도사 자격 취득 후 청소년활동 등 청소년육성업무에 종사한 경력이 3년 이상인 사람
2급	• 대학 졸업(예정)자 또는 이와 같은 수준 이상의 학력이 있는 사람으로서, 2급 청소년지도사 필기시험 과목 모두를 전공과목으로 이수한 사람 • 2005년 12월 31일 이전에 대학을 졸업하였거나 이와 같은 수준 이상의 학력을 취득한 사람으로서, 별표1의 2에 따른 과목을 이수한 사람 • 대학원의 학위과정 수료(예정)자로서 2급 청소년지도사 필기시험 과목 모두를 전공과목으로 이수한 사람 • 2005년 12월 31일 이전에 대학원의 학위과정을 수료한 사람으로서, 별표1의 2의 규정에 따른 과목 중 필수영역 과목을 이수한 사람 • 대학 졸업 또는 이와 같은 수준 이상의 학력이 있다고 다른 법령에서 인정받은 후, 청소년활동 등 청소년육성업무에 종사한 경력이 2년 이상인 사람 • 전문대학 졸업 또는 이와 같은 수준 이상의 학력이 있다고 다른 법령에서 인정받은 후, 청소년활동 등 청소년육성업무에 종사한 경력이 3년 이상인 사람 • 3급 청소년지도사 자격 취득 후 청소년활동 등 청소년육성업무에 종사한 경력이 2년 이상인 사람 • 고등학교 졸업 또는 이와 같은 수준 이상의 학력을 인정받은 후, 청소년활동 등 청소년육성업무에 종사한 경력이 8년 이상인 사람
3급	• 전문대학 졸업(예정)자 또는 이와 같은 수준 이상의 학력이 있는 자로서, 3급 청소년지도사 자격검정에 필요한 과목 모두를 전공과목으로 이수한 사람 • 2005년 12월 31일 이전에 전문대학을 졸업하였거나 이와 같은 수준 이상의 학력을 취득한 사람으로서, 별표1의 2에 따른 과목을 이수한 사람 • 전문대학 졸업 또는 이와 같은 수준 이상의 학력이 있다고 다른 법령에서 인정받은 후, 청소년활동 등 청소년육성업무에 종사한 경력이 2년 이상인 사람 • 고등학교 졸업 또는 이와 같은 수준 이상의 학력이 있다고 다른 법령에서 인정받은 후, 청소년활동 등 청소년육성업무에 종사한 경력이 3년 이상인 사람

청소년지도사 자격검정 전공과목의 인정범위

등급	현행 자격검정과목	전공과목 인정범위
1급	청소년 인권과 참여	「청소년인권과 복지」 과목 이수자
2급	청소년육성제도론	「청소년육성법규와 행정」, 「청소년정책론」 중 1과목 이수자
	청소년심리 및 상담	「청소년심리」, 「청소년상담」 중 1과목 이수자
	청소년활동	「청소년수련활동」 과목 이수자
	청소년문제와 보호	「청소년문제」 과목 이수자
3급	청소년육성제도론	「청소년육성 법규와 행정」, 「청소년정책론」 중 1과목 이수자
	청소년심리 및 상담	「청소년심리」, 「청소년상담」 중 1과목 이수자
	청소년활동	「청소년수련활동」 과목 이수자
	청소년문제와 보호	「청소년문제」 과목 이수자

수험현황(면접시험)

회차	2020년(28회)			2021년(29회)			2022년(30회)			2023년(31회)		
	응시자	합격자	합격률	응시자	합격자	합격률	응시자	합격자	합격률	응시자	합격자	합격률
2급	3,993	3,001	75.16	3,702	2,568	69.37	3,581	2,920	81.54	3,003	2,448	81.52
3급	1,045	745	71.29	1,044	699	66.95	936	680	72.65	636	482	75.79

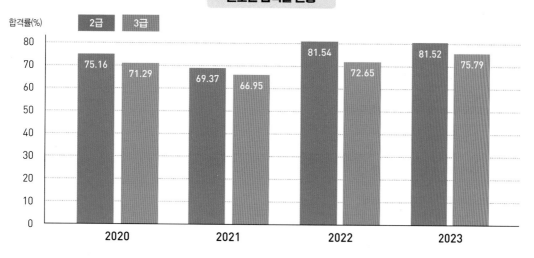

연도별 합격률 현황

시험안내

합격자 결정기준

❶ 면접시험위원 전원의 평정점수 합계를 평균하여 10점(15점 만점) 이상인 자로 한다.

❷ 단, 면접위원의 2인 이상이 어느 하나의 평가항목에 "하(1점)"로 평정한 때에는 평균점수와 관계없이 불합격으로 결정한다.

❸ 필기시험 · 면접시험 합격자 발표 후라도 제출된 서류 등의 기재사항이 사실과 다르거나, 부적격 사유가 발견될 때에는 시험 합격을 취소한다.

❹ 전년도 필기시험 합격자 면접 재응시 규정

▸ 필기시험에 합격하고 면접시험에 불합격한 사람은 다음 회에 한하여 필기시험을 면제한다(「청소년기본법 시행규칙」 제5조 제4항).

▸ 필기시험 면제자 중 서류제출에 따른 면제자는 이 규정에 해당하지 않는다(매년 응시원서 재접수 단, 응시자격 요건이 확인된 서류심사 합격자는 응시자격 서류를 한번만 제출하면 된다).

❺ 합격자 발표 및 서류제출 등은 청소년지도사 큐넷(www.q-net.or.kr/site/jidosa) 홈페이지를 통해 이루어진다.

청소년지도사 면접시험 채점항목

평가항목	평가기준점수		
	상	중	하
청소년지도자로서의 가치관 및 정신자세	3점	2점	1점
예의, 품행 및 성실성	3점	2점	1점
의사발표의 정확성 및 논리성	3점	2점	1점
청소년에 관한 지식과 그 응용능력	3점	2점	1점
창의력과 의지력, 지도력 등	3점	2점	1점

면접 준비과정

면접 대비사항

청소년에 대한 자신만의 철학을 확고히 하자!

청소년에 대한 확고한 철학을 갖추고 있다면 청소년에 대한 자신의 생각을 답할 때 머뭇거리지 않고 응할 수 있습니다.

청소년지도사에 대한 사전지식을 충분히 갖자!

수험자는 면접시험을 대비해 사전에 청소년지도사에 대한 지식을 쌓고, 청소년백서 등의 청소년 관련 최신 정보에 대해 폭넓은 지식을 가질 필요가 있습니다.

최근의 청소년 이슈를 확인하자!

종종 최근의 이슈와 관련된 질문이 등장하는데, 평소에 관련 뉴스나 소식에 관심이 없었다면 당황하여 제대로 대답하지 못할 수 있습니다. 그러므로 청소년과 관련된 뉴스를 자주 확인하고, 관련 키워드를 검색하여 살펴보는 등의 노력을 통해 이슈와 친숙해질 필요가 있습니다.

청소년과 관련된 여러 학문의 이론을 숙지하자!

피아제의 인지발달이론이나 에릭슨의 심리사회적발달이론과 같은 아동 · 청소년과 관련된 이론이 시험 문제로 등장하기도 합니다. 따라서 이에 대한 대비를 충실히 하여 점수를 획득하여야 합니다. 전공과목의 학습을 통해 익힌 개념들이니 오랜 시간을 투자하기보다는 주요개념 위주로 복습하는 것이 효율적입니다.

관련법을 숙지하자!

「청소년기본법」, 「청소년활동진흥법」, 「소년법」, 「청소년보호법」, 「아동 · 청소년의 성보호에 관한 법률」 등과 같이 청소년과 관련된 법에 대한 질문은 매년 빼놓지 않고 등장합니다. 법과 직접적인 관련이 없는 질문이더라도 자신의 주장이 어떤 법령을 근거로 하고 있는지 설명한다면, 면접관에게 설득력 있는 주장을 하는 면접자라는 평가를 받을 수 있을 것입니다.

면접 준비과정

면접 요령

면접 시 옷차림을 깔끔히 하자!

면접에서 옷차림은 간결하고 단정한 느낌을 주도록 하는 것이 좋습니다. 지나치게 화려한 원색계열의 옷이나 노출이 심한 디자인은 면접관에게 좋지 않은 인상을 줄 수 있습니다. 단정한 차림을 유지하면서도 자신만의 독특한 멋을 연출한다면 면접관에게 호감을 얻을 수 있을 것입니다.

첫인상에 주의하자!

청결한 복장과 올바른 자세로 침착하게 면접장에 들어가야 합니다. 첫인상이 잘못 형성되면 답변을 아무리 잘해도 상대적으로 좋지 않게 받아들여질 수 있습니다.

생기 있는 표정으로 임하자!

굳어 있는 표정이나 긴장한 표정은 말의 신빙성을 낮추기도 하고, 심지어 상대방의 경청에 방해가 될 수도 있습니다. 거울을 보고 웃으며 말하는 연습을 하고, 실제 면접에서도 여유 있는 표정을 보인다면 면접관들이 면접자의 답변에 귀 기울여줄 것입니다.

결론부터 이야기하자!

자신의 의사나 생각을 상대에게 정확하게 전달하기 위해서는 먼저 무엇을 말하고자 하는지 명확히 결정해 두어야 합니다. 대답을 할 경우에도 결론을 먼저 이야기하고, 설명과 이유를 나중에 덧붙이는 두괄식 화법을 활용한다면, 이야기가 깔끔하게 전달되고 논지가 명확해집니다.

질문의 핵심을 파악하자!

면접관이 질문을 통해 묻고 싶은 내용이 무엇인지 정확하게 파악하여 대답해야 합니다. 답변이 질문의 핵심에서 벗어난다면 좋은 말로 포장하여도 좋은 점수를 얻기는 힘들 것입니다.

면접 실전 POINT

자신의 차례가 아니어도 다른 면접자의 말에 귀를 기울이자!

경청하는 모습이 면접관에게 좋은 인상을 줄 것입니다. 또한 다른 면접자가 대답하지 못한 질문이 나에게 돌아올 수도 있는데, 이때 올바르게 대답하기 위해서는 다른 면접자가 놓친 부분이나 대답하지 못한 내용에 대해 미리 생각해두는 것이 좋습니다.

횡설수설하지 말자!

논리적으로 이야기할 필요가 있습니다. 횡설수설 두서없이 이야기하다보면 스스로 무슨 이야기를 하고 있는지 알기 어려워 더욱 긴장하게 되고, 말하고자 했던 바를 충분히 호소하지 못할 수 있습니다. 평소에 다른 사람 앞에서 조리 있게 말하는 연습을 꾸준히 하여야 합니다.

기죽지 말고 이야기하자!

맞는 내용을 말하더라도 자신감이 없다면 신뢰가 가지 않습니다. 자신이 알고 있는 지식을 정확하게, 자신감 있게 이야기하는 것이 중요합니다. 옆 사람이 대답을 유창하게 하더라도 위축되지 말고, 자신감 있는 태도를 유지하여야 합니다.

동료 응시자들과 협조하자!

집단면접으로 진행되기 때문에 동료 응시자들과 좋은 면접 분위기를 연출하기 위해 협력할 필요가 있습니다. 경쟁자로만 인식하지 말고 배려하는 자세가 필요합니다. 청소년지도사는 협력이 중요하므로, 혼자만 먼저 자리에 앉거나 입 · 퇴실할 때 순서를 지키지 않는 등의 모습은 감점의 요소가 될 수 있습니다.

면접 최종점검

면접 최종점검 체크리스트

평가영역	평가문항	미 흡	보 통	우 수
면접자세	면접 시간에 늦지 않을 수 있다.			
	면접 장소에 가는 길을 확실히 파악하였다.			
	면접 대기시간이 길어질 경우를 대비하였다.			
	면접실에 들어가서도 또렷한 목소리와 좋은 표정으로 말할 수 있다.			
	기본적인 면접 예절에 대해 숙지하였다.			
면접지식	청소년지도사 이론에 대한 큰 흐름을 파악하고 있다.			
	청소년지도사 이론에 대한 세부 주제를 정리하였다.			
	예상 면접질문에 대한 답을 미리 만들어보았다.			
	2008~2023년 기출문제를 보고 예상 답안을 작성해 보았다.			
	면접에 잘 나오는 시사상식 및 청소년 관련 정보를 숙지하였다.			
	시사 이슈에 민감하며, 최근 인상 깊게 본 청소년 관련 기사에 대해 말할 수 있다.			
면접발표	답변할 때 법률·정책·전문용어 등으로 명확한 근거를 제시할 수 있다.			
	생각하지 못한 질문에도 당황하지 않고 순발력 있게 대처할 수 있다.			
	청소년지도사라는 직업에 대해 정의할 수 있다.			
	자신의 가치관에 대해 말할 수 있다.			
	청소년지도사라는 직업이 자신의 가치관과 잘 맞다.			

※ 본 체크리스트는 스스로 면접 준비가 얼마나 되었는지 점검하는 용도로 활용하시기 바랍니다.

답변기준 및 대응방안

구 분	답변기준	대응방안
미 흡	• 평가문항을 충족할 자신이 없을 경우 체크합니다. • 평가문항에 대한 답변이 떠오르지 않는다면 체크합니다.	• 기본적인 면접자세, 면접지식, 면접발표에 대해 점검하고, 올바르게 숙지하였는지 확인합니다. • 실제 면접장과 같은 연습 환경을 조성하여, 실수를 줄이고 최대한 제 실력을 발휘할 수 있도록 합니다. • 그룹 스터디 등을 모집하고 참여하여 면접을 준비하는 것도 좋은 방법입니다. • 전문가나 동료 수험생에게 피드백을 구한 후 개선방안을 모색합니다.
보 통	• 스스로 평가문항을 충족한다고 생각하면 체크합니다. • 평가문항에 대해 올바른 답변을 할 수 있다면 체크합니다.	
우 수	• 평가문항을 충족하기 위해 세부 계획까지 철저하게 세워 준비했다면 체크합니다. • 평가문항에 대해 구체적인 근거를 들어가면서 답변할 수 있다면 체크합니다.	

합격수기

2023년도 합격자 후기 ❶

오○민

저는 직장에 다니고 있어 시험공부에 많은 시간을 투자할 수 없었습니다. 짧은 시간에 효율적으로 준비할 수 있는 방법을 갈구하다 SD에듀 도서에 대한 후기를 보고 선택하게 되었습니다.

파트 1과 파트 2에 정말 많은 양의 질문이 수록되어 있는데 아무래도 시간이 부족했기 때문에 모든 질문들을 완벽하게 준비하는 데에는 어려움이 있었습니다. 그래서 선택과 집중의 방법으로 파트 1과 파트 2를 간단하게 훑어본 후 파트 3의 기출복원문제와 비슷한 질문들을 골라내 효율적으로 공부할 수 있었습니다.

가장 좋았던 점은 예시 답변이 수록되어 있다는 점입니다. 어떻게 대답해야 할지 모르겠을 때 좋은 본보기가 되었습니다. 수록된 답변을 가이드라인으로 삼고 저만의 방식대로 변형하며 연습하니, 면접장에서 자연스럽게 대답할 수 있었습니다.

2023년도 합격자 후기 ❷

이○선

면접 준비과정부터 최종점검까지 한 권에 할 수 있는 좋은 책이에요.

카테고리별로 다양한 질문들이 수록되어 있어 체계적으로 공부하는데 도움이 되었어요. 부록에 있는 시사상식과 청소년 관련 정보! 꼭 끝까지 읽어보고 가세요. 면접 때 요즘 청소년에 대한 질문을 받았는데 시사상식 부분에 있던 키워드가 떠올라서 빠르게 대처할 수 있었어요. 살면서 처음 보는 면접이라 걱정이 이만저만 아니었는데, 책 앞쪽에 면접 준비과정에 관한 내용도 친절하게 수록되어 있어서 면접의 시작부터 끝까지 하나하나 도움받을 수 있는 책이었어요.

면접은 떨어뜨리기 위한 시험이 아니라 성실한 태도, 지도사에 대한 자격과 지식을 갖추고 있는지 확인하는 자리 같았어요. 차분한 마음가짐으로 성실하게 대답하고 모르더라도 겸손하게 이야기하면 다른 질문으로 기회를 주시기도 하니까 크게 긴장하지 말고 면접에 들어가셨으면 해요.

좋은 소식 있길 기원하며, 시험 보신 모든분들이 다 함께 좋은 청소년지도사 동료가 되었으면 좋겠습니다!

※ 본 합격수기는 SD에듀 홈페이지에 올라온 청소년지도사 면접 합격수기를 재구성한 것입니다. 개인정보 보호를 위해 합격생의 이름은 가명으로 작성되었습니다. SD에듀에서는 여러분의 다음 합격수기를 기다리고 있겠습니다(www.sdedu.co.kr).

이 책의 목차

PART 1

채점항목별 예상 면접질문

많이 보고 많이 겪고 많이 공부하는 것은 배움의 세 기둥이다.

– 벤자민 디즈라엘리 –

01 | 청소년지도사로서의 가치관 및 정신자세

'01 청소년지도사로서의 가치관 및 정신자세'에서는 청소년지도사가 가져야 할 가치관이 확립되어 있는지, 청소년지도사로서 봉사하고자 하는 자세를 갖추고 있는지를 확인합니다. 청소년지도사가 되고자 하는 동기, 바람직한 청소년지도자상, 청소년지도사가 갖추어야 할 덕목 등에 관련된 질문과 답변을 수록하였습니다.

평가항목
• 청소년에 대한 기본적 이해
• 사명감 및 지도철학
• 사회적 책임과 의무

질 문

청소년지도사에 대해 설명해 주세요.

| 답변 |

청소년지도사는 청소년시설, 단체, 관련 기관에서 청소년 육성 및 지도 업무에 종사하는 자를 말합니다. 「청소년기본법」 제21조에 따라, 자격검정에 합격하고 청소년지도사 연수기관에서 실시하는 연수과정을 마친 사람에게 이 자격을 부여합니다.

어떤 계기(동기)로 청소년지도사가 되고자 했는지, 아이들이나 책 혹은 영화 등의 예를 들어 말씀해 주세요.

| 답변 |

처음에는 일명 '중2병'에 걸렸던 제 아이를 좀 더 이해하고 싶어서 인터넷에서 청소년 관련 정보를 찾다가 청소년지도사에 대한 정보를 발견하였고, 읽다 보니 청소년지도사라는 직업이 저의 적성에 잘 맞는 것 같았습니다. 또 우리 아이뿐만 아니라 다른 청소년도 이해할 수 있고 그들에게 도움이 된다면 삶에서 보람을 느낄 수 있을 것 같았습니다. 이왕 도움을 주려면 전문적인 지식을 갖추는 것이 좋겠다고 생각하여 청소년지도사 자격증 취득에 도전하게 되었습니다.

질 문

청소년지도사가 하는 일에 대해 설명해 주세요.

| 답변 |

청소년활동을 전담하여 전체 청소년의 신체단련, 정서함양, 자연체험, 예절수양, 사회봉사, 전통문화활동 등을 지도하는 역할을 합니다. 또한 참가 프로그램 기획과 운영, 청소년 상담, 청소년에 대한 연구, 청소년 발전 저해 시설 및 주변 환경 개선에 관련된 활동 등을 통해 청소년들의 변화를 촉진하는 촉진자·동기유발자의 역할을 합니다.

청소년지도사가 갖추어야 할 바람직한 자질은 무엇이라고 생각하나요?

| 답변 |

첫째, 청소년지도사에 대한 신념과 열정, 청소년을 향한 애정과 긍정적 시각이 있어야 한다고 생각합니다.
둘째, 자신이 맡은 지도활동에 대한 전문적인 지식과 기술을 갖춘 전문가로서의 자질이 필요하다고 생각합니다.
셋째, 청소년들의 특성과 요구를 분석하고, 다양한 프로그램을 개발할 수 있는 개발자로서의 자질을 갖추어야
한다고 생각합니다.
넷째, 청소년의 개인적 성장을 지원하고, 그들의 문제해결과 의사결정 과정을 조력하며, 잠재적 능력을 개발시
켜줄 수 있는 지도자적 자질을 갖추어야 한다고 생각합니다.

질 문

본인이 생각하는 바람직한 청소년지도사 상에 대해 말씀해 주세요.

| 답변 |

겸손한 자세와 열린 마음, 그리고 공평한 태도로 청소년을 대하고, 저와 저의 세대가 가진 주류 가치관으로
그들을 판단하지 않아야 합니다. 또한 진심으로 그들에게 공감하고 그들의 혼란한 마음과 아픔에 공감해 줄
뿐만 아니라 전문가로서 함께 해결책을 찾아나가며 그들에게 도움을 주는 모습이 청소년지도사의 바람직한
모습이라고 생각합니다.

청소년지도사의 사회적 책임은 무엇이라고 생각하나요?

| 답변 |

청소년지도사의 사회적 책임은 청소년이 건전한 인격체로 성장할 수 있도록 봉사와 헌신으로 지도하는 것이라고 생각합니다.

청소년은 우리 사회의 미래이며 장차 이 나라를 이끌어 갈 주역입니다. 청소년들이 사회의 공통 가치와 목표를 바르게 습득하고, 미래의 구성원으로서 맡은 역할을 할 수 있도록 지도하는 것이 청소년지도사의 사회적 책임입니다.

학교 교사와 청소년지도사의 차이에 대해 설명해 주세요.

| 답변 |

학교 교사는 학교라는 공간에서 교과서 위주의 지식교육을 통한 지성계발을 목적으로 학생을 지도합니다. 반면 청소년지도사는 「청소년기본법」 제21조에 의한 자격검정제도를 거쳐 자격을 취득하고, 청소년에 관한 전문적 지식을 가지고 청소년활동지도 및 관리운영분야 등에 종사하는 자입니다. 또한 청소년지도사는 학교라는 공간을 벗어나 공부가 아닌 덕성계발을 목적으로 지도하는 사람을 말합니다.

청소년과 기성세대의 차이점은 무엇이라고 생각하나요?

| 답변 |

산업혁명 이전 세대와 산업혁명 이후 세대의 가치관에 큰 차이가 있듯이, 산업사회 세대인 기성세대와 정보사회 세대인 청소년은 가치관에서 많은 차이가 있다고 생각합니다.

첫째, 산업사회 세대인 기성세대가 물질적 가치를 무엇보다 중시하는 데 비해, 정보사회 세대인 청소년들은 오히려 문화적 가치를 더 중요시한다고 생각합니다.

둘째, 기성세대는 집단이나 공동체를 강조하지만, 청소년들은 개성을 중시하는 개인주의적 가치를 중요하게 여긴다고 생각합니다.

셋째, 기성세대는 사람과의 관계에서 위계질서가 강한 반면, 청소년들은 개인 간 수평적 관계를 중시한다고 생각합니다.

청소년지도사가 된다면 어떻게 청소년을 지도하겠습니까? 또한 앞으로 진행하고 싶은 프로그램은 무엇이 있을까요?

| 답변 |

제가 청소년지도사가 된다면 청소년을 함부로 평가하지 않고 '있는 그대로' 이해하려고 노력하겠습니다. 그 후에 각 개인의 특성과 욕구를 수용하기 위해 다양한 프로그램과 지도방법을 마련하고, 각 프로그램의 진행을 청소년이 스스로 계획하고 운영함으로써 자신의 행동에 책임감을 느끼고 활동의 결과에 만족할 수 있도록 지도하겠습니다.

그동안 코로나19 상황으로 인해 많은 청소년들이 오프라인에서 진행되는 활동을 거의 하지 못하게 되었고, 온라인 활동을 하더라도 어려움이 많이 발생하였습니다. 현재의 상황에 맞춰 대면이 어려운 상황에서 청소년과 함께할 수 있는 프로그램을 개발하고 연구하고 싶습니다.

최근 용인시 신갈청소년문화의집에서 진행한 '비대면 식물심기 숲체험'이 좋은 예시일 듯 합니다. 식물심기 키트, 숲 키트를 배포한 다음 온라인 줌에서 만나 식물심기 체험을 함께하는 방법으로 진행되었습니다. 코로나 확산으로 인해 대면접촉이 불안한 상황에도 숲 이야기에 함께 공감하며 자연친화적으로 마음을 나눌 수 있도록 진행한다는 것이 가장 큰 장점이라고 생각합니다.

청소년들과의 세대 차이를 극복하기 위한 방안에는 어떤 것이 있나요?

| 답변 |

세대 차이를 극복하기 위해서는 우선 청소년들의 행동과 생각을 청소년의 입장에서 이해하려고 노력하는 것이 중요하다고 생각합니다. 그러기 위해서는 청소년들과의 많은 대화를 통하여 그들이 가지고 있는 고민이나 불안을 함께 해결하고, 그들의 관심사에 대해서 지지하고 격려해야 합니다.

질 문

인생의 좌우명은 무엇인가요?

| 답변 |

제 좌우명은 "가슴은 뜨겁게, 머리는 차갑게!"입니다. 중요한 것을 결정해야 하는 과정에서는 사리사욕이나 부당한 유혹과 타협하지 않고, 양심에 따라 차가운 머리로 냉철하게 판단하고 결정하는 사람이 되고 싶습니다. 그리고 일단 결정된 문제에 대해서는 뜨거운 가슴으로 열과 성을 다해 맡은 일에 후회 없이 도전하는 사람이 되고 싶습니다. 청소년지도사가 된다면 모든 일을 냉철하게 판단하고, 뜨거운 열정으로 맡은 일에 몰입할 수 있도록 항상 최선을 다하겠습니다.

02 | 예의·품행 및 성실성

'02 예의·품행 및 성실성'에서는 청소년의 모범이 되어야 하는 청소년지도사가 갖추어야 할 몸가짐이 제대로 갖추어져 있는지와 주어진 업무를 성실하게 처리할 수 있는지를 평가합니다. 이와 관련된 질문과 답변을 수록하였습니다.

평가항목

- 사용 용어의 적절성
- 자질 및 태도
- 성실한 답변을 위한 노력도

질문

본인의 성격에 대해서 말씀해 주세요. 단점도 있으면 같이 이야기해 주세요.

| 답변 |

제 성격은 한마디로 '외유내강형'이라고 표현하고 싶습니다. 감동적인 영화 장면을 보면 혼자 눈물을 흘리고, 사랑하는 사람을 위해서는 많이 아파하고, 지하철에서 노약자를 보면 몸이 피곤한 경우에도 주저 없이 자리를 양보하지만, 부당한 유혹에는 비록 저에게 이득이 돌아온다고 할지라도 결코 타협하지 않으며, 불의를 보면 앞장서서 맞서는 성격입니다. 하지만 저의 이런 성격이 때로는 단점이 되기도 합니다. 편법과 꼼수를 싫어하다 보니 주변 사람들과 종종 의도치 않은 마찰이 일어나고는 했습니다. 그러나 최근에는 부드럽게 대화하는 연습을 통해 이를 극복하고 상황을 완만하게 해결하고자 노력하고 있습니다.

질 문

동료관계에서 가장 중요하다고 생각하는 것은 무엇인가요?

| 답변 |

동료관계에서 가장 중요한 것은 '신뢰'와 '존중'이라고 생각합니다. 서로 신뢰하고 믿음으로써 상대방의 실수에 대해 격려하고, 필요한 정보를 공유하며, 어려울 때 서로 조언을 해줄 수 있는 관계라면, 직장생활에서의 어떠한 어려움도 이겨내고 조직에서 원하는 목표를 성취할 수 있을 거라고 생각합니다.

또한 동료의 의견과 능력을 존중하여 자신 또한 존중받는다면, 업무를 즐겁게 수행할 수 있고 업무 성과도 배가 될 것이라고 확신합니다.

질 문

자신과 상대방의 의견이 충돌할 경우 어떻게 하겠습니까?

| 답변 |

상대방과 의견충돌이 있는 경우는 크게 3가지라고 생각합니다.

첫째, '상대방이 옳고, 내가 잘못 생각한 경우'입니다. 이 경우 자신의 잘못을 인정하는 것은 부끄러운 일이 아니므로, 당당하게 잘못을 인정하고 상대방의 의견을 따르겠습니다.

둘째, '상대방이 잘못 생각하고, 내가 옳은 경우'입니다. 이 경우 혹시 내가 잘못 생각한 것은 아닌지 주위 선배나 동료에게 다시 한 번 확인해 보고, 그래도 내가 옳다는 확신이 든다면 상대방을 계속적으로 설득하고 이해시키겠습니다. 타협이 되지 않더라도 상대방이 잘못 생각한 것을 따르지는 않겠습니다. 타협을 한다고 해서 문제가 해결되는 것이 아니며, 더 큰 문제에 봉착할 수 있기 때문입니다.

셋째, '서로 의견이 틀린 것이 아니라 의견이 다른 경우'입니다. 이 경우에는 먼저 상대방의 입장에서 이해하려고 할 것이며, 가능한 한 서로 조금씩 양보하여 최선의 의견을 도출하겠습니다.

상대방이 절실하게 도움이 필요해서 부탁하였는데, 정말 피치 못할 사정으로 부탁을 들어주지 못할 상황일 경우 어떻게 거절하시겠습니까?

| 답변 |

피치 못할 사정으로 타인의 부탁을 거절할 때는 먼저 도움이 필요한 상대방의 상황을 충분히 이해했음을 표명하겠습니다. 그리고 도움을 주지 못하는 제 자신의 상황이나 이유를 분명하게 설명하여 상대방을 이해시키고, 도움을 주지 못하는 미안함과 아쉬움을 함께 표현하겠습니다.

질 문

청소년 자원봉사와 관련하여 지인의 자녀가 실제로 봉사활동을 하지 않고 확인서를 받으려고 한다면 어떻게 하겠습니까?

| 답변 |

먼저 지인과 상담하여 자녀에게 어릴 때부터 편법과 불의를 가르치는 것은 자녀를 사랑하는 것이 아니라 자녀를 바르지 못한 길로 인도하는 것임을 이해시키고, 비록 몸이 조금 힘들더라도 봉사활동을 하는 것이 사회에 대한 이해와 가치관 등이 성숙하는 데 훨씬 도움이 될 것이라는 것을 설명함으로써, 자녀가 봉사활동에 참가할 수 있도록 하겠습니다.

본인의 능력을 인정해 주지 않는 상사가 있다면 어떻게 하겠습니까?

| 답변 |

능력을 인정받지 못한 것은 제가 수행한 업무가 상사가 요구하는 업무수준에 미치지 못했기 때문이라고 생각합니다. 따라서 상사가 요구하는 업무수준에 도달할 수 있도록 더 세심하게 업무를 처리할 것이며, 조직과 상사가 제게 무엇을 원하고 어떤 능력을 필요로 하는지 대화와 소통을 통해서 알아보고, 제 능력을 거기에 맞추어 키워가도록 부단히 노력하겠습니다.

학창시절에 봉사활동을 해본 적이 있나요?

| 답변 |

대학 신입생 때 동아리 모임에서 '음성 꽃동네'로 2박 3일 동안 봉사활동을 다녀온 적이 있습니다. 비록 짧은 시간이었지만, 그곳에서 장애인들과 함께 생활하며 그들의 고충을 몸소 체험한 것은 장애인을 이해하는 새로운 계기가 되었습니다. 장애인들에 대한 봉사활동을 통하여 힘들게 살아가는 소외된 이웃에게 사랑과 봉사가 절실히 필요하다는 것을 느꼈으며, 한편으로는 그들의 때묻지 않은 순수한 미소를 통해 마음이 정화되고 행복감을 느꼈습니다. 앞으로도 봉사활동을 지속적으로 할 계획입니다.

질문

청소년지도사가 되기 위해 어떤 노력을 했습니까?

| 답변 |

청소년지도사가 되기 위해 대학생활 중 청소년지도사 관련 학과공부도 열심히 했지만, 그에 못지않게 위기청소년들이나 학교 밖 청소년들 또는 저소득층 아이들을 지도하는 '야학지도' 동아리 활동도 열심히 했습니다. 야학지도를 통해 어려운 상황에서도 꿋꿋하게 공부하는 학생들을 바라보며 청소년지도사의 꿈을 키웠고, 지역 청소년 상담센터에서 멘토로 활동하기도 하는 등 청소년들에게 도움을 줄 수 있는 사람이 되고자 노력하였습니다.

질문

신문이나 TV뉴스에서 본 관심 있는 청소년 관련 기사가 있습니까?

| 답변 |

최근 가장 관심있게 본 기사는 '청소년의 온라인성범죄 노출'에 관한 기사였습니다. 카카오톡 등의 오픈채팅 기능을 이용하는 청소년들이 디지털그루밍에 노출될 위험이 있다는 내용이었는데, 청소년의 발달뿐만 아니라 안전에도 관심이 많은 저에겐 의미 있는 주제였습니다.

디지털의 발전이 온라인수업, 프로그램 등 다양한 분야에서 장점을 가지는 것은 사실이지만, 명이 있으면 암이 있듯이 온라인을 통한 청소년 성범죄 또한 나날이 그 몸집을 키워가고 있습니다. 요즘 청소년들은 자신의 생각과 의견이 뚜렷하고, 그것을 피력하는 것에 두려움이 없습니다. 하지만 완전한 성인이 아닌 만큼 불완전성을 내포한 것도 사실이므로 청소년이 안전하게 살아갈 수 있도록 관심을 가지고 지도하는 것도 청소년지도사와 모든 성인의 역할이라고 생각합니다.

※ 해당 질문은 자주 등장하므로 반드시 본인만의 답변을 준비해야 한다.

03 | 의사발표의 정확성 및 논리성

'03 의사발표의 정확성 및 논리성'에서는 청소년지도사가 청소년과의 커뮤니케이션을 통하여 청소년에게 정확하고 실질적인 도움을 줌으로써 변화를 창출해 낼 수 있는 능력을 가지고 있는지 확인합니다. 이와 관련된 질문과 답변을 수록하였습니다.

평가항목

• 질문내용에 대한 이해 및 답변의 정확성
• 논리적인 의사표현 능력
• 원활한 의사소통을 위한 전문성

질 문

요즘 청소년들의 특징 중 성인들이 인정해야 할 점은 무엇인가요?

| 답변 |

요즘 청소년들이 과거와 다른 특징 중의 하나는 과거보다 관심의 영역이 다양해지고, 자신의 표현과 자기주장이 분명해지고 있다는 점입니다. 이에 따라 우리 사회의 모든 영역에서 자신의 존재를 분명하게 드러내고, 개인주의적 사고·파격적 헤어스타일·옷차림 등으로 자신의 개성을 표현하기도 합니다. 성인들의 입장에서는 당황스러울 수도 있지만 청소년들의 자기주장을 긍정적으로 인정하는 자세가 필요하며, 바르고 건강한 삶을 살 수 있도록 지도하여 돕는 것이 우리 성인이 해야 할 일이라고 생각합니다.

요즘 청소년문화의 특징에 대해 설명해 주세요.

| 답변 |

청소년문화는 '입시 문화'에 크게 좌우되는 특징이 있습니다. 상급학교 진학을 위해 입시 공부에 매달리고, 시험과 성적의 압박을 받으며, 이로 인해 일탈행동이 나타나기도 합니다.

또한 청소년문화는 '소비성 문화'의 성격이 강합니다. 생산적인 문화보다는 노래방이나 오락실, 공연장 등의 공간을 이용하는 경우가 많아 다분히 소비적인 문화라 할 수 있습니다.

동시에 청소년문화는 '감각지향적인 문화'입니다. 이성(理性)의 우월성을 강조하는 전통적인 관념에 저항하고, 감각적 · 즉각적인 것을 추구하는 문화적 특성이 있습니다.

이에 더해 청소년들은 정보화의 빠른 발달을 어린 시절부터 누리고 있습니다. 때문에 청소년들의 문화는 '디지털 문화'라고 할 수 있을 정도로 친(親)디지털적입니다.

마지막으로 청소년문화는 '소외문화'라고 볼 수 있습니다. 청소년들이 지닌 수많은 욕구와 바람들이 모두 '공부' 혹은 그 외의 여러 과제들로 인해 성인기로 유예되고 있습니다. 이로 인해 청소년들은 무력감과 소외감, 욕구불만과 욕구좌절, 상대적 박탈감 등을 느끼는 것이 현실입니다.

소위 말하는 '왕따학생'이 죽고 싶다면서 상담을 요청했을 때 올바른 지도방법은 무엇입니까?

| 답변 |

'왕따학생'의 경우 내재화된 부정적 자아개념이 문제를 더욱 심화시키기도 합니다. 따라서 타인의 비난에 어떻게 대처할지에 대한 것보다는 자기 존재에 대한 수용이 선행되어야 하며, 낮아진 자존감을 회복시켜 주어야 한다고 생각합니다. 저는 '왕따학생'에게 상담을 통해 문제를 해결할 수 있다는 믿음을 주고, 죽음은 해결책이 될 수 없음을 설명할 것입니다. 또한 긍정적 자아개념을 회복하고 생활 방식을 개선하여 건강한 학교생활을 영위할 수 있도록 지도하겠습니다.

청소년 모임에서 학생이 교사의 지도를 잘 따르지 않거나, 때때로 반항하는 경우에는 어떻게 하겠습니까?

| 답변 |

먼저 공격적인 감정을 수용하고 억울하다고 생각하는 감정에 귀를 기울이겠습니다. 이와 함께 모임에서 적절한 역할을 맡기며, 역할을 잘 수행한 점에 대해 고마움을 표시하고 격려하여 긍정적 자아개념을 형성할 수 있도록 지도하겠습니다.

질 문

청소년지도사로서 지금 막 수능을 본 학생들과 어떤 활동을 하고 싶으세요?

| 답변 |

수능으로 인한 스트레스를 풀 수 있도록 1박 2일 여행 같은 프로그램을 만들어 진행하고, 다른 한편으로는 대학생활이나 사회생활을 제대로 준비할 수 있도록 그와 관련한 정보를 제공해 주는 프로그램을 진행하는 것이 좋을 것 같습니다.

현재 이슈가 된 청소년 관련 문제 중 시급하게 해결해야 할 것은 무엇이라고 생각하나요?

| 답변 |

스마트폰으로도 할 수 있는 '사이버 불링' 문제가 가장 시급히 해결해야 할 문제라고 생각합니다. 사이버 불링은 휴대전화 문자메시지로 협박 메시지를 보내거나 소셜 네트워크 서비스(SNS), 카카오톡 등 스마트폰 메신저를 이용하여 상대방을 정신적·심리적으로 괴롭히는 행위를 말하는데, 이런 행위는 스마트폰만 있으면 가능하기 때문에 청소년들 사이에서 더 큰 문제로 확대될 것으로 생각되며 그에 따라 피해학생들도 증가할 것이기 때문입니다.

여성가족부에서 실행 중인 정책 중 가장 인상적인 정책은 무엇인가요?

| 답변 |

'여성 청소년 생리대 바우처 지원'이 인상적인 정책이라고 생각합니다. 예전에 신문에서 일부 청소년들이 생리대를 살 돈이 없어서 신발 깔창을 사용한다는 기사를 보고 충격을 받았었는데, 여성가족부에서 정책으로 입안하여 생리대를 구입할 수 있는 바우처 포인트 지원(월 13,000원, 연 최대 156,000원)에 나선 것을 보고 매우 좋은 정책이라고 생각했습니다.

「청소년보호법」의 활동 분야에 대해 아는 것이 있다면 설명해 주세요.

| 답변 |

「청소년보호법」은 청소년에게 유해한 매체물과 약물 등이 청소년에게 유통되는 것과 청소년이 유해한 업소에 출입하는 것 등을 규제하고 청소년을 유해한 환경으로부터 보호·구제함으로써 청소년이 건전한 인격체로 성장할 수 있도록 함을 목적으로 하며, 청소년보호위원회가 매체물이 청소년에게 유해한지를 심의하여 청소년에게 유해하다고 인정되는 매체물을 청소년유해매체물로 결정하는 활동 등을 합니다.

PART 1

우리나라 청소년보호 정책의 문제점은 무엇이라고 생각하나요?

| 답변 |

첫째, 청소년보호 정책 형성 및 집행의 관점이 기성세대의 가치관에 바탕을 두고 있으며, 정부주도적 성격이 강하다는 점입니다. 청소년들이 스스로 잠재능력을 계발하고 건강하게 성장해 나가는 것을 지원하기보다는, 기성세대의 관점에서 설정해 놓은 울타리 내에서의 안전을 보장하는 데 초점을 맞추고 있다는 점이 문제점이라고 생각합니다. 저는 청소년을 단순한 '보호의 객체인 미성숙한 존재'가 아니라 '미래창조의 자율적 주체'로 인식하고, 청소년보호 정책 수립과 집행의 관점을 청소년의 입장에 맞추어야 한다고 생각합니다. 이와 관련하여 저는 「청소년보호법」을 개정할 필요가 있다고 생각합니다. 유해환경의 차단과 규제 및 일탈 통제라는 소극적 차원을 넘어 건전한 생활환경을 조성하고 청소년의 건강한 성장을 위한 새로운 사회화 환경을 형성할 수 있도록 「청소년보호법」의 입법취지와 실천영역을 보다 확대해야 한다고 생각합니다.

둘째, 청소년에게 유해한 환경을 대안 없이 통제하거나 청소년들로부터 차단하려고만 하는 부정적 접근방식입니다. 타율적으로 생활환경을 제약하는 것은 오히려 청소년의 호기심을 자극하거나 반발을 불러일으킬 수 있으며, 길게 보면 일상생활에 대한 청소년의 자기 적응력을 떨어뜨릴 수도 있다고 생각합니다. 청소년들에게 게임 혹은 스마트폰을 무조건 못하게 하거나 차단하는 부정적 접근보다는 대안을 제공함으로써 스스로 다른 길을 찾아가도록 하는 긍정적 접근이 필요하다고 생각합니다. 그러기 위해서는 청소년들의 사회화 과정에 주목하여 문화적 활동과 연계하거나 다양한 체험과 참여를 장려함으로써 상상과 모험을 통한 미래의 잠재력 계발을 지원하는 데 주안점을 두어야 한다고 생각합니다.

질문

다문화 사회의 장점과 단점은 무엇이라고 생각하나요?

| 답변 |

다문화 사회의 장점으로는 먼저 다양한 문화가 공존하기 때문에 여러 가지 문화를 접할 수 있으며, 서로 상이한 문화에 대해 깊이 이해할 수 있게 된다는 점이 있습니다. 다른 문화의 관점에서 우리 문화를 성찰함으로써 새로운 문화를 창조할 수 있고, 다양한 문화가 모여 우리의 삶을 더욱 풍요롭게 만들 수 있다는 점 역시 장점입니다.

다문화 사회의 문제점으로는 '언어장벽'과 '문화충돌'을 들 수 있습니다. 특히 우리나라 사람과 결혼한 외국인 여성의 경우, 한국어를 제대로 습득하지 못해 2세의 경우도 한국어가 미숙한 채로 초등학교에 들어오는 일이 많습니다. 그러다 보니 언어적 발달장애를 겪고, 학교에서 친구들로부터 소외되며, 학습부진아가 되는 경우가 많다고 들었습니다. 또한 이주자와 원주민들 간의 언어, 종교, 가치관, 생활양식 등의 차이로 인한 문화충돌과 갈등의 문제가 발생할 수 있습니다.

질문

다문화청소년 지원 정책의 종류에 대해 말해주세요.

| 답변 |

다문화가족 자녀 언어교육, 이중언어 환경조성 사업, 방문교육 학습지원, 레인보우 스쿨, 무지개 Job아라, 내일을 잡아라 등이 있습니다.

04 | 청소년에 관한 지식과 그 응용능력

'04 청소년에 관한 지식과 그 응용능력'에서는 청소년지도사로서 기본적으로 갖추고 있어야 할 전문지식을 응시자가 얼마나 숙지하고 있으며, 아울러 관련 지식을 실제상황에 접목하여 응용할 수 있는 능력이 있는지를 확인합니다. 최근 면접 경향은 전문지식 중 청소년 관련 법조항에 대한 기본적인 내용의 숙지 여부와 '청소년 아르바이트를 관리하는 법률은 무엇인가?'처럼 청소년의 실생활과 관련된 법조항을 묻는 질문이 많습니다.

평가항목

- 청소년 관련 법령 및 정책에 대한 이해
- 청소년 분야에 대한 기초 및 전문지식
- 청소년활동 프로그램에 대한 이해 및 운영능력

질 문

청소년지도사에게 청소년지도와 관련된 전문적인 지식과 기술이 요구되는 이유는 무엇인가요?

| 답변 |

청소년지도사는 다양하고 복합적인 과제를 수행하기 때문에 전문적인 지식과 기술이 요구됩니다. 청소년지도사는 다양한 특성을 지닌 청소년들을 대상으로 생활지도와 상담, 수련활동 및 체험, 봉사, 문화활동 등을 수행하는 실행자이고, 청소년들의 요구와 발달과정 및 성격 등을 진단·분석하는 연구자입니다. 또한, 청소년 단체와 시설 등을 운영하는 관리자이고, 프로그램을 계획하고 구성하는 설계자로서 다양하고 복합적인 특수 과제를 수행해야 합니다.

청소년헌장 서문에 규정되어 있는 청소년은 어떤 존재인가요?

| 답변 |

청소년헌장 서문에 따르면 청소년은 자기 삶의 주인이며, 인격체로서 존중받을 권리, 시민으로서 미래를 열어갈 권리를 가진 존재입니다. 또한 스스로 생각하고 선택하며 활동하는 삶의 주체로서 자율과 참여의 기회를 누리고, 생명의 가치를 존중하며, 정의로운 공동체의 구성원으로 책임 있는 삶을 살아가는 존재입니다.

「청소년기본법」의 목적에 대해 설명해 주세요.

| 답변 |

「청소년기본법」은 청소년의 권리 및 책임과 가정·사회·국가·지방자치단체의 청소년에 대한 책임을 정하고 청소년정책에 관한 기본적인 사항을 규정함을 목적으로 하는 법입니다.

청소년 참여기구 3가지는 무엇인가요?

| 답변 |

'청소년특별회의', '청소년참여위원회', '청소년운영위원회'입니다.

'청소년 참여예산제'에 대해 설명해 주세요.

| 답변 |

'청소년 참여예산제'는 청소년들이 제안한 실현가능한 의제를 채택하는 방식으로, 청소년들이 관련정책 조성에 직접 참여함으로써 정책의 실효성을 확보하고 권익을 증진하는 목적으로 추진되는 제도입니다.

「아동 · 청소년의 성보호에 관한 법률」의 목적과 적용대상이 되는 '아동 · 청소년'의 연령은 어떻게 되나요?

| 답변 |

「아동 · 청소년의 성보호에 관한 법률」은 아동 · 청소년대상 성범죄의 처벌과 절차에 관한 특례를 규정하고, 피해아동 · 청소년을 위한 구제 및 지원 절차를 마련하며 아동 · 청소년대상 성범죄자를 체계적으로 관리함으로써 아동 · 청소년을 성범죄로부터 보호하고 건강한 사회구성원으로 성장할 수 있도록 함을 목적으로 하며, 대상연령은 만 19세 미만입니다.

청소년지도사 자격증은 어떤 법에서 관리하나요?

| 답변 |

청소년지도사 자격증은 청소년지도사 자격검정 시험에 합격하고 청소년지도사 연수기관에서 실시하는 연수과정을 마친 자에게 국가에서 부여하는 국가공인 자격증으로서, 「청소년기본법」에서 관리합니다.

'청소년증'에 대해 설명해 주세요.

| 답변 |

'청소년증'은 만 9세 이상 18세 이하 청소년이 학생 여부와 무관하게 본인임을 확인하는 신분증으로, 특별자치도지사, 특별자치시장, 시장·군수·구청장이 발급합니다. 공적신분증(대학수학능력시험·검정고시·운전면허시험, 은행거래 등에서 신분 증명), 청소년우대 증표(교통시설, 문화시설, 여가시설 등에서 이용료 면제 또는 할인 증표), 선불형 교통카드(대중교통 및 편의점 등에서 선불결제) 등의 용도로 쓰입니다. 청소년증은 다른 사람에게 양도하거나 빌려주어서는 안 되고, 청소년증과 동일한 명칭 또는 표시의 증표를 제작·사용하여서는 안 되며 「청소년복지지원법」에서 관리합니다.

「청소년활동진흥법」상의 '청소년활동'의 정의를 설명해 주세요.

| 답변 |

「청소년활동진흥법」에서 정의된 '청소년활동'이란 「청소년기본법」에 따른 청소년활동을 말하며, 「청소년기본법」에는 "청소년의 균형 있는 성장을 위하여 필요한 활동과 이러한 활동을 소재로 하는 수련활동·교류활동·문화활동 등 다양한 형태의 활동을 말한다"고 규정하고 있습니다.

청소년프로그램 기획 시 어떤 점을 고려해야 한다고 생각하나요?

| 답변 |

첫째, 프로그램 개발 과정에 청소년들이 파트너로서의 충분한 참여가 보장되어야 합니다.
둘째, 프로그램에서 특정한 기능, 능력 및 자산을 강조한다는 명확한 목표를 가지고 시작해야 합니다.
셋째, 프로그램에 청소년들의 복합적인 학습양식을 나타내는 다양한 활동과 경험을 포함해야 합니다.
넷째, 프로그램을 통해서 청소년들에게 성인들과 또래집단들 간에 긍정적이고 지속적인 관계를 형성할 수 있는 기회를 제공해야 합니다.

질 문

'청소년활동', '청소년복지', '청소년보호'의 개념과 각각의 근거법률을 설명해 주세요.

| 답변 |

- '청소년활동'이란 청소년의 균형 있는 성장을 위하여 필요한 활동과 이러한 활동을 소재로 하는 수련활동·교류활동·문화활동 등 다양한 형태의 활동을 말합니다. 「청소년활동진흥법」을 근거로 하고 있습니다.
- '청소년복지'란 청소년이 정상적인 삶을 누릴 수 있는 기본적인 여건을 조성하고 조화롭게 성장·발달할 수 있도록 제공되는 사회적·경제적 지원을 말합니다. 「청소년복지지원법」을 근거로 하고 있습니다.
- '청소년보호'란 청소년의 건전한 성장에 유해한 물질·물건·장소·행위 등 각종 청소년 유해 환경을 규제하거나 청소년의 접촉 또는 접근을 제한하는 것을 말합니다. 「청소년보호법」을 근거로 하고 있습니다.
- 또한 앞에 언급한 모든 내용은 「청소년기본법」에도 근거하고 있습니다.

청소년수련관에 설치해야 하는 시설은 무엇인가요?

| 답변 |

「청소년활동진흥법 시행규칙」 제8조에 따르면 150명 이상 수용 가능한 실내집회장, 연면적 150제곱미터 이상의 실내체육시설, 2개소 이상의 자치활동실, 2개 이상의 특성화수련활동장, 1개소 이상의 상담실, 휴게실, 위생시설, 지도자실과 방송설비 등의 시설이 청소년수련관에 설치되어야 합니다.

질 문

'국립청소년수련시설' 6곳을 말해주세요.

| 답변 |

국립중앙청소년수련원(충남 천안), 국립평창청소년수련원(강원 평창), 국립청소년우주센터(전남 고흥), 국립청소년농생명센터(전북 김제), 국립청소년해양센터(경북 영덕), 국립청소년미래환경센터(경북 봉화) 등 총 6개소의 국립청소년수련시설이 각각의 특성을 살려 운영되고 있습니다.

※ 참 고

2024년 7월 국립청소년생태센터(부산)가 개원할 예정입니다. 해당 시설이 24년에 개원한다면 '국립청소년수련시설'은 총 7곳이 됩니다.

'청소년특화시설'에 대해 설명해 주세요.

| 답변 |

'청소년특화시설'은 청소년의 직업체험·문화예술·과학정보·환경 등 특정 목적의 청소년활동을 전문적으로 실시할 수 있는 시설과 설비를 갖춘 수련시설입니다.

질 문

'청소년수련활동인증제'와 그 공통기준에 대해 설명해 주세요.

| 답변 |

'청소년수련활동인증제'는 글로벌·다문화 시대의 흐름에 맞춰 청소년의 활동환경을 조성하고 지원하는 제도입니다. 청소년의 다양한 요구에 부응하고 사회문화적 역량을 개발·강화하는 데 목적이 있으며, 2004년 2월 「청소년활동진흥법」 제35조에 근거규정을 마련하고 2006년부터 운영되고 있습니다.
청소년수련활동인증제의 공통기준은 활동 프로그램, 지도력, 활동 환경에 따라 프로그램 구성, 프로그램 자원 운영, 지도자 전문성 확보 계획, 지도자 역할 및 배치, 공간과 설비의 확보 및 관리, 안전관리 계획이 있습니다.

'청소년수련활동신고제'를 설명하고, 신고 장소 및 활동에 대해 말해주세요.

| 답변 |

'청소년수련활동신고제'는 19세 미만 청소년을 대상으로 하는 청소년수련활동 계획을 사전에 신고하도록 하고, 신고 수리된 내용을 참가자가 확인할 수 있도록 인터넷에 공개하는 제도입니다.

신고하는 곳은 수련활동 주최자의 소재지 청소년정책 담당부서입니다. 신고해야 하는 활동은 이동숙박형, 고정숙박형 등 숙박형 수련활동과 청소년 참가인원이 150명 이상인 수련활동, 위험도가 높은 청소년수련활동이며, 위험도가 높은 청소년수련활동에는 수상활동, 항공활동, 산악활동, 장거리 걷기활동 등이 있습니다.

창의적 체험활동의 종류 3가지와 각각의 특징을 간단하게 설명해 주세요.

| 답변 |

창의적 체험활동(2022 개정 교육과정)의 종류에는 자율·자치활동, 동아리활동, 진로활동이 있습니다.

• '자율·자치활동'은 자기주도성과 창의성을 함양하기 위한 활동인 '자율활동'과 자신의 삶을 능동적이고 주도적으로 영위하며, 공동체를 조직하고 운영하는 역량을 함양하기 위한 활동인 '자치활동'으로 구성되어 있습니다.

• '동아리활동'에는 자신의 흥미 및 진로를 탐색하여 관련된 소질과 적성을 기르기 위한 활동인 '학술·문화 및 여가 활동'과 공동체와 사회에 기여함으로써 포용성과 시민성을 함양하기 위한 활동인 '봉사활동'이 있습니다.

• '진로활동'은 자신의 진로와 관련된 교육 및 직업 정보를 탐색하기 위한 '진로탐색활동'과 희망하는 진로와 직업의 경로를 설계하고 실천하기 위한 '진로설계 및 실천 활동'으로 구성되어 있습니다.

최저임금이란 무엇이고 2024년의 최저임금은 얼마인가요?

| 답변 |

최저임금이란 국가가 노·사간의 임금 결정 과정에 개입하여 임금의 최저수준을 정하고, 사용자에게 이 수준 이상의 임금을 지급하도록 법으로 강제함으로써 저임금 근로자를 보호하는 제도입니다. 「헌법」 제32조 제1항에 국가는 법률이 정하는 바에 의하여 최저임금제를 시행하여야 한다고 규정되어 있으며, 2024년의 최저임금은 시간당 9,860원입니다.

청소년 아르바이트는 어느 법에 의해서 관리되나요?

| 답변 |

청소년 아르바이트의 근로계약, 임금, 근로시간과 휴식 등은 「근로기준법」에 의하여, 최저임금은 「최저임금법」에 의하여, 일하는 도중 부상·질병·장애 등을 입은 경우에는 「산업재해보상보험법」에 의하여 관리되고 있습니다.

청소년 근로에 대한 규정 중 근로시간에 대해 말해주세요.

| 답변 |

15세 이상 18세 미만인 사람의 근로시간은 1일에 7시간, 1주일에 35시간을 초과하지 못합니다. 다만, 당사자 사이의 합의에 따라 1일에 1시간, 1주일에 5시간을 한도로 연장할 수 있습니다.

'청소년 알바 10계명'을 말해주세요.

| 답변 |

제1계명, 만 15세 이상의 청소년만 일할 수 있으며, 친권자(또는 후견인) 동의서, 가족관계 증명서를 제출해야 합니다.

제2계명, 임금, 근로시간, 휴일 · 휴가 등이 포함된 근로계약서를 작성하고 교부해야 합니다.

제3계명, 최저임금은 성인과 동일합니다.

제4계명, 청소년 고용이 금지된 업종의 일은 할 수 없습니다.

제5계명, 하루 7시간, 일주일에 35시간 초과하여 일할 수 없으며, 야간(22:00~06:00)이나 휴일에는 일할 수 없습니다.

제6계명, 휴일 및 초과근무 시 50%의 가산 임금을 받을 수 있습니다.

제7계명, 1주일 15시간 이상 근무, 1주일 개근한 경우 하루의 유급휴일을 받을 수 있습니다.

제8계명, 일하다 다쳤다면 「근로기준법」, 「산업재해보상보험법」 등에 따라 치료와 보상을 받을 수 있습니다.

제9계명, 임금은 현금으로, 직접, 전액, 매월 정해진 일자에 지급받아야 합니다.

제10계명, 강제근로 및 폭행, 직장 내 성희롱, 직장 내 괴롭힘, 부당해고 등은 금지됩니다.

청소년 인터넷게임중독에 대해 설명해 보세요.

| 답변 |

인터넷게임중독은 인터넷중독의 하위 유형 중 하나로, 강박적으로 컴퓨터 게임을 하는 것을 말합니다. 여기서 인터넷중독이란 인터넷 사용에 의존하는 사람들이 중독적 행동 양상을 보이는 것으로 인터넷 사용이 병리적 도박이나 섭식장애, 알코올 중독 등의 다른 중독들과 비슷한 양상으로 학문적·사회적·재정적·직업적 생활에 부정적 영향을 미치는 것이라고 정의할 수 있습니다.

※ 게임중독 증세 자기 진단표

• 게임을 하고 있지 않는데도 게임을 하는 느낌이 들 때가 있다.
• 게임을 한 이후로 해야 할 일이나 물건을 잃어버리는 등 건망증이 늘었다.
• 반드시 해야 할 일이 있어도 게임을 그만둘 수 없다.
• 게임 때문에 시험(일)을 망친 적이 있다.
• 게임을 통해서는 내가 할 수 없는 일을 할 수 있다고 느낀다.
• 게임을 하지 않는 날이 거의 없다.
• 컴퓨터를 컨 후 가장 먼저 게임을 시작한다.
• 게임을 하지 못할 때면 짜증이 나거나 화가 난다.
• 게임하는 것 때문에 가족들과 다툰 적이 있다.
• 게임 때문에 밤을 새운 적이 많다.
• 게임을 하는 도중 주인공이 다치거나 죽으면 마치 내가 그러는 느낌이 든다.
• 게임을 하다가 고함을 치는 경우가 많다.
• 내가 현실생활보다 게임에서 더 유능하다는 느낌이 든다.
• 게임 시간을 줄이려고 노력하는데도 번번이 실패한다.

게임중독 청소년을 만났을 때 취할 수 있는 제도적 대처법에는 어떤 것이 있나요?

| 답변 |

인터넷 게임은 중독성이 강하기 때문에 청소년을 보호하기 위해 법률로 게임시간선택제나 셧다운제도 등을 시행하여 규제합니다. 게임시간선택제는 문화체육관광부에서 시행하는 제도로, 부모와 자녀가 게임이용시간을 함께 정하고 조절할 수 있는 서비스이며, 매월 자녀의 게임이용시간과 이용요금 등이 부모님께 제공됩니다. 셧다운제도는 청소년의 과도한 게임 이용습관을 개선하고 청소년의 건강권·수면권을 확보하기 위해 16세 미만 청소년 대상으로 심야시간대(0~6시)에 인터넷게임 제공을 제한하는 제도였으나, 2022년 1월부로 폐지되었습니다.

05 | 창의력 · 의지력 및 지도력

'05 창의력 · 의지력 및 지도력'에서는 청소년지도사가 수많은 청소년들을 대상으로 다양한 문제들을 다루기 위해 필요한 창의적인 지도능력을 평가합니다. 돌발상황이나 예기치 않은 상황에서 위기를 극복하기 위해 필요한 리더십, 난관에 봉착했을 때 이를 극복해 낼 수 있는 의지력 등을 평가하기 위해 면접관들이 주로 묻는 질문과 답변을 수록하였습니다.

평가항목

- 환경변화에 따른 창의적인 청소년 지도능력
- 긴급 위기상황 발생 시 문제해결 및 대처능력
- 개인적 역량강화 및 발전방안

질문

청소년지도사의 역량 중 제일 중요하게 생각하는 역량은 무엇인가요?

| 답변 |

청소년지도사는 전문가, 교육자, 정보제공자, 격려자, 조직자, 상담자, 프로그램의 설계자 및 진행자, 분석자, 촉진자, 지역사회지도자, 과학자 및 예술가로서의 역량을 갖추어야 하며, 이 중 제가 제일 중요하게 생각하는 역량은 상담자로서의 역량입니다. 청소년지도란 청소년지도사가 일방적으로 하는 것이 아니라, 대상이 되는 청소년이 호응해야 원활하게 이루어지며 그러려면 그 청소년이 마음을 열어야 하기에 상담자로서의 역량이 제일 중요하다고 생각합니다.

청소년지도사가 되면 어떤 활동을 하고 싶은가요?

| 답변 |

청소년이 지역 간, 남북 간, 국가 간의 다양한 교류를 통하여 공동체의식 등을 함양하는 체험활동인 청소년교류활동을 하고 싶습니다. 이러한 활동으로 청소년들이 남북한의 언어나 문화 차이를 극복할 수 있도록 돕고 싶습니다.

청소년지도사가 현행 활동 말고 할 수 있는 더 새롭고 창의적인 활동은 어떤 것이 있을까요?

| 답변 |

인공지능, 증강현실, 사물인터넷 등 4차 산업혁명으로 이룩하고 있는 기술을 활용하여 좀 더 재미있고 창의적인 활동을 할 수 있을 것으로 생각합니다.

청소년 참여를 증진시키기 위해 어떻게 하겠습니까?

| 답변 |

인터넷이나 SNS, 인스타그램 등에 사진을 올리는 등 적절한 홍보를 통하여 청소년활동의 장점을 널리 알리고 활동에 참여했던 청소년의 체험담 등을 통해 청소년활동에 관심을 갖고 참여할 수 있게 하겠습니다.

PART 1

질 문

청소년지도사로서 강의를 한다면 어떤 내용을 강의하고 싶으세요?

| 답변 |

성평등에 관한 내용을 강의하고 싶습니다. 요즘은 젠더 이슈 등으로 인해 남녀 갈등이 더 심해지고 있다고 생각되는데, 강의를 통해 그러한 주제에 대해 심도 있게 다루고 남녀가 서로 이해하고 인정할 수 있는 장을 마련하고 싶습니다.

청소년 동아리활동을 담당하는 청소년지도사는 어떠한 지도 능력을 갖추어야 한다고 생각하나요?

| 답변 |

첫째, 청소년들을 '있는 그대로 받아들이고 인정하는 능력'이 필요합니다. 청소년지도사의 반응에 따라 동아리의 분위기가 순응이나 반항으로 갈라지기도 하고, 청소년들의 만족이나 불만으로 나타나기도 합니다. 따라서 지도사는 청소년의 의견이나 개성, 경험, 취향, 감정을 있는 그대로 받아들이고 인정해야 합니다. 아울러 동아리 구성원들과의 협력관계에서 청소년들의 과거 이야기나 먼 미래에 대한 이야기를 하기보다는 현재의 시점을 중심으로 이야기해야 하며, '지금-여기'를 가장 중요하게 생각하는 자세가 필요하다고 생각합니다.

둘째, '갈등해결 능력'이 필요합니다. 동아리 구성원들 간에도 갈등이 생길 수 있는데, 이것은 지극히 정상적인 현상입니다. 갈등의 상황들을 적절하게 해결할 수 있다면 갈등 자체가 유익하고 창의적인 동아리활동으로 전환될 수 있습니다. 하지만 그렇지 못하다면 갈등으로 인해 동아리활동이 중단되거나 동아리 자체가 해체될 수도 있기 때문에 청소년지도사로서 동아리 구성원들 간의 갈등관리는 매우 중요하다고 생각합니다.

셋째, '피드백 능력'이 필요합니다. 동아리 구성원들이 자신들의 활동에 대해 정기적으로 평가할 수 있도록 하는 것이 중요합니다. 청소년지도사가 동아리 구성원들에게 어떻게 피드백을 하느냐에 따라서 동아리활동에 큰 변화가 생길 수도 있기 때문입니다.

청소년이 무기력에 빠져있고 집단생활에서도 적응을 못할 때 청소년지도사로서 어떻게 하겠습니까?

| 답변 |

먼저 청소년과 대화를 통해 무기력에 빠진 원인을 확인하겠습니다. 그 후 원인에 대한 해결책을 함께 모색하고, 다른 청소년들과의 활동을 통해 무기력을 이겨낼 수 있도록 옆에서 지속적으로 격려하겠습니다.

질 문

청소년수련활동의 활성화를 위해 어떠한 방안을 가지고 있나요?

| 답변 |

청소년수련활동의 활성화를 위한 방안에는 여러 가지가 있겠지만, 크게 2가지로 나누어서 말씀드리겠습니다.
첫 번째 방법은 다양하고 질 높은 수련활동을 위해 끊임없는 연구·개발과 지원을 하는 것입니다. 내용과 종류에 있어서 대동소이한 수련시설의 수련활동을 개선하여 수련시설마다 다양하고 특성화된 프로그램이 개발될 수 있도록 하고, 이에 따른 예산지원 등의 인센티브 제도가 마련될 수 있도록 하겠습니다.
두 번째 방법은 수련시설 및 수련활동 관련기관의 지원·협조 체제가 이루어지는 것입니다. 청소년수련시설을 담당하는 지방자치단체와 학생 청소년을 담당하는 교육청의 상호 긴밀한 협조는 물론, 수련시설 및 담당자 간에 정기적인 의사교류의 장을 마련함으로써 수련활동을 원활하게 운영할 수 있다고 생각합니다.

진정한 리더십(Leadership)은 어떻게 생긴다고 생각하나요?

| 답변 |

진정한 리더십은 소통과 강력한 추진력을 바탕으로 한 헌신에서 생긴다고 생각합니다. 먼저 구성원들과 꾸준히 소통하여 공감대를 형성하고, 그 후에 구성원이 동의한 방향으로 집단을 이끌어야 합니다. 그리고 어려움이 닥칠 때는 강력한 추진력으로 앞장서서 헌신함으로써 구성원들의 귀감이 된다면, 진정한 리더십이 저절로 생겨날 것이라고 생각합니다.

학생 20명 정도를 데리고 등산을 갔는데 한 학생이 호흡곤란이 왔다면 지도자로서 어떻게 문제를 해결하겠습니까?

| 답변 |

사고가 발생하면 먼저 특정 학생을 지목하여 119에 신고하도록 하고, 주위 사람들이 동요하여 환자가 불안하지 않게 하면서 구조대가 도착할 때까지 학생의 상태에 따라 인공호흡, 심폐 소생술 등의 응급처치를 시행하겠습니다.

질문

청소년들과 단체로 산행 중 길을 잃어버렸다면 어떻게 대처하겠습니까?

| 답변 |

길을 잃었을 경우 왔던 길을 되돌아 나가는 것이 원칙입니다. 따라서 나뭇가지 등을 이용하여 현 위치를 표시해 가며 길을 되짚습니다. 길을 되짚기가 어렵다면 계곡 길을 찾는 것이 안전합니다. 계곡은 흘러내리면서 계류가 합쳐지기 때문에 내려오는 길을 쉽게 찾을 수 있습니다. 만약 주변이 어둡다면 겁을 먹게 되어 판단력이 급격히 떨어질 수 있으므로 최대한 빠른 시간 안에 주변을 밝힐 수 있도록 합니다.

질문

자녀의 인터넷중독을 막기 위해 컴퓨터를 버려야겠다고 생각하는 부모님들에 대해 어떻게 대처하겠습니까?

| 답변 |

먼저 강압적인 방법은 오히려 자녀의 반발심만 키워 가정불화, 가출 등의 역효과를 가져오게 되며 근본적인 해결 방법이 될 수 없다고 부모님을 설득하겠습니다. 가장 좋은 방법은 청소년 스스로 깨닫고 중독에서 벗어나는 방법이라고 설명해 드리고, 다음과 같은 방법을 제시해 보겠습니다.

첫째, 청소년수련활동 등에 적극 참여하도록 격려하거나 주말마다 1박 2일 정도 자녀와 함께 자연으로 가족캠핑을 하며, 여행·등산·자전거타기·낚시 등의 새로운 취미생활을 접하도록 자연스럽게 유도하는 방법입니다.

둘째, 인터넷 게임을 하되 옆에 알람시계를 놓고 사용시간을 스스로 체크하도록 한다든지, 가족과 약속한 정해진 시간만 하도록 함으로써 점차 사용시간을 줄이도록 하는 방법입니다.

그럼에도 불구하고 인터넷 사용으로 인해 일상생활과 학습에 지장이 생길 경우에는 지역청소년상담복지센터 등 전문상담기관의 도움을 받도록 가족 및 청소년 본인과 상담하겠습니다.

급변하는 사회에서 청소년들을 어떻게 지도하겠습니까?

| 답변 |

청소년들은 급격한 현대사회의 변화 속에서 성인의 신체와 아동의 정신을 동시에 지니기 때문에 큰 혼란을 겪습니다. 또 한편으로는 기성세대에 도전적이고 반항적인 모습도 함께 나타납니다. 이런 청소년들을 지도할 때 강압적인 훈계와 지시로 억압하려 하기보다는 청소년을 구체적·과학적으로 이해하고, 그들의 욕구를 충족시켜주려 노력하며, 갈등을 최소화하고자 노력하겠습니다. 이를 통해 문제를 신속하게 해결할 수 있을 것이며, 청소년이 건전하게 성장하여 미래사회의 변동에 휩쓸리지 않고 선도할 수 있도록 자아실현을 돕겠습니다.

4차 산업혁명 시대의 청소년 문제와 대책에 대해 이야기해 주세요.

| 답변 |

4차 산업혁명이란 인공지능, 사물인터넷, 빅데이터, 모바일 등의 첨단 정보통신기술이 경제·사회 전반에 융합되어 혁신적 변화가 나타나는 차세대 산업혁명을 말하는 것으로, 초연결과 초지능을 특징으로 하며, 기존 산업혁명에 비해 더욱 넓은 범위에 더욱 빠른 속도로 더 큰 영향을 미칠 것으로 보입니다. 이러한 4차 산업혁명으로 발생할 수 있는 청소년 문제로는 빅데이터 획득에 따른 개인정보 침해 문제나 인간과 로봇의 공존에서 생기는 인간소외 문제 등이 있습니다. 이를 방지하기 위해서는 4차 산업혁명으로 일어날 여러 가지 문제나 위험에 대해 청소년들에게 구체적으로 설명함으로써 그들이 고민할 기회를 충분히 마련해 주어야 할 뿐만 아니라 법적·제도적 뒷받침도 따라와야 한다고 생각합니다.

질문

4차 산업혁명과 진로교육의 연계성에 대해 설명해 주세요.

| 답변 |

4차 산업혁명에 대비하기 위한 진로교육을 위해서는 자기 주도 학습 체제 구축, 창의력·사고력을 키울 수 있는 교육제도 마련, 일과 학습의 통합, 첨단 기술 활용, 평생교육 강화 등의 노력이 필요합니다. 청소년지도사는 기술의 진보에 뒤처져서는 안 되며, 청소년들에게 첨단 기술을 적절히 활용하여 지도할 수 있어야 합니다.

질문

만약 청소년들을 위한 사회적 기업을 설립해야 한다면, 어떤 기업을 설립해야 할까요?

| 답변 |

평소에 방송이나 인터넷 등을 통해 많은 청소년들이 불우한 가정환경 등으로 인해 사회의 도움을 받지 못한 채 방치되거나 범죄에 휩쓸리는 모습을 보고 매우 안타깝게 생각하고 있었습니다. 저에게 청소년들을 위한 사회적 기업을 설립할 수 있는 기회가 주어진다면, 저소득 및 이혼가정의 자녀, 가정 밖 청소년, 학교 밖 청소년들에게 직업훈련과 취업알선 등의 프로그램을 제공하여 그들에게 꿈과 희망을 주고 싶습니다.

학교폭력이 발생할 경우 청소년지도사로서 어떻게 대처하겠습니까?

| 답변 |

- 신체적 폭행이 일어난 경우, 대화를 통해 피해학생을 안정시키고 교사에게 이 사실을 전해야 할 필요성이 있음을 이야기합니다. 담임교사와 상담교사에게 학교폭력이 발생된 상황과 학생과의 대화를 바탕으로 한 정보를 전달할 수 있도록 합니다.
- 금품갈취 문제가 발생한 경우, 정확한 피해사실(언제, 어디서, 어떤 물건을, 누가 등)을 확인합니다. 액수에 상관없이 피해가 증명될 수 있으면 경찰에 신고하도록 합니다.
- 따돌림으로 인한 피해인 경우, 정황 및 이유, 피해기간, 피해자 개인적인 특성, 경험 등에 대해 구체적으로 파악합니다. 만일 피해자의 정신적 피해가 심각하다면 전문 상담(치료)사의 도움을 받도록 합니다.

청소년의 흡연 사실을 알게 되었다면 어떻게 하겠습니까?

| 답변 |

청소년기는 '개인적 우화'라는, 위험한 행동의 부정적인 결과가 자기 높이 아니라는 허구성을 지니는 경향이 있습니다. 때문에 음주, 흡연, 폭주, 약물, 성문란 등 파괴적 행동을 보이기도 합니다. 저는 무작정 흡연사실에 대해 다그치는 것이 아니라, 현재 가지고 있는 어려움이나 고민에 대해 물어보겠습니다. 그리고 '나는 너를 도와줄 사람이고, 너를 돕기 위해서는 솔직히 이야기해야 한다.'고 말하겠습니다. 이야기를 듣고 난 다음에는 흡연으로 인한 건강 문제와 사회적 문제에 대해 잘 설명하고, 다시는 흡연을 하지 않도록 주의를 주겠습니다. 혹시 청소년이 금연에 어려움을 겪는다면 금연 전문기관과 연계하여 상의할 수 있게 하겠습니다.

성폭행 당하는 것을 목격했다면 청소년지도자로서 어떻게 대처하겠습니까?

| 답변 |

「아동·청소년의 성보호에 관한 법률」 제34조에 의하면, 누구든지 아동·청소년대상 성범죄의 발생 사실을 알게 된 때에는 수사기관에 신고할 수 있고, 해당 기관·시설 또는 단체의 장과 그 종사자는 직무상 아동·청소년대상 성범죄의 발생 사실을 알게 된 때에는 즉시 수사기관에 신고하여야 하므로 우선 즉시 수사기관에 신고하겠습니다.

질 문

성폭행 피해 청소년을 만났을 때 어떻게 해야 할지, 어떤 시설의 도움을 받아야 할지 등에 대해 설명해 주세요.

| 답변 |

청소년이 성폭력 피해를 입었을 때는 청소년이나 부모가 혼자서 해결하게 두지 말고 전문 시설의 도움을 받게 해야 합니다. 피해를 입은 청소년은 가해자가 두려워서 도움을 요청하지 못하는 경우가 많습니다. 피해를 입은 청소년은 물론 잠재적인 피해자가 생기는 것을 방지하기 위해서라도 전문 시설의 도움을 받는 것이 필요합니다. 도움을 받을 수 있는 전문 시설에는 해바라기센터, 성폭력상담소, 성매매피해상담소, 청소년성문화센터 등이 있습니다.

'학교 밖 청소년'은 어떤 청소년을 말하는 건가요?

| 답변 |

'학교 밖 청소년'이란 초등학교·중학교 또는 이와 동일한 과정을 교육하는 학교에 입학한 후 3개월 이상 결석하거나 취학의무를 유예한 청소년, 고등학교 또는 이와 동일한 과정을 교육하는 학교에서 제적·퇴학처분을 받거나 자퇴한 청소년, 고등학교 또는 이와 동일한 과정을 교육하는 학교에 진학하지 아니한 청소년을 말합니다.

'학교 밖 청소년'들에게 실질적으로 어떤 도움을 줄 수 있을까요?

| 답변 |

우선 대화를 통해 학교 밖 청소년에 대한 정보와 현 상황을 파악합니다. 그리고 학교 밖 청소년의 상황에 맞게 정부에서 지정한 청소년 지원센터를 소개하거나, 상담·교육·취업·자립·특성화·멘토링 등 지원제도를 활용할 것을 권할 수 있습니다.

청소년 프로그램 진행 중 안전사고가 발생하였을 경우 어떻게 대처하겠습니까?

| 답변 |

가장 기본적으로 프로그램 준비 과정에서 참가자들이 안전한 장소에서 프로그램을 진행할 수 있도록 신경써야 합니다. 혹시 모를 상황에 대비하여 구급함·양호실·소화기·소화전 등은 갖추어져 있는지, 주변에 가까운 병원이 있는지, 야외에서 프로그램 진행 시 날씨나 기온도 함께 고려해야 합니다. 프로그램 진행 중 안전사고가 발생했을 때는 부상자가 없는지 먼저 확인하고, 참가자들을 안정시킨 뒤 특정 상황을 정리하겠습니다. 만약 부상자가 발생했다면 할 수 있는 응급조치와 동시에 119 신고를 하거나 가까운 병원이나 수련원 내 보건실로 도움을 요청하겠습니다.

청소년 관련 활동을 홍보하는 방법에는 무엇이 있나요?

| 답변 |

홈페이지 게시 등의 소극적 홍보에서부터 청소년이 자주 사용하는 SNS, 인터넷 커뮤니티 등을 활용한 적극적 홍보 등의 방법이 있습니다.

행운이란 100%의 노력 뒤에 남는 것이다.

- 랭스턴 콜만 -

PART 2

과목별 예상 면접질문

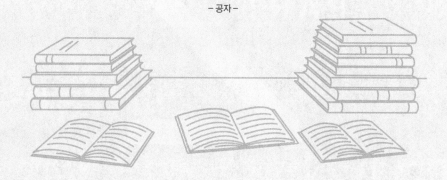

배우기만 하고 생각하지 않으면 얻는 것이 없고,
생각만 하고 배우지 않으면 위태롭다.

- 공자 -

01 | 청소년육성제도론

〈PART 02 과목별 예상 면접질문〉편에서는 청소년지도사 필기시험 각 과목별로 반드시 숙지해야 할 개념들과 주요 용어들을 중심으로 예상 질문과 모범답안을 수록하였습니다.

주요개념

- 청소년, 청소년법규의 기본적 이해
- 청소년관계법 및 청소년정책제도
- 청소년법과 제도의 과제 및 발전방향 등

질문

「청소년기본법」의 기본이념은 무엇인가요?

| 답변 |

「청소년기본법」은 청소년이 사회구성원으로서 정당한 대우와 권익을 보장받음과 아울러 스스로 생각하고 자유롭게 활동할 수 있도록 하며, 보다 나은 삶을 누리고 유해한 환경으로부터 보호될 수 있도록 함으로써, 국가와 사회가 필요로 하는 건전한 민주시민으로 자랄 수 있도록 하는 것을 기본이념으로 합니다.

질문

「청소년기본법」이 규정한 청소년의 연령은 어떻게 되나요?

| 답변 |

「청소년기본법」이 규정한 청소년은 9세 이상 24세 이하인 사람을 말합니다.

청소년지도사의 배치기준을 말씀해 주세요.

| 답변 |

청소년수련시설과 청소년단체는 대통령령으로 정하는 바에 따라 청소년육성을 담당하는 청소년지도사나 청소년상담사를 배치하여야 합니다. 그중 청소년지도사의 배치기준은 청소년단체와 청소년수련시설별 「청소년기본법 시행령」 제25조로 규정하고 있습니다. 국가 및 지방자치단체는 이를 확인하고 청소년단체나 청소년시설에 해당 법령에 따라 적정 인원을 배치해야 합니다.

※ 참고(「청소년기본법 시행령」 별표5)

• 청소년수련시설

청소년 수련관	• 1급 또는 2급 청소년지도사 각각 1명 이상을 포함하여 4명 이상의 청소년지도사를 두되, 수용인원이 500명을 초과하는 경우에는 500명을 초과하는 250명당 1급, 2급 또는 3급 청소년지도사 중 1명 이상을 추가로 둔다.
청소년 수련원	• 1급 또는 2급 청소년지도사 1명 이상을 포함하여 2명 이상의 청소년지도사를 두되, 수용정원이 500명을 초과하는 경우에는 1급 청소년지도사 1명 이상과 500명을 초과하는 250명당 1급, 2급 또는 3급 청소년지도사 중 1명 이상을 추가로 둔다. • 지방자치단체에서 폐교시설을 이용하여 설치한 시설로서 특정 계절에만 운영하는 시설의 경우에는 청소년지도사를 두지 않을 수 있다.
유스호스텔	• 청소년지도사를 1명 이상 두되, 숙박정원이 500명을 초과하는 경우에는 1급 또는 2급 청소년지도사 1명 이상을 추가로 둔다.
청소년 야영장	• 청소년지도사를 1명 이상 둔다. 다만, 설치·운영자가 동일한 시·도 안에 다른 수련시설을 운영하면서 청소년야영장을 운영하는 경우로서 다른 수련시설에 청소년지도사를 둔 경우에는 그 청소년야영장에 청소년지도사를 별도로 두지 않을 수 있다. • 국가, 지방자치단체, 그 밖에 공공법인이 설치·운영하는 청소년야영장으로서 청소년수련거리의 실시 없이 이용 편의만 제공하는 경우에는 청소년지도사를 두지 않을 수 있다.
청소년 문화의 집	• 청소년지도사를 1명 이상 둔다.
청소년 특화시설	• 1급 또는 2급 청소년지도사 1명 이상을 포함하여 2명 이상의 청소년지도사를 둔다.

• 청소년단체 : 청소년회원 수가 2천 명 이하인 경우에는 1급 청소년지도사 또는 2급 청소년지도사 1명 이상을 두되, 청소년회원 수가 2천 명을 초과하는 경우에는 그 초과하는 2천 명마다 1급 청소년지도사 또는 2급 청소년지도사 1명 이상을 추가로 두며, 청소년회원 수가 1만 명 이상인 경우에는 청소년지도사의 5분의 1 이상은 1급 청소년지도사로 두어야 한다.

현재 우리나라에서 청소년정책을 총괄·조정하는 기구는 무엇인가요?

| 답변 |

「청소년기본법」 제9조에 따르면, 청소년정책은 여성가족부장관이 관계 행정기관의 장과 협의하여 총괄·조정 합니다.

「청소년활동진흥법」에 대하여 아는 대로 설명해 주세요.

| 답변 |

「청소년활동진흥법」은 미래사회의 주역이 될 청소년이 수련활동을 비롯한 문화활동, 교류활동 등 다양한 청소 년활동을 통하여 자신의 기량과 품성을 함양하고 꿈과 희망을 마음껏 펼칠 수 있도록 하기 위한 제도적 기반을 마련하기 위해 2004년 제정된 법입니다.

'청소년수련원'과 '청소년수련관'의 차이점에 대하여 설명해 주세요.

| 답변 |

'청소년수련원'은 도심으로부터 다소 떨어진 자연권 수련시설로 숙박기능을 갖춘 생활관과 다양한 야외 수련활동을 실시할 수 있는 각종 시설과 설비를 갖춘 종합수련시설입니다. 반면 '청소년수련관'은 생활권과 가까운 지역에 있는 경우가 많으며, 실내 수련활동을 실시할 수 있는 각종시설 및 설비를 갖춘 종합수련시설을 의미합니다.

질 문

청소년수련관에서 운영하는 프로그램의 종류에 대해 설명해 주세요.

| 답변 |

청소년방과후아카데미, 청소년 어울림마당, 청소년 동아리, 청소년 자원봉사, 국제청소년성취포상제, 청소년 운영위원회, 청소년예술제, 창의적 체험활동 등이 있습니다.

질 문

'청소년방과후아카데미'에 대하여 설명해 주세요.

| 답변 |

'청소년방과후아카데미'란 초등 4학년부터 중등 3학년까지의 청소년을 대상으로 여성가족부와 지방자치단체에서 청소년들의 건강한 방과 후 생활과 삶의 질 향상을 위해 전문체험 및 학습 프로그램, 청소년 생활관리 등 종합서비스를 지원하는 국가정책지원 사업입니다.

청소년방과후아카데미는 2005년 46개소 시범운영을 시작으로 2006년 전국적으로 확대, 현재 청소년수련관, 청소년문화의 집 등의 지자체 공공시설에서 약 350개소를 운영지원하고 있습니다(2023년 12월 기준).

질 문

청소년특별회의의 참석 대상을 아는 대로 나열해 보세요.

| 답변 |

청소년특별회의의 참석 대상은 지역회의에서 추천하는 청소년, 청소년 관련 기관·단체에서 추천하는 청소년, 청소년 관련 단체·시설·학계의 관계자, 여성가족부장관이 공개모집을 통하여 선정한 청소년, 그 밖에 여성가족부장관이 필요하다고 인정하는 사람입니다.

'청소년참여위원회'에 대하여 설명해 주세요.

| 답변 |

'청소년참여위원회'란 여성가족부 및 지방자치단체의 청소년정책 수립과 시행과정에 청소년이 참여하고 의견을 제안하는 청소년참여기구로, 학교나 청소년시설 등의 추천, 청소년 선거 등의 과정을 거쳐 구성되며 청소년 관련 정책 및 사업에 대한 논의·제안, 청소년 권리·인권 모니터링 및 개선 제안, 지역별 캠페인·토론회·워크숍 등 개최 및 참여를 활동 내용으로 하는 청소년 참여기구입니다.

'청소년정책위원회'에 대하여 설명해 주세요.

| 답변 |

'청소년정책위원회'는 청소년정책에 관한 주요 사항을 심의·조정하기 위하여 여성가족부에 두는 위원회로, 「청소년기본법」 제10조에 따라 운영됩니다. 청소년육성에 관한 기본계획의 수립에 관한 사항, 청소년정책의 분야별 주요 시책에 관한 사항, 청소년정책의 제도개선에 관한 사항, 청소년정책의 분석·평가에 관한 사항, 둘 이상의 행정기관에 관련되는 청소년정책의 조정에 관한 사항, 그 밖에 청소년정책의 수립·시행에 필요한 사항으로서 대통령령으로 정하는 사항을 심의·조정합니다.

'청소년운영위원회'에 대해 설명해 주세요.

| 답변 |

'청소년운영위원회'는 청소년활동을 활성화하고 청소년의 참여를 보장하기 위하여 청소년수련관이나 청소년문화의 집 등 청소년수련시설이 운영하여야 하는 청소년 참여기구입니다. 청소년수련시설별 공개모집 및 추천을 통해 위원회가 구성되고, 청소년 제안 정책 토의 등을 진행하는 월별 정기회의 참석, 지역별 캠페인, 토론회, 워크숍 등 개최 및 참여를 활동 내용으로 하며 해당 청소년수련시설의 사업·프로그램 등 운영에 참여하여 의견제시와 자문, 평가 등을 하는데, 이때 수련시설운영단체의 대표자는 청소년운영위원회의 의견을 수련시설 운영에 반영하여야 합니다.

PART 2

질 문

어느 동네에 살고 있으며 그 동네의 청소년 이용시설에는 어떤 것이 있나요?

| 답변 |

저는 광진구 능동에 삽니다. 제가 사는 곳에는 문화시설, 과학관, 체육시설, 평생교육기관, 자연휴양림, 수목원, 사회복지관, 시민회관, 어린이회관, 공원, 광장, 둔치 등의 청소년이용시설 중에서 어린이회관과 공원이 있습니다.

'지역사회 청소년통합지원체계(CYS-Net)'란 무엇이며, 어떠한 도움을 받을 수 있나요?

| 답변 |

'지역사회 청소년통합지원체계(CYS-Net)'란 지역사회 내 청소년 관련 자원을 연계하여 학업중단, 가출, 인터넷 중독 등 위기청소년에 대한 상담·보호·교육·자립 등 맞춤형 서비스를 제공하는 사업입니다. CYS-Net을 통해 위기청소년 및 그 부모 등 가족이 겪고 있는 위기상황에 대해 상담을 실시하고, 필요한 경우 더욱 심화된 보호·교육·자립 등 맞춤형 서비스를 지원받을 수 있습니다.

질 문

CYS-Net은 누가 이용할 수 있나요?

| 답변 |

청소년(만 9세 이상 24세 이하)과 그 가족이라면 누구나 이용 가능합니다.

'청소년동반자'에 대하여 설명해 주세요.

| 답변 |

'청소년동반자'는 청소년상담 분야와 관련하여 자격을 갖추고 경험이 있는 전문가로 가출, 비행·폭력, 학업중단, 성매매 피해 등 더 심화된 위기상황에 직면한 청소년에게 직접 찾아가서 상담하며 그것을 기반으로 해당 청소년의 문제 유형과 개별 특성을 고려한 서비스를 제공하고 생활·문화·체육활동 또는 주기적인 만남을 통해 관계를 형성하면서 자기계발에 필요한 서비스도 지원합니다.

질 문

'청소년보호시설'에 대해 간략하게 설명해 주세요.

| 답변 |

'청소년보호시설'은 청소년 유해환경으로부터 청소년을 보호하고 피해 청소년의 치료와 재활을 지원하기 위하여 운영하는 시설입니다.

'청소년쉼터'에 대해 간략하게 설명해 주세요.

| 답변 |

'청소년쉼터'는 다양한 원인으로 인해 가정의 도움을 받지 못하는 가정 밖(가출) 청소년들을 위한 생활보호시설로서, 의식주 제공 등 대체가정의 역할부터 필요한 서비스를 맞춤형으로 제공하는 가정 밖(가출) 청소년특화 시설입니다.

질 문

청소년쉼터의 종류는 어떤 것이 있으며, 각각 얼마나 머물 수 있나요?

| 답변 |

청소년쉼터의 종류로는 일시쉼터, 단기쉼터, 중장기쉼터가 있습니다. 머물 수 있는 기간은 일시쉼터는 24시간~7일 이내, 단기쉼터는 3개월 이내, 중장기쉼터는 3년 이내가 원칙이지만, 단기쉼터는 3개월씩 2회에 한하여 연장 가능(최장 9개월)하며, 중장기쉼터는 1년씩 1회에 한하여 연장 가능(최장 4년)합니다.

'청소년자립지원관'에 대하여 간략하게 설명해 주세요.

| 답변 |

'청소년자립지원관'은 일정 기간 청소년쉼터의 지원을 받았는데도 가정·학교·사회로 복귀하여 생활힐 수 없는 19~24세의 후기청소년에게 주거안정을 바탕으로 자립하여 생활할 수 있는 능력과 여건을 갖추도록 지원하는 시설입니다.

「아동복지법」에서 정의하는 '아동'의 연령은 어떻게 되나요?

| 답변 |

「아동복지법」에서 '아동'이란 18세 미만인 사람을 말합니다.

'청소년 한부모'란 누구를 가리키나요?

| 답변 |

「한부모가족지원법」 제4조에 따르면 '청소년 한부모'란 24세 이하의 모 또는 부를 말합니다.

'학교 밖 청소년지원센터(꿈드림)'에 대하여 아는 대로 설명해 주세요.

| 답변 |

'학교 밖 청소년지원센터(꿈드림)'는 학교 밖 청소년에게 상담, 교육, 직업체험 및 취업, 자립지원 등의 다양한 지원을 제공하는 기관으로서, 꿈드림은 '꿈 = 드림(Dream)', '꿈을 드림'이라는 중의적인 표현으로 학교 밖 청소년에게 새로운 꿈과 희망을 드리겠다는 의미입니다.
'학교 밖 청소년지원센터(꿈드림)'에서는 교육·취업·자립·건강지원과 특성화프로그램, 멘토링프로그램 등 다양한 프로그램을 제공합니다.

'청소년상담 1388'이란 무엇인가요?

| 답변 |

청소년의 일상적인 고민상담부터 가출, 학업중단, 인터넷 중독 등 위기상담에 이르기까지 다양한 상담을 제공하는 서비스입니다. 전화(1388)뿐만 아니라, 문자, 카카오톡, 사이버 상담(인터넷 채팅)으로도 이용할 수 있습니다.

PART 2

질 문

「청소년활동진흥법」에서 '청소년 문화활동'은 무엇인가요?

| 답변 |

'청소년 문화활동'이란 청소년이 예술활동, 스포츠활동, 동아리활동, 봉사활동 등을 통하여 문화적 감성과 더불어 살아가는 능력을 함양하는 체험활동을 말합니다.

'이주배경청소년'이란 누구를 말하는 건가요?

| 답변 |

「청소년복지지원법」 제18조에 따르면, '이주배경청소년'이란 다문화가족의 청소년과 국내로 이주하여 사회적응 및 학업수행에 어려움을 겪는 청소년을 의미합니다. 현재 이주배경청소년의 유형을 다문화청소년, 외국인 근로자 가정 자녀, 중도입국청소년, 탈북청소년, 제3국 출생 북한이탈주민 자녀 등으로 분류하고 있습니다.

'다문화청소년'에 대하여 설명해 주세요.

| 답변 |

'다문화청소년'이란 대한민국 국적자와 외국 국적자 간의 국제결혼으로 이루어진 가족의 자녀를 말합니다.

'중도입국청소년'에 대하여 설명해 주세요.

| 답변 |

'중도입국청소년'이란 2000년 이후 급증하기 시작한 국제결혼 재혼가정의 증가에 따라 나타난 집단으로서, 결혼이민자가 한국인 배우자와 재혼하여 본국의 자녀를 데려온 경우와 국제결혼가정의 자녀 중 외국인 부모의 본국에서 성장하다 청소년기에 재입국한 청소년의 경우를 말합니다.

그 외에 외국인 부모와 함께 동반 입국한 청소년의 경우, 근로 및 학업을 목적으로 청소년기에 입국한 외국인 무연고청소년의 경우, 그리고 북한이탈주민이 외국인과 제3국에서 출생한 자녀를 데려온 경우를 포함하여 더 넓게 보는 시각도 있습니다.

'레인보우 스쿨(RAINBOW SCHOOL)'에 대하여 설명해 주세요.

| 답변 |

이주배경청소년 지원재단의 '레인보우 스쿨'은 대표적인 이주배경청소년 정착지원 프로그램 중 하나로 이주배경청소년에게 한국어교육, 진로교육, 필수교육, 한국사회에 대한 기본 정보, 사회적 관계 향상 프로그램 등을 제공하고 정규 교육과정으로의 편입학 지원, 진로 지도 등을 통해 사회 적응 및 정착 지원에 운영 목적을 두고 있습니다.

'청소년 다문화감수성 증진 프로그램(다가감)'에 대하여 설명해 주세요.

| 답변 |

'청소년 다문화감수성 증진 프로그램(다가감)'은 초·중학생 등 학령기 청소년의 다문화감수성을 향상해 인식 개선 및 세계시민의식을 제고하기 위하여 이주배경청소년 다문화감수성 증진 프로그램(다양성, 관계성, 보편성)을 운영하고, 강사 파견, 프로그램 보급 및 교육자료 지원을 실시하고 있습니다.

질 문

'청소년 어울림마당'에 대해서 간략하게 설명해 주세요.

| 답변 |

'청소년 어울림마당'은 문화예술, 스포츠 등을 소재로 한 공연, 경연, 전시, 놀이체험 등 다양한 청소년 활동이 펼쳐지는 장으로 청소년의 접근이 용이하고 다양한 지역사회 자원이 결합된 일정한 공간을 의미합니다. 시·도의 경우 연 11회 이상, 시·군·구 및 세종특별자치시의 경우 연 6회 이상 실시할 것을 원칙으로 하고 있습니다.

청소년자원봉사 '두볼(Dovol)'은 무엇인가요?

| 답변 |

'두볼(Dovol)'은 'Do Volunteer(자원봉사 하다)'의 약자이며, 지역별 봉사활동 정보 검색, 신청, 확인서 출력은 물론 나이스(학생생활기록부)로 실적 전송까지 가능한 자원봉사 사이트입니다.

'청소년참여 지역사회변화프로그램'에 대해서 설명해 주세요.

| 답변 |

'청소년참여 지역사회변화프로그램'이란 청소년이 직접 생활권 내의 다양한 문제들을 발굴하고 그 해결방안을 찾아가는 활동으로서, 지역사회의 긍정적인 변화를 유도하고 청소년의 역량을 개발해 주는 참여활동 프로그램입니다.

'학생증'과 '청소년증'의 차이점은 무엇인가요?

| 답변 |

'청소년증'은 만 9~18세 이하의 청소년임을 확인하는 신분증으로서, 검정고시·자격증·외국어능력시험, 금융거래 등에서 신분증으로 사용할 수 있습니다. 청소년증을 소지한 청소년은 버스 등 교통수단, 영화관·미술관·박물관·고궁 등의 문화시설, 놀이공원이나 체육시설 등을 이용하는 경우 이용료를 면제받거나 할인혜택을 받을 수 있습니다.

'학생증' 또한 교통수단, 문화시설, 놀이공원, 체육시설 등의 이용료 면제나 할인혜택이 가능하지만, 청소년증은 이러한 할인혜택뿐만 아니라 각종 시험, 금융거래 등에서 신분증으로도 활용이 가능합니다.

질 문

'청소년유해매체물'이란 무엇인가요?

| 답변 |

'청소년유해매체물'은 영화, 비디오, 게임, 음악, 공연, 인터넷, 간행물, 광고물 등의 매체물 중 선정적이고 폭력적인 내용을 담고 있어 청소년을 대상으로 한 유통이 부적절한 매체물을 말합니다. 흔히 '19금 콘텐츠'라고 불리는 것들이 청소년유해매체물에 해당합니다.

'청소년유해업소'란 어떤 곳을 말하는 것인가요?

| 답변 |

'청소년유해업소'란 청소년의 출입과 고용이 청소년에게 유해한 것으로 인정되는 청소년 출입·고용금지업소와, 청소년의 출입은 가능하나 고용이 청소년에게 유해한 것으로 인정되는 청소년고용금지업소를 말합니다. 이 경우 업소의 구분은 그 업소가 영업을 할 때 다른 법령에 따라 요구되는 허가·인가·등록·신고 등의 여부와 관계없이 실제로 이루어지는 영업행위를 기준으로 합니다(「청소년보호법」 제2조 제5호).

질 문

'청소년유해물질'에 대해 설명해 주세요.

| 답변 |

'청소년유해물질'이란 청소년유해약물 등에 속하는 것으로 「주세법」에 따른 주류, 「담배사업법」에 따른 담배, 「마약류 관리에 따른 법률」에 따른 마약류, 「화학물질관리법」에 따른 환각물질을 말합니다.

여성가족부가 시행하는 청소년 국제교류에는 어떤 사업이 있습니까?

| 답변 |

여성가족부는 국가 간 청소년 국제교류 사업, 청소년해외자원봉사단 사업, 국제회의·행사 참가단 사업 등의 청소년 국제교류 사업을 운영하고 있습니다.

질 문

'국립청소년인터넷드림마을'에 대해서 간단하게 설명해 주세요.

| 답변 |

'국립청소년인터넷드림마을'은 인터넷, 스마트폰 과다사용 청소년에 대하여 상시 맞춤형 기숙 치유프로그램을 제공하기 위한 전문 치유기관으로서, 전라북도 무주에 설립하여 운영되고 있는 프로그램입니다.

질문

부모의 동의를 받은 청소년에게 술을 판매한 행위에 대하여 처벌할 수 있나요?

| 답변 |

친권자의 동의를 받은 경우라도 19세 미만의 청소년에게 술을 판매한 것은「청소년보호법」위반이며, 그에 따른 처벌을 받게 됩니다.

질문

청소년의 금연을 목적으로 부모와 함께 찾아와 전자담배를 구입하고자 할 경우, 법적으로 문제가 된다고 생각하나요?

| 답변 |

부모가 동의한 경우라도 청소년에게 전자담배를 판매할 수는 없으며, 금연보조제라도 카트리지가 분리되어 있어 니코틴을 주입할 수 있는 것은 청소년에게 판매할 수 없습니다.

주류나 담배를 판매하는 편의점이나 슈퍼마켓에 청소년을 고용할 수 있는지와 고용된 청소년이 술·담배를 판매할 수 있는 것인지 여부를 편의점이나 슈퍼마켓 주인이 청소년지도사인 본인에게 물었을 때 어떤 답변을 해주겠습니까?

| 답변 |

주류와 담배를 판매하는 편의점이나 슈퍼마켓의 경우, 청소년 고용 금지업소에 해당하지 않아 청소년 고용이 가능하고, 청소년이 아닌 성인에게 술·담배를 판매할 수 있다고 답변하겠습니다.

청소년 출입 및 고용 금지업소를 아는 대로 말씀해 주세요.

| 답변 |

유흥주점, 단란주점, 비디오물감상실, 노래연습장(청소년실 제외), 무도학원·무도장, 사행행위업, 전기통신 시설을 갖춘 음성대화 또는 화상대화를 매개로 하는 영업, 성기구 취급업소, 키스방·퇴폐적 마사지·성인PC방·유리방·휴게텔·인형체험방 등 신·변종 업소, 「한국마사회법」으로 규정된 승마투표권 장외발매소 및 「경륜·경정법」으로 규정된 장외매장 등이 있습니다.

'국립중앙청소년디딤센터'에 대하여 설명해 주세요.

| 답변 |

'국립중앙청소년디딤센터'는 여성가족부가 「청소년복지지원법」 제31조와 「청소년보호법」 제35조에 근거하여 경기도 용인시와 대구광역시 달성군에 설립한 거주형 치료·재활 시설로서, 정서·행동 영역에서 어려움을 겪고 있는 청소년의 건강한 성장을 위한 '보호·치료·교육·자립'의 종합적이고 전문적인 서비스를 제공하는 국립시설입니다.

질 문

국립중앙청소년디딤센터의 이용대상은 어떻게 되나요?

| 답변 |

국립중앙청소년디딤센터의 이용대상은 정서·행동 영역에서 우울, 불안, 의존, 주의력결핍 및 과잉행동장애(ADHD) 등의 어려움으로 학교 생활 및 대인관계 부적응을 겪는 청소년(만 9~18세)이며, 발달장애 청소년(지적장애, 자폐 등)은 이용할 수 없습니다.

'국제청소년성취포상제(The Duke Of Edinburgh's International Award)'에 대하여 설명해 주세요.

| 답변 |

'국제청소년성취포상제'는 1956년 영국 에딘버러 공작에 의해 처음 시작되어 전 세계 130여 개국의 청소년이 참여하고 있는 자기성장 프로그램으로서, 만 14~24세 사이의 청소년들이 신체단련, 자기개발, 봉사, 탐험 및 합숙(금장에 한함) 활동을 통해 무한한 잠재력을 개발하여 지역 및 세계 사회에 이바지하는 세계시민으로 성장하도록 돕는 프로그램입니다.

'청소년자기도전포상제(Korea Achievement Award)'에 대하여 설명해 주세요.

| 답변 |

'청소년자기도전포상제'는 만 7~15세(초등학교 1학년~중학교 3학년) 청소년들이 자기개발활동, 신체단련활동, 봉사활동, 탐험활동, 진로개발활동 중 4가지 활동영역에서 자기 스스로 정한 목표를 성취해 가며, 숨겨진 끼를 발견하고 꿈을 찾아가는 자기성장 프로그램입니다.

여성가족부에서 주관하는 '청소년특별회의'에 대해서 설명해 주세요.

| 답변 |

'청소년특별회의'는 「청소년기본법」 제12조에 의거해 2005년에 설치된 여성가족부 소속의 청소년 및 관련 전문가들이 토론과 활동을 통해 범정부적 청소년정책과제를 정부에 제안하는 전국단위의 청소년참여기구입니다. 2005년부터 매년 구성·운영하며 타 회의체와는 다르게 청소년특별회의 지역회의를 구성해 의제를 발굴하고, 예비회의와 평가회의를 거쳐 본회의를 통해 의제를 각 부처에 제안한다는 특징이 있습니다.

자유학기제의 교과수업 및 자유학기 활동은 어떻게 운영되나요?

| 답변 |

자유학기제 기간 동안 이루어지는 학교생활은 크게 '교과수업'과 '자유학기' 활동으로 나눌 수 있습니다. 오전에는 주로 국어, 영어, 수학, 사회, 과학, 기술·가정, 체육, 도덕 등 교과수업이 이루어집니다. 수업은 토론, 실험·실습, 프로젝트 학습 등 전 과정에 학생이 주도적으로 참여하는 방식으로 진행되기 때문에 학생들이 더 실제적인 공부를 할 수 있습니다.

평가는 지속적인 관찰평가, 형성평가, 자기성찰평가, 포트폴리오 평가, 수행평가 등을 통해 꼭 배워야 하는 내용을 반드시 학습하는 데 도움을 줍니다.

오후에는 주로 진로탐색 활동, 주제선택 활동, 예술·체육활동, 동아리 활동 등 자유학기 활동이 이루어집니다.

PART 2

청소년 문화예술교육 지원사업 '상상(相翔)학교'에 대하여 설명해 주세요.

| 답변 |

'상상(相翔)학교'는 여성가족부, 문화체육관광부가 공동 주최하고 한국청소년활동진흥원, 한국문화예술교육진흥원이 공동 주관하는 것으로서, '서로 상(相)과 높이날 상(翔) + 학교'의 합성어로 청소년들이 서로 마주보며 날개를 펴 높이 날 수 있게 꿈을 응원하고, 문화감수성 및 자기이해 증진의 기회를 제공하기 위해 설립되었습니다(2022년부터 꿈다락 토요문화학교 '청소년 송캠프' 사업으로 추진).

청소년 관련법에 대해 설명해 주세요.

| 답변 |

「청소년기본법」, 「청소년활동진흥법」, 「청소년보호법」, 「청소년복지지원법」, 「아동・청소년의 성보호에 관한 법률」 등이 있습니다.

청소년과 관련된 법의 변화에 대해 설명해 주세요.

| 답변 |

첫째, 가장 먼저 제정된 청소년 관련법은 1958년 7월 24일 제정된 「소년법」이며, 「아동복지법」과 「한국청소년
연맹 육성에 관한 법률」은 1981년 4월 13일에 제정되었습니다.
둘째, 「청소년기본법」이 1991년 12월 31일 제정되었습니다.
셋째, 1997년 청소년위원회가 설치되면서, 1997년 3월 7일 「청소년보호법」이 제정되었습니다.
넷째, 「청소년기본법」을 근거로, 2004년 2월 9일 「청소년복지지원법」과 「청소년활동진흥법」이 제정되었습니다.
마지막으로, 그 외의 청소년 관련법에는 2000년 2월 3일 제정된 「아동·청소년의 성보호에 관한 법률」이나
2004년 1월 29일 제정된 「학교폭력예방 및 대책에 관한 법률」, 2014년 5월 28일에 제정된 「학교 밖 청소년
지원에 관한 법률」 등이 있습니다.

PART 2

질 문

청소년 관련 정책을 담당하는 부서의 변화를 간략히 설명해 주세요.

| 답변 |

내무부, 체육부, 문화관광부, 국무총리실, 보건복지가족부를 거쳐 현재는 여성가족부에서 청소년 관련 정책을
담당하고 있습니다.

'청소년활동진흥원'과 그 활동에 대해 설명해 주세요.

| 답변 |

'한국청소년활동진흥원'은 「청소년활동진흥법」 제6조를 근거로, 청소년활동 현장과 정책을 지원하기 위해 설립된 공공기관입니다. 한국청소년활동진흥원의 주요 활동은 다양한 청소년활동프로그램 지원, 국립 청소년활동시설의 운영, 청소년지도자 자격부여 및 전문성 제고입니다.

질 문

'드림스타트' 사업과 그 지원대상에 대해 설명해 주세요.

| 답변 |

'드림스타트'는 취약계층 아동을 지원함으로써 공평한 기회를 보장하고 빈곤의 대물림을 차단하는 것을 목적으로 하는 사업입니다.

지원대상은 0세(임산부)부터 만 12세(초등학생 이하)사이의 아동과 그 가족으로, 아동에게는 건강 · 복지 · 보육 등 맞춤형 통합서비스를 제공하고 부모에게는 자녀 양육지도, 직업훈련 · 고용촉진서비스를 제공하고 있습니다.

'학교 밖 청소년지원센터'가 생기게 된 배경과 센터의 업무를 설명해 주세요.

| 답변 |

'학교 밖 청소년지원센터(꿈드림)'는 보호 사각지대를 해소하고 학교 밖 청소년의 연결고리를 강화하려는 취지에서 생겨났으며, 2007년부터 일부 지역 청소년상담복지센터에서 운영해 온 학교 밖 청소년 지원프로그램이 2015년에 전국적으로 확장되었습니다.

센터의 업무로는 정서 안정을 위한 상담 업무, 검정고시와 같은 교육지원 업무, 직업체험 및 취업지원, 자립지원 프로그램, 건강검진 등이 있습니다. 이러한 업무들은 학업중단 예방 및 학교 밖 청소년의 자립역량 강화를 목적으로 운영되고 있습니다.

02 | 청소년지도방법론

〈PART 02 과목별 예상 면접질문〉편에서는 청소년지도사 필기시험 각 과목별로 반드시 숙지해야 할 개념들과 주요 용어들을 중심으로 예상 질문과 모범답안을 수록하였습니다.

주요개념

• 청소년지도방법의 기초
• 청소년지도방법의 이론적 토대
• 단계별·유형별 청소년지도기법
• 청소년지도자의 역할과 자질 등

질문

'청소년지도'란 무엇인지 설명해 주세요.

| 답변 |

'청소년지도'란 청소년들이 그들의 생활세계에서 직면한 여러 가지 문제(교육적·가정적·사회적·직업적·신체적·정서적 문제)를 해결할 수 있도록 적극적으로 개입하고 지원하는 것을 말합니다. 또한, 청소년들의 잠재력(인지적·사회적·정서적·신체적 영역)이 바람직하고 건전하며 온전한 상태로 성장할 수 있도록 조력하고 지원하는 조직적인 일련의 과정을 말합니다.

청소년지도방법의 특성에 대하여 설명해 주세요.

| 답변 |

첫째, 청소년지도는 정규 학교교육 체계 외부에서 이루어지고 있는 교육으로서 사회교육적 성격이 강합니다.

둘째, 청소년의 인지적 발달에 지나치게 편중된 개입보다는 청소년의 전인적 성장에 더 큰 관심을 기울입니다.

셋째, 청소년지도는 문제 청소년만을 대상으로 하는 것이 아니라 청소년기에 있는 모든 청소년들을 대상으로 합니다.

넷째, 청소년지도방법은 그 자체가 목적성을 지닌 것이 아니라 도구적이고 수단적인 성격을 지닙니다.

다섯째, 청소년지도방법은 목적·대상·공간에 적합하도록 사전에 치밀하게 준비되고 선정되며, 목표를 달성하기 위한 체계적·의도적인 활동입니다.

여섯째, 청소년지도는 청소년들이 바람직하고 건전하며 온전한 상태로 성장·발전할 수 있도록 하는 조직적인 목표지향 활동입니다.

일곱째, 청소년지도는 단순히 정규학교 교육을 보조하는 지원적 차원이 아니라 청소년이 건전하고 유능한 한 인간으로 성장하고 발전할 수 있도록 지원해 주는 새로운 대안적 패러다임으로서, 가정·학교·지역사회 속에서 다른 체제와의 파트너십을 필요로 하는 활동입니다.

청소년기에 집단지도가 필요한 이유는 무엇인가요?

| 답변 |

집단지도를 통하여 리더십, 갈등조정 및 의사소통기능, 사회적 신뢰 등과 같은 사회적 기능 향상에 도움을 줄 수 있으며, 협동심·관용·배려심 등의 정의적 측면의 발달에 효과적이기 때문입니다.

청소년지도방법의 원리 중 '자기주도적 원리'에 대하여 설명해 주세요.

| 답변 |

'자기주도적 원리'란 청소년지도방법에 있어서 청소년이 활동의 주체가 되어 적극적으로 참여하고, 활동의 목적·내용·시기·속도 등을 선택하고 결정할 수 있도록 하는 지도방법입니다.

청소년지도방법의 원리 중 '자율참여의 원리'란 무엇인가요?

| 답변 |

'자율참여의 원리'란 청소년들이 이성적 사고에 기초하여 자신이 참여할 청소년활동에 대해 스스로 결정하고, 자유의지에 따라 청소년활동에 참가하여 상호작용함으로써 경험을 공유하는 것을 말합니다.

청소년활동을 지도할 때 청소년들의 자율적인 참여를 유도하기 위하여 어떻게 하시겠습니까?

| 답변 |

우선 청소년들에게 활동참여를 통해 얻을 수 있는 결과를 이해시켜 활동에 대한 목표의식을 갖도록 하겠습니다. 그리고 청소년지도사와 청소년 간에 상호존중하는 분위기로 친밀한 관계를 형성하고, 청소년들이 자신의 활동에 대해 책임의식을 가지도록 지도하겠습니다. 이와 같은 방법을 통해 청소년들의 자율적인 참여가 이루어질 것이라 생각합니다.

질 문

하트(Hart)의 청소년 참여형태 8단계를 순서대로 설명해 주세요.

| 답변 |

하트(Hart)는 청소년의 참여형태를 '조작단계 → 장식단계 → 명목주의 단계 → 제한적 위임과 정보제공 단계 → 상의와 정보제공 단계 → 성인주도 단계 → 청소년주도 단계 → 동등한 파트너십 단계'의 8단계 순으로 제시하였습니다.

조하리(Johari) 창문의 4가지 영역은 무엇인가요?

| 답변 |

조하리(Johari) 창문에는 '개방영역, 맹인영역, 은폐영역, 미지영역'의 4가지 영역이 있습니다.
• 개방영역 : 느낌이나 생각, 행동 등이 자신이나 타인에게 알려진 영역
• 맹인영역 : 자신의 행동이나 느낌, 생각 또는 동기가 타인에게는 알려져 있으나, 자신은 알지 못하는 영역
• 은폐영역 : 자신의 느낌이나 생각과 행동을 본인이 알고 있으나, 타인은 알지 못하는 영역, 완전히 사적인 영역
• 미지영역 : 행동이나 느낌, 동기가 본인이나 타인에게 알려져 있지 않은 영역

심성계발 프로그램의 목적은 무엇인가요?

| 답변 |

청소년들이 공동사회 속에서 자아를 발견하고 타인을 이해함으로써 자신과 타인의 관계를 개선하고, 협동정신, 질서의식, 개방적인 사회성을 발달시켜 행동의 변화를 이끌어내는 것을 목적으로 하는 프로그램입니다.

'문제해결학습'에 대해서 간략하게 설명해 주세요.

| 답변 |

'문제해결학습'이란 문제를 매개로 하여 문제를 바르게 해결할 수 있는 능력을 기르기 위한 학습형태입니다. 즉, 반성적 사고를 통해 의혹이나 곤란을 해결하고, 현실과 가능성 사이의 대립을 없애며, 조화로운 통일을 얻는 것을 말합니다.

PART 2

질 문

'브레인스토밍(Brainstorming)' 기법에 대하여 설명해 주세요.

| 답변 |

'브레인스토밍(Brainstorming)'은 집단의 성원들이 하나의 구체적인 문제에 초점을 두고 가능한 한 많은 수의 아이디어들을 생성해 내기 위한 기법으로서, 아이디어의 질보다는 양을 우선시하며, 생성된 아이디어를 조합 하고 확대함으로써 다양하고 창의적인 아이디어를 찾는 것이 목적입니다.

'델파이 기법'에 대하여 설명해 주세요.

| 답변 |

'델파이 기법'은 내용이 아직 알려지지 않거나 일정한 합의점에 달하지 못한 내용에 대해 다수의 전문가의 의견을 자기기입식 설문조사나 우편조사 등의 방법으로 수회에 걸쳐 피드백(Feedback)하여 의견을 수렴하고 합의된 내용을 얻는 기법입니다.

'SWOT(스왓분석)'의 단어를 설명하고 그 뜻을 간단하게 말해주세요.

| 답변 |

SWOT은 강점(Strength), 약점(Weakness), 기회(Opportunity), 위협(Threat)의 머리글자를 모아 만든 단어로 내부 및 외부 환경을 분석하여 경영 전략을 수립하기 위한 분석 도구입니다.

'역할놀이 현장학습'이란 무엇인가요?

| 답변 |

'역할놀이 현장학습'은 학습자들이 구체적인 실제 상황을 가상하고 대본에 따라 무대에서 자기가 맡은 역할을 연기하면서, 실제 현장에서 나타나는 다양한 문제 상황을 이해하고 스스로 해결해 나갈 수 있는 힘을 기르는 학습방법입니다.

질 문

'구성주의 학습이론'이란 무엇인가요?

| 답변 |

구성이란 여러 부분이나 요소들을 모아서 일정한 전체를 조직하는 것을 말합니다. '구성주의 학습이론'은 청소년을 경험과 학습을 통하여 습득한 지식들을 상황에 맞게 스스로 구조화할 수 있는 능력을 가지고 있다고 전제하고, 이에 맞추어 학습을 진행해야 한다는 이론입니다.

'청소년의 달'에 하는 행사 내용은 무엇인가요?

| 답변 |

- 청소년의 문화 · 예술 · 수련 · 체육에 관한 행사
- 청소년의 인권 증진 및 육성 등에 관한 연구 발표 행사
- 모범 청소년, 청소년지도자 및 우수청소년단체 등에 대한 포상
- 대중매체 등을 이용한 홍보 행사
- 그 밖에 청소년육성에 관하여 범국민적인 관심을 높이기 위하여 필요한 행사 등

청소년지도에서 '집단역동' 방법이 중요한 이유는 무엇인가요?

| 답변 |

'집단역동'이란 '집단활동 속에서 개개인에게 영향을 미치는 오묘한 상호작용적인 힘'이라고 정의할 수 있습니다. 청소년들은 집단 내에서 생활할 때 개인으로서의 행동보다 사회성을 보이며, 그들 사이에서 벌어지는 심리적 관계는 개인의 사회성 발달에 크게 영향을 미치므로, 집단활동 과정에서 각 개인이 올바른 사회성을 가질 수 있도록 지도하기 위한 집단역동 방법이 매우 중요하다고 생각합니다.

콜브(Kolb)가 제시한 경험학습의 4단계는 무엇인가요?

| 답변 |

콜브(Kolb)는 경험학습을 '구체적 경험, 반성적 성찰, 추상적 개념화, 능동적 실험'의 4단계가 순환하며 이루어
진다고 보았습니다.

'규준지향 평가'와 '준거지향 평가'의 차이점에 대하여 설명해 주세요.

| 답변 |

'규준지향 평가'는 집단 내에서 상대적 위치를 알아보기 위한 평가이며, '준거지향 평가'는 절대적인 기준을
준거로 어느 정도 달성하였는지 알아보는 평가입니다.

청소년지도사가 평가과정에서 피해야 할 오류 중에서 '집중화 경향의 오류'와 그 방지책에 대하여 간략하게 설명해 주세요.

| 답변 |

'집중화 경향의 오류'는 평가에 심리적 부담을 느끼는 평정자의 책임회피 수단으로서, 모든 피평정자에게 대부분 중간 수준의 평점을 주는 오류를 말합니다. 이 문제의 방지책으로는 각 등급별로 일정 인원을 할당하는 강제배분식이 효과적입니다.

개인중심의 지도방법 유형 중 '도제제도'는 무엇인가요?

| 답변 |

'도제제도'는 주로 기술 습득과 관련된 영역으로서, 경험 있는 숙련자로부터 기술을 개별적으로 전수받는 제도입니다.

'필립66' 방법에 대해 설명해 주세요.

| 답변 |

'필립66'은 사전 지식도 없고 서로 잘 모르는 6명이 한 집단이 되어 토론장에서 주어진 주제를 가지고 정해진 시간까지 토론을 한 후, 결론이 나든 안나든 끝내도록 하는 토론방법입니다.

'청소년수련활동'과 '청소년특별활동'의 차이점에 대하여 설명해 주세요.

| 답변 |

'청소년수련활동'은 청소년 자신의 자발적인 선택과 참여를 전제로 하는 데 비하여, '청소년특별활동'은 교과 과정상에 포함되어 있어 선택의 여지가 없다는 차이점이 있습니다.

'특별활동이나 동아리활동'이 '단체활동'과 다른 점에 대하여 설명해 주세요.

| 답변 |

'특별활동이나 동아리활동 등'은 또래집단으로 구성되어 자치원리를 활동의 기준으로 삼고 있는 반면, '단체활동'은 선·후배라는 다른 연령집단 간의 계통적 교류를 통해 활동의 질을 수준 높게 유지할 수 있다는 차이점이 있습니다.

청소년수련활동의 3요소에 대해 설명해 주세요.

| 답변 |

청소년수련활동의 3요소에는 '수련거리, 수련시설, 청소년지도자'가 있습니다.

질 문

'청소년 수련거리'란 무엇인가요?

| 답변 |

'청소년 수련거리'라 함은 수련활동에 필요한 프로그램과 이와 관련되는 사업을 말합니다.

질 문

'청소년 자원봉사활동'과 '성인 자원봉사활동'의 차이점에 대하여 설명해 주세요.

| 답변 |

'청소년 자원봉사활동'은 성인들의 자원봉사활동과 여러 면에서 비슷하나, 완전히 자발적인 봉사활동이라기보다는 교육적 목적을 가지고 지도·안내 및 조정·평가되는 활동이라는 측면에서 차이점이 있습니다.

자원봉사활동에서 '파이프 효과(Conduit Effect)'에 대하여 설명해 주세요.

| 답변 |

봉사자의 기대와 결과가 일치하는 경우, 개인의 사회관에 근본적인 변화는 일어나지 않으나 추상적으로 알았던 정보를 경험을 통해 더욱 구체적으로 파악하게 되며, 일치의 빈도가 높을수록 일관되고 통합된 사회관을 유지하게 됩니다.

자원봉사활동에서 '아코디언 효과(Accordion Effect)'에 대하여 설명해 주세요.

| 답변 |

학습자의 참여경험과 봉사학습에 대한 기대 사이에 부분적인 일치가 발생했을 때 나타나는 결과로서, 학습자가 기존에 가지고 있던 자신의 가치관, 나아가 전체적인 사회관의 수정이 요구됩니다.

청소년 자원봉사활동의 특징 중 '개척성'은 무엇을 말하나요?

| 답변 |

'개척성'은 '사회개발성'이라고도 하는데, 적극적으로 사회문제를 제기하고 국가와 공공부문의 해결방안 모색을 제안하는 등의 사회개혁적이고 개척적인 역할을 담당하는 활동이라는 의미입니다.

자원봉사에서 청소년지도사의 역할은 무엇이라고 생각하나요?

| 답변 |

청소년지도사는 자원봉사 과정에서 성실한 안내자, 책임 있는 조력자, 자발적인 사회계몽가, 균형감 있는 조정자, 청소년육성전문가의 역할을 수행해야 한다고 생각합니다.

청소년놀이에서 '놀이'에 대하여 설명해 주세요.

| 답변 |

'놀이'란 일정한 시간과 공간의 한계 속에서 자유로우나 완전히 구속력이 있는 규칙에 따라 행해지고 그 자체가 목적이 되며, 긴장과 즐거움의 감정, 아울러 일상생활과 다르다는 의식을 동반하는 자발적인 행위나 활동을 말합니다.

'변혁적 리더십'과 '서번트 리더십'에 대해 설명해 주세요.

| 답변 |

'변혁적 리더십'은 개인의 역량과 잠재력을 개발하고 동기를 유발하는 리더십입니다. 비전 설정, 목표달성지원 등을 중시하고 학교의 성공을 위해 높은 동기 부여와 도덕성 함양을 유도하며 각 개인을 성장시키고 있기 때문에 교육계에 필수적입니다. '서번트 리더십'은 타인을 위한 봉사에 초점을 두고 종업원과 고객의 커뮤니티를 우선으로 그들의 욕구를 만족시키기 위해 헌신하는 리더십을 뜻합니다.

03 | 청소년심리 및 상담

〈PART 02 과목별 예상 면접질문〉편에서는 청소년지도사 필기시험 각 과목별로 반드시 숙지해야 할 개념들과 주요 용어들을 중심으로 예상 질문과 모범답안을 수록하였습니다.

주요개념

- 청소년심리의 기초(주요 이론 및 연구방법)
- 청소년기 심리적 발달
- 청소년상담의 기초
- 청소년상담의 실제 등

질문

청소년의 발달과정에서 '점성의 원리'는 무엇을 의미하나요?

| 답변 |

'점성의 원리'는 유전적인 요인에 의존한 일련의 단계에 의해 인간발달이 지배되며, '이전 단계 발달을 토대로 다음 단계 발달이 이루어진다'는 원리를 말합니다. 예컨대, 에릭슨(Erikson)이 구분한 8단계 이론에서 1단계에 해당하는 기본적 신뢰감이 잘 발달해야 2단계의 자율성이나 3단계의 주도성이 잘 발달된다는 주장이 대표적인 점성의 원리에 해당한다고 할 수 있습니다.

청소년의 발달특성을 신체적·인지적·사회적·정서적 측면에서 각각 설명해 주세요.

| 답변 |

- 신체적 발달특성 : 성적으로 성숙해지는 사춘기로 신체가 외형적으로 성장하고 호르몬이 변화합니다. 급격한 성장과 외형의 변화에 긍정적 반응과 부정적 반응이 동시에 일어납니다.

- 인지적 발달특성 : 경험에만 의존하는 즉흥적 사고체계에서 벗어나 수준 높게 사고하는 기술을 발달시키기 시작합니다. 피아제(Piaget)는 이와 같은 청소년기의 사고 수준을 '형식적 조작 사고'라고 하였습니다.

- 사회적 발달특성 : 사회적 변화는 신체적 변화와 사고체계의 변화 때문에 일어납니다. 또래집단이 급속히 중요해지며, 이성과 친밀해지는 현상이 뚜렷이 나타납니다. 대인관계의 형성 기술이 비교적 잘 발달되고 우애 관계도 비교적 오랫동안 지속됩니다.

- 정서적 발달특성 : 정서 변화가 심하며 극단적으로 바뀌는데, 이러한 특성은 청소년기를 질풍노도의 시기로 부르게 합니다. 안정된 정서를 형성하기 위해서는 신체적 성숙, 성적 성숙, 추상적 사고능력의 발달, 정서적 안정성 확보, 부모와 또래집단으로부터 자율성을 확보해야 합니다.

'개인적 우화'와 '상상적 청중'에 대해 설명해 주세요.

| 답변 |

'개인적 우화'란 자신이 너무 중요하고 특별한 사람이기 때문에 다른 사람들이 자신을 이해하지 못할 것이라 믿는 것을 말합니다. '상상적 청중'은 사춘기의 다른 사람들이 자신의 행동을 주시하고 있다고 생각하며 관중이 있다고 상상하는 것을 의미합니다. 지나치게 외모를 신경쓰기 시작하고 다른 사람을 의식하여 사소한 비판에도 민감하게 반응합니다.

PART 2

질 문

청소년을 인지적 관점에서 정의해 주세요.

| 답변 |

인지적 관점에서 볼 때, 청소년기는 추상적 사고와 논리적 추리가 나타나기 시작하고, 상위 인지능력을 갖기 시작할 때부터 생활의 모든 영역에서 그것들을 사용할 수 있을 때까지의 시기를 말합니다.

청소년기의 발달에 따른 문제행동을 생각나는 대로 말해보세요.

| 답변 |

청소년기에는 자기정체 의식이 뚜렷하지 않은 과도기적 상태에 있기 때문에, 때로는 전통적 가치와 기성세대에 대해 반항하기도 하고, 스스로 심한 좌절감을 느끼기도 합니다.

청소년기의 '질풍노도의 시기'에 대하여 설명해 주세요.

| 답변 |

'질풍노도'란 몹시 빠르게 부는 바람과 무섭게 소용돌이치는 물결이라는 뜻입니다. 사춘기는 신체적·정신적으로 어린이에도 어른에도 속하지 않는 주변인으로서, 정서적으로 불안정한 상태에서 감정 기복이 많은 시기이므로, 이러한 정서적 특성 때문에 청소년기를 '질풍노도의 시기'라고 부릅니다.

청소년기의 '자아정체감'이란 무엇을 말하나요?

| 답변 |

'자아정체감'이란 '나는 누구인가'에 대한 총체적인 느낌 및 인지를 뜻합니다. 즉, 대인관계, 역할, 목표, 가치 및 이념 등에 있어서 '자기다움'에 대한 자각과 이에 부합하는 자기통합성과 일관성을 견지해 나가려는 '의식 또는 무의식적인 노력'이라고 말할 수 있습니다.

지그문트 프로이트(Sigmund Freud)가 주장한 사람의 성격을 구성하는 3요소는 무엇인가요?

| 답변 |

지그문트 프로이트(Sigmund Freud)는 사람의 성격이 '원초아(Id), 자아(Ego), 초자아(Superego)'로 구성되어 있다고 주장하였습니다.

지그문트 프로이트(Sigmund Freud)가 주장한 성격발달 단계를 순서대로 나열해 보세요.

| 답변 |

지그문트 프로이트(Sigmund Freud)는 성격발달이 '구강기 → 항문기 → 남근기 → 잠복기 → 생식기'의 순으로 진행된다고 주장하였습니다.

안나 프로이트(Anna Freud)가 주장한 방어기제 중 생각나는 방어기제와 그 예를 설명해 주세요.

| 답변 |

방어기제 중 '합리화'의 예로, 너무 높은 곳에 열린 포도를 먹을 수 없었던 여우가 포도 따먹기를 포기하고 '저 포도는 분명히 시어서 먹을 수 없을 거야'라고 자신의 포기행위를 합리화시킨 '여우와 신포도 이야기'를 들 수 있습니다.

콜버그(Kohlberg)가 주장한 도덕추론 3단계는 어떻게 구분되나요?

| 답변 |

콜버그(Kohlberg)는 도덕추론 단계를 '전인습적 도덕성 단계, 인습적 도덕성 단계, 후인습적 도덕성 단계'의 3가지 수준으로 구분하였습니다.

반두라(Bandura)의 관찰학습 4단계 진행과정을 순서대로 말해보세요.

| 답변 |

반두라(Bandura)의 관찰학습 4단계는 '주의집중과정 → 보존(기억)과정 → 운동재생과정 → 동기화(자기강화) 과정'의 순으로 진행됩니다.

'사회학습이론'에 대하여 설명해 주세요.

| 답변 |

'사회학습이론'은 행동주의 학습이론과 인지학습이론을 결합한 형태의 행동발달이론으로서, 이는 인간이 어떤 행동을 학습하는 데 있어서 외부로부터의 자극뿐만 아니라 인간 내부의 인지적 요인이 함께 작용하여 학습이 진행된다는 이론입니다.

'인본주의 이론'에 대하여 설명해 주세요.

| 답변 |

'인본주의 이론'은 무의식적 결정론에 근거하고 있는 정신분석 이론과 환경결정론에 근거를 두고 있는 행동주의 이론의 입장에 반대하는 이론으로서, 인간은 원래 선하며 적절한 환경이 주어지면 자신의 잠재능력을 실현하려는 경향성이 있다고 가정하는 이론입니다.

매슬로우(Maslow)의 욕구위계 이론 5단계를 순서대로 나열해 보세요.

| 답변 |

매슬로우(Maslow)의 욕구위계 이론 5단계는 '생리적 욕구단계, 안전의 욕구단계, 소속감과 애정의 욕구단계, 존경의 욕구단계, 자아실현의 욕구단계'의 순으로 진행됩니다.

'생태학적 이론'에 대하여 설명해 주세요.

| 답변 |

'생태학적 이론'은 청소년의 발달이 유전적 요소, 가정의 역동적 환경, 학교의 또래 환경, 사회의 문화 및 매체 환경 등과 같은 다양한 요인들과 관련된다고 보는 입장입니다.

브론펜브레너(Bronfenbrenner)의 5가지 환경적 체계 중 '시간체계'에 대하여 간단히 설명해 주세요.

| 답변 |

'시간체계'는 가족제도의 변화, 결혼관의 변화, 직업관의 변화처럼 시간에 걸쳐 일어나는 사회·역사적인 환경 등의 변화를 말합니다.

로렌츠(Lorenz)의 '각인이론'에 대하여 설명해 주세요.

| 답변 |

'각인이론'이란 생의 초기, 즉 어떤 행동을 결정하는 과민한 결정적 시기에 형성되어 그 이후에는 지울 수 없는 강력한 행동으로 작용하는 '각인현상'은 학습과정과는 다르다고 설명하는 이론입니다.

보울비(Bowlby)의 '애착이론'에 대하여 설명해 주세요.

| 답변 |

보울비(Bowlby)는 아동이 양육자를 향해 애착을 형성하고 싶은 신념이 있는데, 제대로 준비가 되어 있지 않거나 양육자가 적절한 반응을 보이지 않는 경우 '부분적 박탈'이나 '완전한 박탈'을 경험할 수 있다고 하였습니다. 이런 박탈경험으로 인해 청소년기나 성인기로 넘어가면 피상적 대인관계, 감각추구, 집중력의 결함과 같은 문제가 발생할 수 있으므로, 어릴 때 양육자와의 애착형성이 중요하다는 것이 '애착이론'입니다.

PART 2

질 문

비고츠키(Vygotsky)의 '근접발달영역'에 대해 설명해 주세요.

| 답변 |

'근접발달영역'이란 아동이 어떤 일을 수행할 때 혼자서 할 수 있는 실제적 발달영역과 타인의 도움이 있을 때에만 할 수 있는 잠재적 발달영역간의 차이를 말합니다.

사춘기에 영향을 주는 남성호르몬 2개와 여성호르몬 2개를 각각 말해보세요.

| 답변 |

남성호르몬에는 안드로겐과 테스토스테론이 있으며, 여성호르몬은 에스트로겐과 프로게스테론이 있습니다.

청소년기의 특징인 '상상적 청중'을 '중2병'의 사례를 들어 설명해 주세요.

| 답변 |

청소년기는 타인의 시선을 과도하게 의식하는 동시에 자기만의 세계에 푹 빠져 있는 시기이며, 이를 '상상적 청중'이라 합니다. 그래서 아무도 관심 갖지 않는 문제에 대해서도 '쪽팔린다, 창피하다'는 말을 자주하며, 학생들 앞에서는 선생님에게도 질 수 없다는 허세를 부리는 등의 중2병 증세를 나타내게 됩니다.

청소년기의 특징인 '개인적 우화'를 사례를 들어 설명해 주세요.

| 답변 |

'개인적 우화'는 자신은 남과는 다른 특별한 존재라 생각하며, 더 나아가 자신을 불멸의 존재로 착각하여 무모한 행동도 서슴지 않는 것입니다. 위험한 행동의 부정적인 결과가 자기 몫이 아니라는 허구성을 지녔기 때문에 음주, 흡연, 폭주, 약물, 성문란 등 파괴적 행동을 보입니다. 자신은 다치지 않을 것이라 생각하며 오토바이 폭주와 같은 무모한 행동을 하는 것이 대표적인 사례입니다.

PART 2

질문

청소년기의 '심리적 이유기'란 무엇인가요?

| 답변 |

청소년기에 신체적 측면뿐만 아니라, 정신적 성숙이 왕성하여 부모의 보호·감독·간섭으로부터 독립하려는 경향이 나타나게 되는 현상을 일컫는 용어입니다.

청소년기에 또래집단이 중요한 이유를 설명해 주세요.

| 답변 |

또래집단은 동일한 흥미·감각을 추구하며, 공통적인 가치관이나 문화를 공유하여 소속감 및 자신의 존재감을 확인할 수 있는 동료로서, 사춘기의 청소년들에게 성인으로의 이행을 원만하게 원조하는 존재이기 때문에 매우 중요하다고 생각합니다.

창의적 사고를 구성하는 요인에는 어떠한 것들이 있나요?

| 답변 |

창의적 사고를 구성하는 요인에는 '유창성, 융통성, 독창성, 정교성' 등이 있습니다.

질 문

청소년기에 나타날 수 있는 '품행장애'의 특징은 무엇인가요?

| 답변 |

'품행장애'는 지나친 공격성, 타인을 해치는 행위, 자기 물건이나 남의 물건을 파괴하는 행동, 사기와 도둑질, 그 나이에 지켜야 할 규칙들을 빈번히 어기는 것 등을 특징으로 합니다.

질 문

현재 '아이돌 문화'의 문제점은 무엇이라고 생각하십니까?

| 답변 |

대중문화 전반에 걸쳐 여성 혹은 여성 아이돌을 성적인 코드로 상품화한 콘텐츠들은 예전에도 있었지만, 특히 최근 몇 년 동안 여성 아이돌 그룹들이 대거 등장하고 경쟁이 치열해지면서 나타난 '성적 코드의 지나친 상품화'가 아이돌 문화의 가장 큰 문제라고 생각합니다. 특히, 도덕적으로 미성숙한 청소년들에게 잘못된 성의식을 조장하여 사회문제가 될 수 있으므로, 어느 정도의 규제가 반드시 필요하다고 생각합니다.

청소년상담의 목표에 대하여 설명해 주세요.

| 답변 |

내담자의 문제행동에 변화를 일으켜 행동을 바람직한 방향으로 전환시키고, 내담자의 잠재력을 촉진하며, 개
인적 효율성을 증진하는 것을 목표로 합니다.

청소년상담자에게 필요한 인간적 자질에는 어떠한 것이 있나요?

| 답변 |

타인에 대한 열린 마음, 삶에 대한 진지함과 변화에 대한 용기, 문제와 인간에 대한 이해, 상담자에 대한 건전
한 동기 등이 있습니다.

청소년상담에서의 '공감적 이해'에 대하여 설명해 주세요.

| 답변 |

'공감적 이해'란 '감정이입적 이해'라고도 하며, 과학적인 이론이나 외부로 드러난 행위 그 자체로써 사람을 이해하는 것을 지양하고, 인간의 심리적인 세계에서 주관적으로 움직이는 내면세계를 이해하는 것을 말합니다.

정신분석학적 상담이론에서 상담의 목표에 대하여 설명해 주세요.

| 답변 |

정신분석의 과정에서는 어떤 위협이나 비난받을 위험이 없는 안전한 분위기 속에서 과거에 내담자 자신이 효과적으로 대처할 수 없었던 장면들에 직면할 수 있게 하고, 그와 관련된 억압되어 있는 감정이나 충동들을 자유롭게 표현할 수 있게 도움으로써, 문제가 되는 무의식의 내용을 의식수준으로 끌어올려 각성하게 하는 것이 목표입니다.

인간의 본능 중 '에로스'와 '타나토스'에 대하여 설명해 주세요.

| 답변 |

'에로스'는 삶의 본능으로서 개체의 생존과 종족의 번식의 목적에 관여하며, '타나토스'는 죽음의 본능으로서 유기체가 무생물의 상태로 되돌아가려는 충동을 말합니다.

'오이디푸스 콤플렉스'와 '엘렉트라 콤플렉스'를 간략하게 설명해 주세요.

| 답변 |

'오이디푸스 콤플렉스'란 남자아이가 어머니를 성적으로 사랑하게 되면서 경험하는 딜레마로서, 이때의 남자아이는 아버지를 경쟁자로 생각하고 적대적인 감정을 가지며, 아버지와의 관계 때문에 점차 거세불안을 느끼게 됩니다. 반면에, '엘렉트라 콤플렉스'는 여자아이가 아버지와 성적으로 사랑에 빠지고, 그 때문에 어머니에게 적개심을 품는 콤플렉스를 말합니다.

상담과정에서 상담자와 내담자 사이에 일어나는 '전이'란 무엇인가요?

| 답변 |

'전이'란 내담자가 어릴 때 어떤 중요한 인물에 대하여 가졌던 사랑이나 증오의 감정을 상담자에게 옮겨와 반복하는 현상을 말합니다.

융(Jung)의 분석심리학에서 '아니마'와 '아니무스'란 무엇인지 설명해 주세요.

| 답변 |

'아니마'는 무의식 속에 존재하는 남성의 여성적인 측면이며, '아니무스'는 무의식 속에 존재하는 여성의 남성적인 측면을 말합니다.

로저스(Rogers)가 말한 '현상학적 장'이란 무엇인가요?

| 답변 |

'현상학적 장'이란 경험적 세계 또는 주관적 경험으로도 불리는 개념으로서, 특정 순간에 개인이 지각하고 경험하는 모든 것을 의미합니다. 로저스(Rogers)는 동일한 현상이라도 개인에 따라 다르게 지각하고 경험하기 때문에 이 세상에는 개인적 현실, 즉 현상학적 장만이 존재한다고 주장하였습니다.

'추수상담'이란 무엇인가요?

| 답변 |

상담종결 후 일정기간이 지난 후에 내담자의 행동 변화 지속상태를 점검하여 내담자가 잘하고 있는 것은 격려를 통하여 강화하여 주고, 내담자가 못하는 부분은 보완할 수 있는 방법을 찾는 상담을 말합니다.

'청소년상담복지센터'의 변화와 현재 기관 내역에 대해 설명해 주세요.

| 답변 |

청소년 육성 업무와 상담 지원을 취지로 1990년부터 운영된 청소년종합상담실이 청소년정책환경의 변화로 청소년상담복지센터로 명칭이 변경되었고 그 역할과 기능이 새롭게 확대되었습니다.
청소년상담복지센터는 「청소년복지지원법」에 근거하여 전국에 총 240개소가 운영(2024년 기준)되고 있습니다.

'청소년상담사'와 '청소년지도사'의 차이점은 무엇인가요?

| 답변 |

청소년상담사와 청소년지도사는 담당업무와 전공과목에서 차이점이 있습니다.
• '청소년상담사'는 청소년상담복지센터 등에서 근무하며 청소년 심리상담 업무를 진행하고, '청소년지도사'는 청소년수련시설, 청소년단체 등에서 근무하며 청소년 활동 및 복지 업무를 진행합니다.
• '청소년상담사'는 사회복지학과, 교육학과, 청소년학과, 상담학과, 심리학과, 정신의학과 등을 전공해야 하고, '청소년지도사'는 청소년학과, 청소년지도학과, 청소년문화학과, 사회복지학부 청소년복지전공 등을 전공해야 합니다.

피아제(Piaget)의 인지발달단계에 대하여 설명해 주세요.

| 답변 |

피아제(Piaget)는 인지발달단계를 '감각운동기, 전조작기, 구체적 조작기, 형식적 조작기'의 4단계로 구분하였습니다.

• '감각운동기'는 0~2세 아동에게 나타나며, 간단한 지각능력이나 운동능력이 발달합니다.
• '전조작기'는 2~7세 아동에게 나타나며, 사물을 직관적으로 분류하고 자기중심적인 사고를 보입니다.
• '구체적 조작기'는 7~11세 아동에게 나타나며, 수·질량·무게·부피의 개념을 획득하고 논리적 사고가 가능합니다.
• '형식적 조작기'는 11~15세 아동에게 나타나며, 타인을 이해하게 되고 추상적 개념에 대한 사고가 가능합니다.

질 문

피아제(Piaget)의 인지발달단계 중 청소년은 어느 단계에 해당하나요?

| 답변 |

피아제(Piaget)의 인지발달 4단계에서 청소년은 '형식적 조작기(11~15세)'에 해당합니다.

마샤(Marcia)의 4가지 정체감을 말씀해 주세요.

| 답변 |

마샤(Marcia)는 자아정체감의 수준을 성취지위에 따라 '정체감 혼미(Identity Diffusion), 정체감 유실(Identity for Closure), 정체감 유예(Identity Moratorium), 정체감 성취/획득(Identity Achievement)' 4가지로 분류하였습니다.

- '정체감 혼미'는 가장 낮은 성취지위로, 직업계획이나 이념적인 세계관에 대한 강한 참여를 하지 않거나 쉽게 중단해 버리고, 자아에 대해 안정되고 통합된 견해 형성을 실패하며 삶의 목표와 가치를 탐색하려고 하지 않습니다.
- '정체감 유실'은 정체감 위기를 경험하지 않은 채로 바로 부모나 기타 권위주의에 의하여 주어진 가치관을 그대로 받아들여 동조하는 상태입니다. 자아정체성 탐색 없이 정체성 결정을 내리며, 위기경험을 하지 않은 상태이기도 합니다.
- '정체감 유예'는 여러 가지 대상에 적극적인 참여를 보이지만, 참여의 안정성과 만족이 결핍되어 있고, 대개는 위기를 경험하며 삶의 목표와 가치에 대해서 불확실한 상태입니다.
- '정체감 성취/획득'은 이미 위기를 경험하고, 비교적 강한 참여를 할 수 있게 되어 상황적 변화에 따른 동요 없이 성숙한 정체감을 소유하고 의사결정도 가능하며, 신념·직업·정치적 견해 등에 스스로 의사결정을 하는 상태입니다.

PART 2

04 | 청소년문화

〈PART 02 과목별 예상 면접질문〉편에서는 청소년지도사 필기시험 각 과목별로 반드시 숙지해야 할 개념들과 주요 용어들을 중심으로 예상 질문과 모범답안을 수록하였습니다.

주요개념

- 문화이론과 청소년문화
- 청소년문화의 제 영역
- 현재 청소년문화에 대한 진단과 제언 등

질 문

'문화접변'이란 무엇인지 설명하고, 그 예를 들어보세요.

| 답변 |

'문화접변'이란 두 문화체계가 장기간에 걸쳐 전면적으로 접촉함으로써 문화요소가 전파되어 일어나는 변동을 말하며, 정복이나 식민지 지배 같은 '강제적 문화접변'과 이민, 유학 등과 같이 스스로의 필요에 의해 이루어지는 '자발적 문화접변'으로 구분할 수 있습니다.

'문화지체'란 무엇을 말하며, 우리생활에서 어떤 예를 찾아볼 수 있나요?

| 답변 |

'문화지체'란 물질문화의 변동속도를 비물질문화의 변동속도가 쫓아가지 못하는 부조화 현상을 말하며, 인터넷 쇼핑의 증가와 전자상거래 관련법규 미비, 노인인구 증가와 노인복지제도의 미수립 등이 그 예라고 할 수 있습니다.

대중문화에 대한 '상상적 편입'의 유형에 대하여 설명해 주세요.

| 답변 |

'상상적 편입'은 부유층은 아니지만 일정한 정도의 욕구충족은 가능한 중산층 출신의 청소년들의 문화수용 방식입니다. '좋은 대학에 가야 한다', '출세를 해야 한다'는 부모세대의 지배적 가치체계에 저항하지 않지만, 그러한 기대수준과 자신의 현실적 충족 가능성 사이의 괴리로 인한 불안 때문에 스타의 옷을 따라 입거나, 스타에 열광하는 방식을 통하여 지배적 가치체계에 편입하려 하는 유형입니다. 그러나 그러한 편입은 실제적인 것이 아니라 상상적인 것에 불과하며, 스타에 열광하는 순간을 벗어나 현실로 돌아오면 다시 입시지옥 속에 놓여 있는 힘없는 청소년으로 돌아가는 특징이 있습니다.

청소년들의 대중가요 수용방식 중 '실제적 편입'의 유형에 대하여 설명해 주세요.

| 답변 |

'실제적 편입'은 청소년들에게 주어지는 지배적 가치체계가 요구하는 물질적 조건을 실제로 갖추고 있기 때문에 그러한 가치에 대해 별다른 모순이나 저항을 느끼지 못하는 부유층 청소년들의 문화수용 방식으로서, 항상 새로운 스타일의 추구 자체를 지향하고 청소년문화 전반의 유행을 선도합니다. 최근 홍대 앞의 클럽문화 등이 대표적이라고 할 수 있습니다.

질 문

'청소년문화'란 무엇인지 정의해 보세요.

| 답변 |

'청소년문화'는 청소년들이 가지고 있는 행동양식, 사고방식, 심미적 취향, 말투, 의상 등을 통틀어 일컫는 용어입니다.

질문

청소년문화를 '저항의 문화'라고 일컫는 이유는 무엇인가요?

| 답변 |

청소년의 문화는 기존의 질서와 기성세대의 모든 문화적 틀을 송두리째 부정하고 무시하며, 자신들의 새로운 문화를 대안으로 내세우면서 개혁과 변화를 요구한다는 의미에서 '저항의 문화' 또는 '반(反)문화'라고도 합니다.

질문

사티어(Satir)가 말한 가족 내 역기능적 의사소통 유형에는 어떠한 것들이 있나요?

| 답변 |

사티어(Satir)가 제시한 가족 내 역기능적 의사소통 유형에는 '비난형, 회유형, 초이성형, 혼란형'이 있습니다.

'권위있는 부모'와 '권위주의적 부모'는 어떤 차이가 있나요?

| 답변 |

'권위있는 부모'는 애정적·반응적이고 자녀와 항상 대화를 가지며, 자녀의 독립심을 격려하고, 훈육 시 논리적 설명을 이용하여 대화를 하는 부모입니다. 이에 반해 '권위주의적 부모'는 엄격한 통제와 설정해 놓은 규칙을 따르도록 강요하며, 훈육 시 체벌을 사용하고, 논리적 설명을 하지 않는 특징을 보이는 부모입니다.

학교생활 관련 청소년집단의 유형 중 '순응형'과 '저항형'의 특징은 무엇인가요?

| 답변 |

'순응형'은 학교성적을 중요하게 여기며, 다른 또래집단과 마찬가지로 친구들과의 교제가 노래방이나 오락실에서도 이루어지지만 학원이나 과외의 장에서도 이루어지는 유형입니다. 반면에 '저항형'은 학교성적을 고려하는 대신 외모와 패션스타일, 돈의 씀씀이 정도를 다른 집단보다 더 중요하게 여기며, 오락실이나 노래방, PC방을 찾아가기도 하지만 학생에게는 출입이 허용되지 않은 나이트클럽이나 록카페, 술집 등을 자주 드나드는 특징을 보이는 유형입니다.

학교문화 중 '수업문화'에 대하여 설명해 주세요.

| 답변 |

'수업문화'란 교사와 학생들의 역할에 대한 기대행동이 비교적 명확하게 구분되어 있어 안정적인 구조를 가지며, 교사와 학습자의 특성, 수업에서 다루는 과제의 내용, 수업방법, 학교의 체제, 지역사회의 특성 등에 의해 조성되는 문화를 말합니다.

청소년문화의 발전을 저해하는 학교의 요인은 무엇이라고 생각합니까?

| 답변 |

청소년문화의 발전을 저해하는 학교의 요인으로는 '입시에의 몰두, 권위주의적이고 경직된 질서, 과도한 경쟁으로 인한 상호배려의 저하, 도전적·창조적 문화욕구에 의한 억압'으로 크게 4가지로 나누어 살펴볼 수 있습니다.

'청소년문화'에 대해서 어떻게 생각합니까?

| 답변 |

청소년문화에는 팬덤문화, 스포츠문화, 소비문화, 인터넷문화 등이 있으며, 이로 인한 단점이나 부작용도 존재하지만, 기성세대들이 만들어 놓은 틀에서 벗어나 더 흥미롭고 창의적이며 자유로운 면도 있어서 부정적으로 보이지 않습니다. 오히려 저는 앞으로도 청소년문화에 많은 관심을 가지고 청소년들을 이해하며, 흥미롭고 창의적인 생각을 함께 공유하고 배우는 청소년지도사가 되고 싶습니다.

질 문

청소년 집단 중 '패거리 집단'에 대해서 아는 대로 설명해 보세요.

| 답변 |

'패거리 집단'은 비슷한 성격과 특성을 지닌 청소년들이 조직되지 않은 형태로 어울려 다니는 형태로서, 구성원들 서로간의 우정과 관심, 취미에 기초해서 유지되기보다는 사회적 평판이나 고정관념에 의해 유지되는 집단입니다.

청소년문화의 올바른 이해를 위해 필요한 자세에는 어떤 것이 있나요?

| 답변 |

첫째, 청소년문화를 이해하기 위해 문화상대주의적 관점을 갖는 자세가 필요합니다.

둘째, 청소년들이 다양한 문화들과의 관련 속에서 나름대로의 문화를 생산하고 있음을 인정하는 자세가 필요합니다.

셋째, 청소년문화 형성 과정에서 청소년을 행위자 및 의지를 가진 주체로 고려하는 자세가 필요합니다.

넷째, 청소년문화는 닫힌 체계가 아닌 지속적으로 변화하는 과정에 있음을 인식하는 자세가 필요합니다.

마지막으로, 청소년문화 내의 다양성을 염두에 두고, 청소년기에 대한 다원적이고 융통성 있는 접근이 필요하다고 생각합니다.

질 문

'청소년 집단화'의 부작용에 대하여 설명해 주세요.

| 답변 |

청소년들이 사회집단을 형성하고 자신이 속한 집단의 참여를 통한 사회화는 바람직하지만, 집단에 소속되지 않는 소수자를 만들고 이를 낙오시키며 가해하는 일이 종종 발생하는데, 특히 '왕따' 현상의 경우 청소년 집단화의 대표적 부작용이라고 할 수 있습니다.

청소년기의 대중적 스타를 바라보는 긍정적 관점과 부정적 관점에 대하여 설명해 주세요.

| 답변 |

긍정적 관점에서 대중스타의 수용은 청소년들로 하여금 다양한 문화경험을 체득하는 기회이자 공간으로 작용할 수 있고, 이것을 통해 적극적인 사회참여의 기회를 가질 수 있으며, 스스로가 사회변화의 주체라는 경험을 하는 기회를 얻을 수 있습니다. 부정적 관점으로는 대중스타의 실재를 바라보지 못하고 허상적인 이미지에 집착하고 신성시할 경우, 바람직한 청소년의 성장과 발달에 장애를 초래할 가능성이 있다는 점 등이 있습니다.

질 문

'파퓰러 컬쳐(Popular Culture)'란 무엇을 말하나요?

| 답변 |

'파퓰러 컬쳐(Popular Culture)'는 다수에 의해 일반적으로 동의되면서 인기가 있는 문화로서, 다수의 사람이 향유하는 대중적인 문화이며 문화의 수용과정에 초점을 맞춘 개념입니다.

'아비투스(Habitus)'가 청소년의 문화향유 방식에 미치는 영향은 무엇인가요?

| 답변 |

'아비투스(Habitus)'란 선천적으로 물려받은 것이 아니라 일상생활과 경험 속에서 후천적으로 체화된 성향이나 습성을 의미하며, 사회계급과 인간의 행위 사이를 매개하는 역할을 하게 됩니다. 다시 말해, 사회계급에 따라 체화된 성향이나 습성이 달라지게 되고, 이에 따라 인간의 행동방식도 차이가 나타난다는 것입니다. 따라서 사회경제적 배경이 서로 다른 청소년들은 내면에 상이한 아비투스를 형성하고, 이에 따라 청소년들 간에도 문화향유 방식이 달라지게 된다고 할 수 있습니다.

질 문

'크로스오버 문화'와 '퓨전문화'의 차이점은 무엇이고, 각각의 대표적인 예로는 어떤 것이 있나요?

| 답변 |

'크로스오버 문화'는 '고급문화의 대중성 획득'과 '하위문화의 주류영역으로의 성공적 진입'처럼 서로 다른 문화가 각자의 정체성을 유지하면서 융합되는 것이고, '퓨전문화'는 서로 다른 문화의 융합으로 새로운 정체성을 가진 문화를 창조하는 것으로서, 정체성을 유지하는지의 여부가 크로스오버 문화와 퓨전문화의 차이점입니다. '크로스오버 문화'의 대표적인 예로는 고급음악인 루치아노 파바로티 음반이 상업적인 영국 음반시장에서 1위를 하며 대중음악으로 진입한 것을 들 수 있고, '퓨전문화'는 한국김치와 미국햄버거가 합쳐져서 만들어진 김치버거나 이탈리아의 국수와 신대륙의 토마토가 결합하여 만들어진 스파게티가 그 대표적인 예입니다.

'SNS'는 무엇의 약자이며, 그 뜻은 무엇입니까?

| 답변 |

'SNS'는 '소셜 네트워크 서비스(Social Network Service)'의 약자로서, 사용자 간의 자유로운 의사소통과 정보공유, 그리고 인맥 확대 등을 통해 사회적 관계를 생성하고 강화시켜주는 온라인 플랫폼을 의미하며, 그 종류에는 페이스북, 트위터, 카카오톡, 유튜브, 인스타그램 등이 있습니다.

대중문화가 청소년에게 미치는 부정적 가치관에는 어떠한 것들이 있나요?

| 답변 |

첫째, 소비지향적 배금주의 가치관을 심어주고 있습니다.
둘째, 단순하고 자극적인 쾌락지향·오락지향의 가치관을 심어주고 있습니다.
셋째, 터무니없는 환상과 감성적·현실도피적 가치관을 심어주고 있습니다.
넷째, 외래문화를 내용으로 하는 대중문화는 비자주적이고 비주체적인 청소년을 양성합니다.

청소년문화에서 '팬덤(Fandom)'은 무엇을 의미하며, 스타에 대한 우상화와 어떤 차이점이 있나요?

| 답변 |

'팬덤(Fandom)'이란 청소년의 하위문화에서 스타와의 일방적 관계에서 벗어나 팬의 주체적 참여 성향이 뚜렷해지고, 이를 통해 자신들의 문화지대를 창조하고 확장하는 것을 말합니다. 일반적인 스타에 대한 우상화 현상이 대중스타에 대한 동일시와 숭배, 모방을 중심으로 한다면, 팬덤문화는 신성성이 강조되는 대중스타가 가지는 허상과 그 허상을 실재처럼 포장하는 이미지를 실제로 치환하여 스타와 팬이 동등한 관계를 확보한다는 점에서 차이가 있습니다.

대중스타 수용이 청소년에게 미치는 긍정적인 영향에는 어떠한 것이 있나요?

| 답변 |

첫째, 자기인식을 촉진하는 계기가 되어 청소년 자신의 자아정체감 형성과 수립에 긍정적인 영향을 미칠 수 있습니다.
둘째, 대중스타 수용은 청소년들로 하여금 다양한 문화경험을 체득하는 기회이자 공간으로 작용할 수 있습니다.
셋째, 청소년기의 긴장과 갈등, 현실에 대한 불만과 억압되었던 욕구들을 대리분출하는 스트레스 해소의 기능 및 통로 역할을 수행할 수 있습니다.
넷째, 청소년들의 대중스타 수용은 아직까지 대부분이 소극적인 개인적 수용에 머물고 있지만, 일부의 경우 대중스타 수용을 통해 적극적인 사회참여의 기회를 가질 수 있으며, 스스로가 사회변화의 주체라는 경험을 하는 기회도 됩니다.
다섯째, 청소년들은 대중스타를 비롯하여 문화산업이 창출하고 주도하는 대중문화의 소비를 통해 창조적 소비의 경험을 누리고, 이를 통한 창조적 소비자 및 문화생산자로서의 경험과 지위까지 얻을 수 있는 점이 긍정적인 영향이라고 생각합니다.

청소년 여가의 기능에는 어떠한 것들이 있나요?

| 답변 |

여가는 신체적·정신적 건강에 도움을 주고 사회적 발달에 공헌하며, 재생산 능력을 높이는 순기능이 있습니다. 개인적인 측면에는 긴장완화의 기능, 기분전환의 기능, 자아형성의 기능, 일에 대한 보상적 기능이 있으며, 사회적 측면으로는 사회학습의 기능, 재생산의 기능, 사회적 통합의 기능 등이 있습니다.

청소년 여가의 문제점은 무엇이라고 생각합니까?

| 답변 |

청소년 여가의 문제점으로는 시간의 부족, 경제적인 문제, 여가 공간과 시설의 부족 등과 더불어 컴퓨터 게임이나 인터넷 이용과 같이 컴퓨터 또는 모바일 등을 이용한 활동이 주를 이루고, 텔레비전 시청과 같은 수동적 여가활동을 많이 하는 편이라는 점 등이 있습니다.

05 | 청소년활동

〈PART 02 과목별 예상 면접질문〉편에서는 청소년지도사 필기시험 각 과목별로 반드시 숙지해야 할 개념들과 주요 용어들을 중심으로 예상 질문과 모범답안을 수록하였습니다.

주요개념

- 청소년활동의 영역, 조직과 관리
- 청소년활동의 장(단체, 시설, 연계 등)
- 청소년활동의 법적·제도적 기반
- 청소년활동의 과제와 전망 등

질 문

'청소년수련활동'에 대하여 설명해 주세요.

| 답변 |

'청소년수련활동'이란 청소년이 청소년활동에 자발적으로 참여하여 청소년 시기에 필요한 기량과 품성을 함양하는 교육적 활동으로서, 청소년지도사와 함께 청소년수련 프로그램에 참여하여 배움을 실천하는 체험활동을 말합니다.

질문

청소년수련시설의 종류에는 무엇이 있으며, 현재 국내에는 몇 개의 수련관이 있나요?

| 답변 |

청소년수련시설의 종류에는 청소년수련관, 청소년수련원, 청소년문화의 집, 청소년특화시설, 청소년야영장, 유스호스텔 등이 있으며, 현재 국내에는 약 854개의 수련시설이 있습니다(2024년 기준).

질문

청소년수련시설에서의 생활지도 수칙을 아는 대로 설명해 주세요.

| 답변 |

첫째, 특별한 경우를 제외하고는 23시 이전에 취침하여야 하며, 취침시간 후에는 취침을 방해하는 행위가 없도록 하여야 합니다.

둘째, 청소년의 남녀혼숙을 금하여야 합니다.

셋째, 미성년자에 대하여는 음주·흡연행위를 금하여야 하며, 성인이라 하더라도 흡연은 정해진 장소에서 하도록 하고, 음주 등으로 인하여 해당 수련시설을 이용하는 청소년의 지도에 지장을 초래하지 않도록 하여야 합니다.

넷째, 음주자 등 시설의 운영에 지장을 초래할 우려가 있는 사람의 출입을 금지시켜야 합니다.

다섯째, 집단급식소 등은 청소년들의 자립정신의 배양을 위하여 자급식 운영을 원칙으로 합니다.

여섯째, 청소년에게 정신적·신체적 폭행이나 이와 유사한 행위를 하여서는 안 됩니다.

일곱째, 청소년의 탈선을 방지하고 타인으로부터의 위해 등을 예방하기 위한 조치를 취하여야 합니다.

'청소년수련원'과 '청소년수련관'의 특징 및 차이점은 무엇인가요?

| 답변 |

'청소년수련원'은 다양한 수련 프로그램을 실시할 수 있는 각종 시설과 설비를 갖춘 종합수련시설로서 숙박기능을 갖춘 생활관이 있는 반면, '청소년수련관'은 다양한 수련 프로그램을 실시할 수 있는 각종 시설 및 설비를 갖춘 종합수련시설이지만 숙박기능을 갖춘 생활관이 없다는 점이 차이점입니다. 또한, '청소년수련원'은 자연 속에서 숙박과 수련활동 중심의 심신단련을 위주로 하는 반면, '청소년수련관'은 도심 속에 위치하여 크고 작은 청소년 문화활동을 위주로 하고 있어 명백히 구별되고 있습니다.

PART 2

질 문

청소년수련시설의 문제점과 그 대책은 무엇인가요?

| 답변 |

학교공부 및 성적문제로 인해 청소년들이 수련활동에 참여할 수 있는 여유와 시간이 부족하다는 점이 가장 큰 문제점이라고 생각합니다. 그리고 막상 청소년수련시설을 방문했을 때, 열악한 수련시설과 특성화된 수련활동 프로그램의 부족으로 청소년수련시설에 대한 필요성을 느끼지 못하는 청소년들이 많은 것 같습니다. 이러한 문제점을 해결하기 위해서는 경쟁 위주의 입시 제도를 개혁하고 암기 위주의 주입식 학교교육으로부터의 탈피가 이루어져야 하며, 청소년들이 충분히 즐길 수 있는 수련도구를 많이 비치하고, 아울러 단순한 수련활동 이외에도 청소년의 진로체험 등 청소년의 눈높이에 맞춘 흥미있고 유익한 프로그램을 많이 도입하여 운영해야 한다고 생각합니다.

창의적 체험활동의 3대 영역과 각 영역의 목표에 대해 설명해 주세요.

| 답변 |

창의적 체험활동의 3대 영역은 자율·자치활동, 동아리활동, 진로활동 영역을 말합니다.

- '자율·자치활동'은 자기주도성과 창의성을 함양하기 위한 활동인 '자율활동'과 자신의 삶을 능동적이고 주도적으로 영위하며, 공동체를 조직하고 운영하는 역량을 함양하기 위한 활동인 '자치활동'으로 구성되어 있습니다.
- '동아리활동'에는 자신의 흥미 및 진로를 탐색하여 관련된 소질과 적성을 기르기 위한 '학술·문화 및 여가 활동'과 공동체와 사회에 기여함으로써 포용성과 시민성을 함양하기 위한 활동인 '봉사활동'이 있습니다.
- '진로활동'은 자신의 진로와 관련된 교육 및 직업 정보를 탐색하기 위한 '진로탐색활동'과 희망하는 진로와 직업의 경로를 설계하고 실천하기 위한 '진로설계 및 실천 활동'으로 구성되어 있습니다.

'청소년 수련터전'에 대하여 설명해 주세요.

| 답변 |

'청소년 수련터전'은 청소년의 일상생활 공간, 일반적인 활동공간과 구별하기 위해 제시된 수련활동과 관련된 공간과 시설을 의미합니다.

'청소년수련지구'에 대하여 설명해 주세요.

| 답변 |

'청소년수련지구'는 자연권에 넓은 지역을 선정하여 수련시설과 지원시설 및 각종 편의시설 등을 다양하고 계획적으로 설치할 수 있도록 한 종합적인 청소년 활동공간을 말합니다.

청소년수련지구 안에 설치해야 할 시설들을 아는 대로 말해보세요.

| 답변 |

청소년수련지구 안에서는 그 조성계획에 따라 수련시설, 체육시설, 문화시설, 자연탐구시설 또는 환경학습시설, 모험활동시설, 녹지 등 다양한 청소년활동시설을 설치해야 합니다.

생활권 중심의 수련터전의 발전방향에 대하여 설명해 주세요.

| 답변 |

첫째, 주말에 적극적으로 운영할 수 있는 방안을 강구하여야 합니다.
둘째, 자립능력과 창의성 배양으로 청소년의 사회참여 기회를 확대해야 합니다.
셋째, 학교의 특기·적성교육 및 특별활동과 유기적으로 연계해야 합니다.

자연권 중심의 수련터전의 발전방향에 대하여 설명해 주세요.

| 답변 |

첫째, 지역과 자연환경, 규모를 고려하여 시설을 특화시켜야 합니다.
둘째, 자발적 집단과 개별 활동을 요구하는 청소년들을 유인할 수 있는 여건을 조성하여야 합니다.
셋째, 가족단위의 활동공간으로서 위치해야 합니다.

청소년단체의 역할은 무엇인가요?

| 답변 |

첫째, 학교교육과 서로 보완할 수 있는 청소년활동을 통한 청소년의 기량과 품성 함양입니다.

둘째, 청소년복지 증진을 통한 청소년의 삶의 질을 향상시키는 것입니다.

셋째, 유해환경으로부터 청소년을 보호하기 위한 청소년보호 업무를 수행하는 것입니다.

청소년의 단체활동 참여효과에는 어떤 것이 있나요?

| 답변 |

청소년의 단체활동 참여는 청소년들의 자아정체감 형성과 발달에 긍정적인 영향을 줄 수 있으며, 청소년 개개인의 학습효과를 제고할 수 있는 결과를 제시해 줍니다.

청소년단체의 수련활동 활성화 방안을 말해보세요.

| 답변 |

청소년단체의 수련활동이 활성화되기 위해서는 청소년단체의 자립능력이 구축되어야 하며, 청소년들의 요구에 맞는 다양한 프로그램의 개발이 필요합니다. 아울러 청소년단체의 학교 연계를 강화하는 한편, 청소년단체별 전문적인 특성과 능력을 심화해야 하며, 청소년단체 간의 연계를 위한 네트워크를 구성하여야 합니다.

바람직한 수련활동의 지도원칙에 대하여 설명해 주세요.

| 답변 |

수련활동이 인간교육의 장으로서 소집단 활동이 활성화될 수 있도록 하여야 하며, 청소년들이 자발적으로 활동에 참여하여 즐길 수 있도록 하고, 수련활동 과정에서 타인에 대한 배려와 규칙에 대한 존중이 지켜질 수 있도록 지도하여야 합니다.

'청소년지도'와 '청소년수련활동'의 차이점은 무엇인가요?

| 답변 |

'청소년지도'가 지도자의 전문 과업이라면, '청소년수련활동'은 청소년 개인 또는 집단의 자율적인 참여에 의한 체험활동이라는 점입니다. 즉, '청소년지도'가 청소년의 행동변화를 촉진하기 위한 처방적 또는 방법적 학문인 반면에, '청소년수련활동'은 청소년의 자율적인 참여와 체험을 강조하며, 이러한 체험을 조직화한 수련거리 중심의 기술적 활동이라는 점이 차이점이라고 할 수 있습니다.

PART 2

질 문

'청소년지도'와 '학교 내 생활지도'와의 관계에 대하여 설명해 주세요.

| 답변 |

'청소년지도'는 청소년 생활지도 즉, 청소년의 전인적 성장과 사회적응을 조력하기 위한 소집단 활동과 야영, 캠프, 여행, 자연체험 등을 포함한 수련활동, 상담과 자원봉사활동 등에 초점을 두고 있지만, '학교 내 생활지도'와 필수적인 협조체제 관계를 유지하고 교외지도를 병행하며, 진단과 검사, 조사, 상담, 추후지도 등을 통해 학생 청소년의 잠재력 개발과 문제행동 예방 및 처치를 담당하고 있습니다.

'스포츠'와 '체육'의 차이점은 무엇인가요?

| 답변 |

'스포츠'는 일과 놀이의 연장선 위에 걸치는 경쟁적 성격을 가진 신체활동 및 정신활동인 반면에, '체육'은 계획적인 신체활동을 바탕으로 인간의 행동을 바람직한 방향으로 변화시키는 교육의 한 부분으로서 경쟁성이 배제된 개념이라는 점이 차이점입니다.

'여가'와 '레크리에이션'의 공통점과 차이점은 무엇인가요?

| 답변 |

'여가'와 '레크리에이션'의 공통점은 즐거움을 추구하는 자발적 활동이라는 점이며, 차이점은 '여가'가 자유시간에 한하여 이루어지고 비조직적이며 개인의 이익의 추구를 목적으로 하는 반면에, '레크리에이션'은 자유시간 이외에도 이루어질 수 있는 집단적이고 사회적 이익을 추구한다는 점입니다.

'오리엔티어링'은 무슨 뜻인가요?

| 답변 |

'오리엔티어링'이란 미지의 자연을 무대로 지도와 나침반만을 이용해 지정된 지점을 찾아서 목적지에 도착하는 경기로서, 기분전환과 함께 완주 후 상쾌한 성취감을 안겨주는 게임입니다. 체력 향상은 물론이고 개척정신과 독립심 배양에 큰 도움을 주며, 특히 심약한 청소년에게 권할만한 레포츠로 손꼽히고 있습니다.

질 문

청소년에게 연극이 필요한 이유는 무엇인가요?

| 답변 |

연극은 공동의 작업이기 때문에 집단 내에서의 인간관계가 중요시되고 성실한 협동을 필요로 하므로, 청소년 교육의 목표인 민주시민의 양성과 협동을 달성할 수 있기 때문입니다.

글을 쓰는 것을 꺼리는 청소년을 지도하여야 할 경우 어떻게 글쓰기를 지도하겠습니까?

| 답변 |

우선 글은 누구나 쓸 수 있다는 것을 주지시키고, 글을 쓰지 않으면 안 되는 상황이 살다 보면 수없이 존재한다는 것을 알려주겠습니다. 그리고 글을 통해서 스스로 위안을 받을 수 있을 뿐만 아니라 자신을 정리하고 상황을 설명할 수 있으며, 자기주장을 펴고 지식이나 즐거움을 남에게 전달하거나 영향을 줄 수도 있다는 점을 설명하고 이해시킴으로써, 청소년 스스로 글을 쓰고 싶어하도록 동기를 부여하겠습니다.

청소년 자원봉사활동의 문제점이 무엇이라고 생각합니까?

| 답변 |

청소년 자원봉사활동의 개인적·사회적 필요성이 강조되고 있는 현실에도 많은 부분에서 문제점이 표출되고 있는데, 그 이유는 청소년들이 학업으로 인해 봉사할 시간적 여유가 없고, 자원봉사 점수 인증제에 의한 강제성으로 자발적 참여동기가 미흡하며, 전문적인 지식과 창의력의 부족으로 다양한 자원봉사 프로그램 참여에 한계가 있기 때문입니다. 또한, 이들을 관리하는 인력의 부족과 자원봉사에 관한 전문지식, 구체적 방법과 기술의 부족 등도 문제점이라고 할 수 있습니다.

청소년 레크리에이션 활동의 바람직한 방향에 대하여 설명해 주세요.

| 답변 |

비경쟁 프로그램을 개발하여 청소년들에게 비경쟁·협동놀이를 통하여 사귐과 나눔의 의미를 전해줄 필요가 있으며, 청소년이 자발적으로 참여하는 놀이를 개발하고 자유시간에 청소년들이 무언가 즐길 수 있는 다양한 놀거리를 제공함으로써, 이들이 스스로 창조적인 작업을 할 수 있는 환경을 조성하는 방향으로 나아가야 한다고 생각합니다.

질 문

'청소년수련프로그램'이란 무엇을 말하나요?

| 답변 |

'청소년수련프로그램'이란 청소년을 대상으로 특정 영역의 수련활동에 있어서 그 활동의 내용을 어떻게 지도하고 수행할 것인가에 대한 구체적인 계획과 지침이며 내용이라고 할 수 있습니다.

'청소년활동'과 '청소년육성'에 대하여 설명해 주세요.

| 답변 |

'청소년활동'이란 청소년의 균형 있는 성장을 위하여 필요한 활동과 이러한 활동을 소재로 하는 수련활동·교류활동·문화활동 등 다양한 형태의 활동을 말합니다. '청소년육성'은 청소년활동보다 더 포괄적인 개념으로서, 청소년활동을 지원하고 청소년의 복지를 증진하며 근로 청소년을 보호하는 한편, 사회여건과 환경을 청소년에게 유익하도록 개선하고 청소년에 대한 교육을 보완함으로써 청소년의 균형 있는 성장을 돕는 활동을 나타내는 용어입니다.

06 | 청소년프로그램 개발과 평가

〈PART 02 과목별 예상 면접질문〉편에서는 청소년지도사 필기시험 각 과목별로 반드시 숙지해야 할 개념들과 주요 용어들을 중심으로 예상 질문과 모범답안을 수록하였습니다.

주요개념

- 청소년프로그램 개발관련 이론
- 청소년프로그램 개발과정
- 청소년프로그램 평가

질문

자연체험활동 프로그램에는 어떠한 프로그램들이 있나요?

| 답변 |

무인도 탐험·국토 탐사·강 탐사활동 등과 같은 자연탐사활동 프로그램, 식목행사·자연농장·환경보존 등과 같은 자연을 가꾸고 보존하는 활동 프로그램, 자연관찰 하이킹·청소년이동캠프·공정야영활동 등 레크리에이션을 겸한 자연탐구 프로그램이 있습니다.

예술활동 프로그램의 목적은 무엇인가요?

| 답변 |

청소년들로 하여금 예술활동에 대한 기본적인 소양과 안목을 갖추도록 할 뿐만 아니라 정서발달과 창조능력을 증진시키는 데 그 목적이 있습니다.

청소년 프로그램 개발이론에 대하여 설명해 주세요.

| 답변 |

'프로그램 개발이론'이란 실증주의에 근거해 프로그램 개발의 합리적 절차와 원리에 대한 규범적 이론은 물론이고, 프로그램 개발자가 프로그램 개발의 과정에서 실제적·해석적 의미부여를 통해 산출된 프로그램 개발의 의미체계와 논리체계를 포함하는 이론을 말합니다.

구성주의 패러다임에서 청소년지도사와 청소년의 관계에 대하여 설명해 주세요.

| 답변 |

구성주의 패러다임은 '실제적·해석적 패러다임'이라 하며, 인간을 의미를 창조해 가는 주체적·실존적 존재로 간주함으로써 청소년지도의 과정을 청소년지도사와 청소년이 함께 '의미를 창출하는 상호작용의 과정'으로 규정합니다.

PART 2

질 문

'청소년프로그램 기획'에 대하여 설명해 주세요.

| 답변 |

'청소년프로그램 기획'이란 '프로그램 개발에서 무엇을 할 것인가? 프로그램을 왜 개발해야 하는가? 프로그램 개발을 통해서 내놓을 혁신적인 결과물이 무엇인가? 프로그램 개발을 어떻게 할 것인가?'와 같은 미래지향적 문제를 체계적이고 논리적으로 해결해가는 과정이라고 할 수 있습니다.

청소년프로그램 기획 시 고려해야 할 사항은 무엇인가요?

| 답변 |

첫째, 프로그램 개발 과정에서 청소년들이 파트너로서 참여할 수 있는 권리가 충분히 보장되어야 합니다.

둘째, 프로그램에서 특정한 기능(Specific Skills), 능력(Competencies) 및 자산(Assets)을 강조한다는 명확한 목표를 가지고 시작되어야 합니다.

셋째, 프로그램에 청소년들의 복합적인 학습양식을 나타내는 다양한 활동과 경험을 포함해야 합니다.

넷째, 프로그램을 통해서 청소년들에게 성인들과 또래집단들 간에 긍정적이고 지속적인 관계를 형성할 수 있는 기회를 제공해야 합니다.

청소년프로그램 기획자의 역할에 대하여 설명해 주세요.

| 답변 |

프로그램 기획자는 합리성과 책임감을 고양하는 역할을 수행하고, 특별한 대상을 위한 대변자로서의 역할을 수행하여야 합니다. 또한 청소년의 요구와 한정된 자원을 효율적으로 연결하는 데 도움을 주고, 제한된 자원에 대한 갈등을 중재하는 중개인으로서의 역할을 수행하여야 합니다.

프로그램 기획 단계에서 가장 먼저 해야 할 일은 무엇인가요?

| 답변 |

프로그램 기획자는 문제를 확인하고 프로그램 목표를 설정하기 전에 가장 먼저 경계를 결정해야 합니다. 경계 수립의 기본적인 목적은 프로그램의 범위와 한계를 확인하는 것입니다. 예컨대 프로그램의 영역을 청소년수련활동으로 할 것인지, 청소년 비행 예방으로 할 것인지를 결정하는 과정을 말합니다.

'간트 차트(Gantt Chart)'란 무엇인가요?

| 답변 |

'간트 차트(Gantt Chart)'는 '활동별 시간계획도표'라고도 합니다. 세로에는 사업(행사)을 위한 주요 세부목표 및 관련 활동을 기입하고, 가로에는 월별 또는 일별 시간을 기입한 도표에 사업의 시작 또는 완료 시까지의 기간 동안 계획된 세부목표 및 활동기관과 그것의 실제 수행현황을 병행하여 막대모양으로 표시한 도표입니다.

'퍼트(PERT) 기법'에 대하여 아는 대로 설명해 주세요.

| 답변 |

'퍼트(PERT ; Program Evaluation and Review Technique) 기법'은 '프로그램 평가 검토기법'이라고도 하며, 목표달성의 기한을 정해놓고 목표달성을 위해 설정된 주요 세부목표 또는 활동의 상호관계와 시간계획을 연결시켜 도표로 나타낸 것을 말합니다.

'느낀 요구'와 '표현된 요구'를 구분하여 설명해 주세요.

| 답변 |

'느낀 요구(Felt Needs)'는 가장 일반적으로 사용되는 개념으로서, 학습자가 인식하고 있을 뿐 행동으로 나타내지 않은 요구를 의미합니다. 반면에 '표현된 요구(Expressed Needs)'는 학습자에 의해 인간의 커뮤니케이션 기법, 즉 언어나 문장 등으로 표출되거나 행동화된 요구를 의미합니다.

요구분석의 유형 4가지는 무엇이며, 각각의 의미는 무엇인지 간략하게 설명해 주세요.

| 답변 |

요구분석의 유형에는 기술적·주관적 요구분석, 기술적·객관적 요구분석, 규범적·주관적 요구분석, 규범적·객관적 요구분석이 있습니다.

• '기술적·주관적 요구분석'은 학습자 스스로 주관적 진술이나 판단을 근거로 자신의 요구를 분석하는 것입니다.

• '기술적·객관적 요구분석'은 주체가 학습자라는 면에서 기술적·주관적 분석과 같지만, 분석의 자료가 학습자의 주관이나 직관이 아니라 더 체계적이고 객관적인 근거라는 면에서 다릅니다.

• '규범적·주관적 요구분석'은 학습자가 아닌 전문가에 의해 요구가 판단되며, 요구판단의 근거는 전문가의 주관이나 느낌이 됩니다.

• '규범적·객관적 요구분석'은 전문가에 의해 요구가 파악되나, 근거자료는 학습자들에 대한 객관적인 데이터로부터 나오는 분석입니다.

요구분석의 기법 중 '서베이 기법'이란 무엇인가요?

| 답변 |

'서베이 기법'은 학습자가 표현한 요구를 확인하는 가장 널리 쓰이는 요구분석 기법으로서, 주로 잠재적 학습자 집단이 비교적 많고 널리 분포되어 있는 경우에 요구와 관련된 정보를 수집하기 위해 사용합니다. 서베이 실시 방법에는 질문지법과 면접법이 있습니다.

요구분석 기법 중 '결정적 사건분석 기법'에 대하여 간략하게 설명해 주세요.

| 답변 |

'결정적 사건분석 기법'은 필요한 관찰과 평가를 위해 가장 적절한 지위에 있는 사람들로부터 특정한 행동에 대한 기록을 얻어내는 기법을 말합니다. 특정 청소년에 대해 잘 알고 있는 사람들을 통해 정보를 수집하기 때문에, 청소년들에게 필요한 태도나 지식 및 기타 다른 특성들을 추론할 수 있는 장점이 있는 기법입니다.

'데이컴법'이 무엇인지 설명해 주세요.

| 답변 |

'데이컴(Dacum)'이란 'Developing A Curriculum'의 줄인 말로서, 교육과정을 개발하는 데 활용되어온 직무분석의 한 기법을 말합니다. 이 기법은 교육훈련을 위한 교육목표와 교육내용을 비교적 단시간 내에 추출하는 데 효과적인 기법으로 알려져 있습니다.

'중도점 목표'란 무엇인가요?

| 답변 |

출발점 목표에서 도달점 목표를 향해 학습하는 과정에서 부대적으로 그러나 필연적으로 발생하는 변화 또는 획득해야 하는 행동을 '중도점 행동'이라 하고, 중도점 행동으로 진술된 목표를 '중도점 목표'라고 합니다.

활동목표의 3가지 영역과 각 영역에 포함되는 특성을 각각 나열해 보세요.

| 답변 |

활동목표의 3가지 영역은 인지적 행동특성 영역, 정의적 행동특성 영역, 신체운동적 행동특성 영역으로 구분 됩니다.
• '인지적 행동특성'에는 지식, 이해력, 적용력, 분석, 종합, 평가가 포함됩니다.
• '정의적 행동특성'에는 수용, 반응, 가치화, 조직화, 인격화가 포함됩니다.
• '신체운동적 행동특성'에는 반사운동, 초보적 기초운동, 지각능력, 신체적 운동능력, 숙련된 운동기능, 동작 적 의사소통 등이 포함됩니다.

청소년의 과소비와 과시적 소비를 올바르게 지도할 수 있는 프로그램이나 방안을 말씀해 주세요.

| 답변 |

저는 3가지 측면에서 접근하고자 합니다.

첫째, 청소년수련시설을 중심으로 청소년 소비 관련 수련활동을 실시하도록 지원하거나 청소년의 효과적인 소비생활을 돕기 위한 소비활동 관련 수련거리를 개발하고 이를 실행할 수 있도록 하며, 기존의 청소년 소비 프로그램을 운영하는 관련 단체나 시설에 대한 지원이 이루어져야 한다고 생각합니다. 컴퓨터를 선호하는 청소년들의 특성을 감안하여 용돈 및 소비활동 관련 시뮬레이션 게임을 개발하여 프로그램을 배포하고, 이를 통해 합리적인 소비활동을 간접 경험할 수 있도록 해야 한다고 생각합니다.

둘째, 학교 교육적인 측면에서 소비교육과 관련된 교과목에서 청소년의 용돈 관리 및 소비활동 교육을 강화해야 한다고 생각합니다. 이를 위해서는 학교의 교과목 중 소비생활 관련 부분이 있는 '사회−경제', '가정−기술' 교과에서 소비생활에 대한 내용을 강화하고, 실물 경제를 중심으로 올바른 소비생활을 할 수 있는 지도방법이 구안되고 가르쳐져야 한다고 생각합니다.

셋째, 가정 교육적인 측면에서 자녀와 함께 가계부 적기 및 가정의 지출규모를 의논하는 등의 방법을 통해 청소년들도 가정의 소득 및 소비 규모를 알게 하고, 소비의 중요한 의사결정력을 가지도록 하여 책임 있는 소비경험을 할 기회를 제공하여야 한다고 생각합니다. 또한, 청소년 스스로 용돈계획서 작성 및 용돈지출 결과를 분석하도록 요구하여, 자신의 용돈과 소비에 대하여 관리하는 방법을 배우도록 지도해야 한다고 생각합니다.

현재 시행되고 있는 청소년 집단따돌림 대처 프로그램의 문제점과 대안책에 대하여 설명해 주세요.

| 답변 |

현재 시행되고 있는 집단따돌림 대처 프로그램은 각 프로그램들이 민간단체, 학교, 정부기관별로 개별 운영되어 종합적인 운영책이 미비하고, 프로그램의 주체인 청소년들의 자발적이고 주도적인 참여가 부족하며, 프로그램에 대한 평가나 연구가 제대로 이루어지지 못하고 있다고 생각합니다. 따라서 개별적으로 시행되고 있는 각종 프로그램을 종합적·체계적으로 개편할 필요가 있으며, 프로그램의 수립과정에서부터 프로그램의 주체인 청소년들이 적극적이고 주도적으로 참여할 수 있도록 함으로써 실효성 있게 운영될 수 있도록 하고, 아울러 사회 전체가 책임의식을 가지고 대처할 수 있는 사회적 분위기를 조성해야 된다고 생각합니다.

질문

'프로그램 설계'란 무엇인지 설명해 주세요.

| 답변 |

'프로그램 설계'란 프로그램 기획단계에서 확인된 교육적 요구와 필요를 기초로 하여 프로그램의 내용과 방법을 선정하고 조직하는 과정을 말합니다.

프로그램 목표 설정 시 고려해야 할 사항에는 어떤 것이 있나요?

| 답변 |

첫째, 지도대상자들의 개인적 요구나 필요를 충족시킬 수 있어야 합니다.
둘째, 실시기관의 요구도 고려해야 하며, 사회적 요구도 적절히 반영해야 합니다.
셋째, 철학적 이념이 반영되어야 하고, 국가의 교육목표나 이념이 고려되어야 합니다.

청소년프로그램을 실행함에 있어서 점검해야 할 사항에는 어떤 것들이 있나요?

| 답변 |

청소년프로그램을 실행함에 있어 장소 배치가 적절한지의 여부, 기록준비가 되어있는지의 여부, 필요한 기자재는 갖추어졌는지의 여부, 참가자에게 통지가 잘 되었는지의 여부 등을 점검하여야 합니다.

청소년지도사로서 프로그램을 진행할 때 청소년들과의 라포(Rapport) 형성을 위한 전략을 생각나는 대로 말해보세요.

| 답변 |

제일 먼저 참가자들과 개방적인 분위기를 조성하겠습니다. 그 후에 참가자들의 질문에 적극적으로 반응하여 그들의 노력이 존중되고 있음을 느끼게 할 것이며, 실수하거나 불완전한 대답에 대해서는 격려하도록 하겠습니다.

청소년지도 프로그램 평가의 유형에 대하여 간단히 설명해 주세요.

| 답변 |

프로그램 평가의 유형에는 진단평가, 형성평가, 총괄평가, 수행평가, 투입평가가 있습니다.
• '진단평가'는 프로그램 계획 및 실시 이전이나 도중에 이루어지는 평가로서, 프로그램에 투입되는 다양한 요인과 준비사항의 점검을 목적으로 하는 평가입니다.
• '형성평가'는 프로그램 실시 도중에 프로그램의 개선과 변화를 위한 평가입니다.
• '총괄평가'는 프로그램의 종결과 더불어 프로그램의 효과를 종합적으로 판단하는 평가입니다.
• '수행평가'는 지식형성의 결과는 물론 지식형성의 과정까지 살펴볼 수 있도록 해주는 평가입니다.
• '투입평가'는 프로그램의 목표달성을 위하여 어떤 자료와 전략이 사용되어야 하는가에 관한 평가입니다.

07 | 청소년문제와 보호

〈PART 02 과목별 예상 면접질문〉편에서는 청소년지도사 필기시험 각 과목별로 반드시 숙지해야 할 개념들과 주요 용어들을 중심으로 예상 질문과 모범답안을 수록하였습니다.

주요개념

- 청소년문제의 이해
- 청소년문제의 영역
- 청소년보호대책

질문

'**청소년문제**'란 무엇을 말하나요?

| 답변 |

'청소년문제'란 좁은 의미로는 사회의 도덕과 가치관을 위협한다고 판단되는 청소년의 비행에 관한 사회현상이라고 할 수 있으며, 넓은 의미로는 사회의 성인 또는 영향력 있는 집단에 의해 사회의 가치관을 저해한다고 규정되는 현상뿐만 아니라 청소년 스스로 자신들의 가치관 또는 인간적인 삶을 위협하고 있다고 규정하는 문제까지도 포함합니다.

청소년기의 특징적 정신장애에는 어떠한 것들이 있나요?

| 답변 |

'청소년기의 특징적 정신장애'에는 청소년의 격동과 반항, 불안과 우울, 청소년비행, 거식증·폭식증, 학교거절증, 약물복용과 중독, 주체성 장애, 반응성 정신병, 청소년의 자살 등이 있습니다.

스마트폰 등이 청소년에게 미치는 역기능에는 무엇이 있나요?

| 답변 |

스마트폰 등을 통해 각종 음란물이나 폭력적 게임, 영화 등을 무차별적으로 접하게 되어 건전한 의식발달에 악영향을 주고, 이를 모방한 범죄가 증가하고 있습니다. 또한 SNS가 확산될수록 사이버 공간 안에 갇혀 생활하면서 점점 현실사회와 멀어지고 가족이나 친구들 간의 대화가 단절된 생활방식이 나타나게 되어, 이로 인해 세대 간 갈등 역시 심화되고 있다는 점 등이 역기능이라고 생각합니다.

사이버 불링(Cyber Bullying)에 대해 설명해 주세요.

| 답변 |

'사이버 불링(Cyber Bullying)'은 카카오톡이나 SNS 등의 모바일 메신저를 통해 언어폭력이나 왕따를 당하는 것을 의미하는데, 이것의 가장 큰 문제는 그것이 현실에서도 이어져 현실의 왕따가 된다는 것입니다. 특히 학기 초 반이 이루어지면 가장 먼저 반 단톡방(단체 카카오톡 방)을 만들어 이야기를 나누는데, 그곳에서 조금이라도 아이들에게 지지를 받지 못하는 행동이나 말을 했다면 바로 욕설단톡방을 따로 만들어 그 아이를 초대해 욕설을 퍼붓습니다. 욕설단톡방을 벗어나려 해도 계속 초대를 하여 욕설을 하기 때문에 피해자는 손쓸 수 없이 당하기만 하며, 극단적인 경우에는 이를 참지 못하고 자살하는 경우까지 발생하여 사회적으로 문제가 되고 있습니다.

청소년 언어문화에 대해 어떻게 생각하나요?

| 답변 |

청소년들은 남들과는 다르다는 것을 보여주기 위해 강한 억양을 사용[예] 생까다(무시하다)]하고, 자신이 속한 무리만이 알아들을 수 있는 은어를 사용[예] 담탱이(담임선생님)]하며 속어나 욕설을 아주 많이 사용하는 것이 특징입니다. 이는 어른들에게 자신들만의 세계가 있다는 사실을 과시하려는 데서 오는 현상이라고 생각합니다. 또한 문자나 카톡, SNS의 사용으로 줄임말[예] 할많하않(할 말은 많지만 하지 않겠다)]을 많이 사용합니다. 이러한 잘못된 언어 사용으로 자칫 자신의 마음과 태도도 잘못된 방향으로 나아갈 수 있는 것은 우려할만한 일이지만, 재미있는 언어 사용으로 스트레스를 풀거나 자신들만의 소통 방식을 갖는 것은 긍정적인 면이라고 생각합니다. 하지만 청소년들이 좀 더 바른말 고운말을 쓸 수 있도록 우리 사회가 노력해야 하며, 특히 대중매체 등은 언어가 청소년에게 끼치는 영향을 염두에 두고 주의해야 합니다.

요즘 문제가 되고 있는 청소년들의 비속어 사용에 대해서 어떻게 생각하나요?

| 답변 |

청소년들이 사용하는 비속어는 현실에 대한 불만을 비속어를 통해 배설 내지는 해소함으로써 정신적인 위안을 받을 수 있고, 친구들끼리 비속어를 사용함으로써 친근감을 확인할 수 있게 해주는 등의 긍정적인 면이 있다는 것은 사실입니다. 하지만 비속어는 언어폭력으로 발전할 수 있으며, 인격을 모독하여 상대의 기분을 상하게 할 뿐 아니라, 비속어를 사용하는 당사자의 인격형성이나 정서발달에도 좋지 않은 영향을 미칠 수 있으므로, 방송과 같은 대중매체와 학교, 가정에서 청소년들의 비속어 사용을 올바르게 지도할 필요가 있다고 생각합니다.

질 문

청소년의 심리적 문제 유형인 '내재화된 장애'와 '외재화된 장애'에 대해서 설명해 주세요.

| 답변 |

'내재화된 장애'는 일차적 증상으로 인지적, 정서적 혹은 심리적, 신체적 문제를 나타내는 장애들로 정신분열증, 우울, 불안 및 자살 생각, 섭식장애 등을 말합니다. '외재화된 장애'는 자신이나 타인을 괴롭히는 공공연한 행동으로서 약물남용, 자살행동, 성폭력 등이 있습니다.

'부도덕 가정'이란 무엇이며, 청소년에게 어떠한 영향을 끼치나요?

| 답변 |

'부도덕 가정'이란 가족구성원 중에 범죄자, 부도덕자, 알코올중독자 등이 있는 가정이나 부모가 무절제하고 부도덕한 생활을 하는 가정을 말합니다. 부도덕 가정에서 자란 청소년은 부모의 행동을 거부하면서도 결국 자신도 무의식 중에 그런 부모의 행동을 배우고, 성인이 되어 가정을 꾸린 경우에도 부모와 똑같은 행동을 반복할 가능성이 높아서 사회문제가 되고 있습니다.

'아노미적 자살'이 무엇인지 설명하고, 청소년의 경우를 예로 들어 설명해 주세요.

| 답변 |

'아노미'란 개인에 대한 사회적 규제가 붕괴되어 개인의 욕구가 공동의 규범에 의해 규제되지 못하고, 개개인이 목표를 추구함에 있어 도덕적인 지침을 갖지 못하게 되는 일종의 무규범상태를 말합니다. 청소년의 경우 대학 입시 실패, 이성친구와의 이별, 부모의 사업 실패 등 갑작스런 주변 상황의 위기는 개인의 기대와 욕구를 좌절 시키고, 규범 판단에 대한 능력을 훼손시키며 가치의 기준을 흔들어 놓습니다. 이것이 바로 아노미이며, 이러 한 상황에서 스스로 목숨을 버리게 되는 것을 '아노미적 자살'이라고 합니다.

머튼(Merton)이 제시한 사회적 목표달성을 위한 적응방식 5가지란 무엇인가요?

| 답변 |

머튼(Merton)은 개인이 사회적 목표달성을 위해 각종 규범이나 제도에 적응해 나가는 방식을 '동조형, 혁신형, 의례형, 도피형, 반항형'의 5가지 유형으로 분류하였습니다.

중화기술이론의 내용을 설명하고, 중화기술이론을 적용할 수 있는 청소년 문제행동에는 어떤 것이 있는지 설명해 주세요.

| 답변 |

'중화기술이론'은 비행청소년이 합법적이고 바람직한 규범을 알고 있음에도 위법행위에 대한 정당화기술을 통해 준법의식을 마비시키고 위법행위를 하게 될 때 동원되는 다섯 가지 방식의 자기 정당화이론을 말합니다. 중화기술이론을 적용할 수 있는 대표적인 청소년 문제행동으로는 '무분별한 신상털기'를 들 수 있습니다. 신상털기란 네티즌들이 인터넷을 통해 특정 행동을 한 개인의 사생활 정보를 파악하여 그것을 인터넷에 낱낱이 공개하는 범죄행위입니다. 신상털기를 하는 청소년들은 자기가 신상털기를 하는 것은 그것을 당한 피해자가 그럴만한 나쁜 사람이기 때문에 자신의 행위는 죄가 되지 않는다고 생각하는 것이 그 예입니다.

'사회해체이론'에 대하여 설명해 주세요.

| 답변 |

'사회해체이론'이란 도시화·산업화 등으로 기존의 사회체제가 붕괴되어 현존하는 사회적 행동기준이 개인에
대하여 미치는 영향력이 감소하여 사람들의 반사회적 태도가 증가하고, 규범준수에 대한 사회구성원의 공감대
가 약화되어 범죄의 원인이 된다는 이론입니다.

코헨(Cohen)의 '비행하위문화 이론'과 '청소년 비행'에 대하여 설명해 주세요.

| 답변 |

사회구성원들은 계층에 따라 사회적 위치가 나누어지는데, 중산층의 가치가 지배적 가치로 되어 있는 사회에
서 하층의 청소년들은 중산층의 가치 기준에 의해 지위를 얻기가 상대적으로 곤란하다고 느끼게 됩니다. 따라
서 하층의 청소년들은 지위욕구 측면에서 불만을 갖게 되고, 이러한 욕구불만을 해결하기 위해 중산층의 지배
적 가치를 버리고 그들 나름대로의 새로운 가치를 집단적으로 만들게 됩니다. 이때 형성된 문화가 '비행하위문
화'이며, 청소년들은 이러한 하위문화에서 학습을 통해 문제행동은 나쁘지 않다고 인식하고 문제행동을 일으
키게 된다는 이론입니다.

청소년 비행에 관한 '낙인이론'의 문제점과 대책을 간단히 설명해 주세요.

| 답변 |

'낙인이론'은 한 사회의 힘 있는 사람들에 의해 결정된 일탈의 기준에 의해 가볍고 일시적일 수 있는 어느 한 청소년의 일탈행동이 발각되어 일탈자로 낙인 찍히게 되면, 그 청소년은 낙인에 맞춰 스스로 일탈자로서의 자아정체성을 확립하게 되어 습관화된 일탈과 범죄행위를 저지르게 된다는 이론입니다. 따라서 어떤 행위에 대하여 일탈자로 낙인을 찍는 데 있어서 엄격한 기준을 가지고 신중히 판단해야 한다고 생각합니다.

'위기청소년'이란 누구인가요?

| 답변 |

'위기청소년'이란 가정에 문제가 있거나 학업 수행 또는 사회 적응에 어려움을 겪는 등 조화롭고 건강한 성장과 생활에 필요한 여건을 갖추지 못한 청소년을 말합니다.

청소년가출의 '방출요인'과 '유인요인'에는 각각 어떠한 것들이 있나요?

| 답변 |

'방출요인'에는 부모와의 불화, 부모들의 별거나 이혼, 학교생활에서의 소외감이나 학업으로부터의 심한 압박감 등이 있으며, '유인요인'으로는 PC방, 노래방, 찜질방 등이 있습니다.

질 문

가정 밖 청소년들이 겪는 당면 문제에는 무엇이 있나요?

| 답변 |

청소년들이 가출하는 동안 의식주를 해결하는 데 있어서 필요한 고용 및 주거문제, 신체적·정서적 건강문제, 그 나이에 필요한 교육문제, 이성과의 혼숙문제, 향락문화에서의 유혹문제 및 범죄에의 유혹문제 등이 있습니다.

'청소년안전망'이란 무엇인가요?

| 답변 |

'청소년안전망'은 지역사회 청소년통합지원체계를 의미합니다. 지방자치단체 책임하에 지역사회 내 청소년 관련 자원을 연계하여 학업중단, 가출, 인터넷 중독 등 위기청소년에 대한 상담·보호·교육·자립 등 맞춤형 서비스를 제공하여 청소년의 건강한 성장 및 복지증진을 도모하는 제도입니다.

학업중단청소년을 위한 대책은 무엇인가요?

| 답변 |

첫째, 학업중단청소년을 만나 학업중단 사유에 대하여 정확하게 파악을 하고, 중단 중에도 학업지속 방법이나 유용한 진로정보, 다양하고 긍정적인 활동정보를 꾸준히 제공해야 한다고 생각합니다.

둘째, 아르바이트 등으로 인한 신체적 고단함이 원인이 되어 잦은 지각과 결석 누적으로 인해 중단위기에 빠지는 학생들이 많기 때문에, 이러한 학업중단청소년이 교육에 계속 참여할 수 있도록 생활비를 지원하는 방안을 모색할 필요가 있다고 생각합니다.

셋째, 학업중단 이후에도 긍정적인 또래관계를 맺도록 지원하며, 자조모임 등을 통해 인간관계망에서 고립되지 않고 다양한 청소년활동에 참여할 수 있도록 지원할 필요가 있다고 생각합니다.

'약물오용'과 '약물남용'의 차이점은 무엇인가요?

| 답변 |

'약물오용'은 의학적인 목적으로 약물을 사용하기는 하지만 이를 의사의 처방에 따르지 않고 임의로 사용하거나 또는 처방된 약을 지시대로 사용하지 않는 행위를 말합니다. 반면에 '약물남용'은 의학적 상식·법규·사회적 관습으로부터 일탈하여 쾌락을 추구하기 위해 약물을 사용하거나 과잉으로 사용하는 행위를 말합니다.

'중추신경억제제'와 '중추신경흥분제' 약물에는 각각 어떠한 것들이 있나요?

| 답변 |

'중추신경억제제'에는 아편계열 마약(아편, 모르핀, 헤로인), 진정제(바비튜레이드), 신경안정제(벤조디아제핀계), 수면제(새코날), 흡입제(본드, 부탄가스, 신나), 알코올(술) 등이 있으며, '중추신경흥분제'에는 코카인, 암페타민(필로폰), 카페인(커피), 니코틴(담배) 등이 있습니다.

'촉법소년, 범죄소년, 우범소년'에 대하여 설명해 주세요.

| 답변 |

'촉법소년'은 형벌 법령에 저촉되는 행위를 한 10세 이상 14세 미만인 소년을 말하고, '범죄소년'은 죄를 범한 14세 이상 19세 미만의 소년을 말합니다. '우범소년'은 10세 이상 19세 미만의 소년으로서 집단적으로 몰려다니며 주위 사람들에게 불안감을 조성하는 성벽이 있거나, 정당한 이유 없이 가출하는 것 또는 술을 마시고 소란을 피우거나 유해환경에 접하는 성벽이 있는 소년을 말합니다.

허쉬(Hirschi)의 사회유대이론에서 개인이 규범을 준수하도록 만드는 개인의 유대요인에는 어떠한 것들이 있으며, 그 내용은 무엇인지 설명해 주세요.

| 답변 |

허쉬(Hirschi)가 제시한 개인의 유대요인에는 애착, 관여, 참여, 신념이 있습니다.
• '애착'은 의미 있는 다른 사람에 대한 애정적인 유대관계를 말하며, 부모와 애착이 잘 형성된 청소년들은 유대관계 때문에 문제행동을 쉽게 하지 못한다는 논리입니다.
• '관여'는 일상적인 사회적 목표나 수단을 존중하고 그에 순응하는 것을 말하며, 이렇게 하지 않을 때 발생되는 결과에 대한 두려움으로 문제행동을 하지 않는다는 의미입니다.
• '참여'는 일상적인 활동에 참여하는 것으로 무엇인가에 적극적으로 참여할 경우, 문제활동을 할 절대적 시간이 없기 때문에 문제행동을 하지 않는다는 의미입니다.
• '신념'은 개인이 전통적인 가치를 잘 수용하고 있으며, 비행에 대한 부정적인 신념을 가질수록 문제행동을 할 가능성이 줄어든다는 의미입니다.

08 | 청소년복지

〈PART 02 과목별 예상 면접질문〉편에서는 청소년지도사 필기시험 각 과목별로 반드시 숙지해야 할 개념들과 주요 용어들을 중심으로 예상 질문과 모범답안을 수록하였습니다.

주요개념

- 청소년복지의 기초
- 청소년복지의 접근법
- 청소년복지의 실제 및 정책 등

질문

'청소년복지'란 무엇인가요?

| 답변 |

'청소년복지'란 아동복지와 구별되는 독립된 사회복지 분야의 하나로서, 청소년의 기본적 욕구의 충족과 건강한 성장·발달의 촉진은 물론, 청소년을 둘러싼 환경이 청소년의 성장을 돕는 데 최적의 기능을 발휘할 수 있도록 청소년과 가정, 사회를 통해 직·간접적으로 제공되는 모든 사회정책과 관련 제도 및 전문적 활동이라 할 수 있습니다.

우리나라의 청소년정책은 어떤 방향으로 나아가야 된다고 생각하나요?

| 답변 |

청소년들이 우리 사회 미래의 주역으로 당당하게 성장할 수 있도록 청소년들의 권익을 보장하는 한편, 건전하고 다양한 활동을 격려하고 지원할 수 있는 사회적 기반과 인프라를 구축해야 합니다. 또한 청소년관련 정책이나 집행과정에서 청소년이 주체적·자발적으로 참여할 수 있는 환경을 조성하고, 입시위주의 교육에서 벗어나 지덕체를 겸비한 민주시민으로 성장할 수 있는 교육환경 제도의 개혁이 필요하다고 생각합니다.

질 문

'사회보험'과 '공공부조'의 차이점을 아는 대로 설명해 주세요.

| 답변 |

첫째, 운영되는 재원에서 '사회보험'은 가입자인 국민의 보험료로 운영되는 데 반하여, '공공부조'는 일반조세로 운영됩니다.

둘째, 이념적 측면에서 '공공부조'는 도움이 필요한 사람을 선정하여 개입하므로 선택(선별)주의에 입각해 있지만, '사회보험'은 모든 국민을 대상으로 하고 적당한 자격요건을 갖추어서 보험사고를 당할 때 급여를 제공하는 점에서 보편주의를 채택하고 있습니다.

셋째, 실행적 측면에서 '공공부조'는 사람들을 무차별 평등하게 취급하여 일단 빈곤에 처한 모든 사람에게 동일한 조건에서 똑같은 급여를 제공한다는 점에서 무차별 평등주의라고 한다면, '사회보험'은 특히 급여의 제공에 있어 가능한 한 기여금에 비례하거나 혹은 가입 연한에 비례하여 제공하는 비례주의 원칙을 채택하고 있습니다.

넷째, '공공부조'는 빈곤 등의 사회적 위험이 발생한 이후 이를 해결하기 위한 사후적 대응책으로서 기능하는 반면에, '사회보험'은 미래에 직면할 수 있는 사회적 위험을 정형화하여 보험기술을 통해 미리 대비하는 제도적 기능으로 작동하고 있습니다.

끝으로 '공공부조'는 수혜자의 직접적인 기여가 없기 때문에 수급권으로서의 권리가 약하고, 대가를 지불하지 않고 무료로 얻게 된다는 시혜성이 강한 반면, '사회보험'은 수혜자의 직접적인 기여가 있기 때문에 급여에 대한 강한 권리성이 인정된다는 점이 차이점입니다.

현재 우리나라에서 운영되고 있는 4대 보험은 무엇인가요?

| 답변 |

현재 우리나라에서 운영되고 있는 4대 보험으로는 '고용보험, 산업재해보상보험, 국민연금, 건강보험'이 있습니다.

'공공부조의 6대 원리'는 무엇인가요?

| 답변 |

'공공부조의 6대 원리'에는 '생존권 보장의 원리, 국가책임의 원리, 최저생활보장의 원리, 무차별 평등의 원리, 자립조장의 원리, 보충성의 원리'가 있습니다.

비버리지 보고서의 '5대 사회악'에 대하여 설명해 주세요.

| 답변 |

1942년 전후 영국의 경제학자 윌리엄 비버리지는 비버리지 보고서를 통해, 사회보장은 모든 국민으로 하여금 '5대 사회악'인 '궁핍, 질병, 무지, 불결, 나태'에서 벗어나게 하는 것을 목적으로 한다고 규정하였습니다.

질 문

현재 시행되고 있는 「사회보장기본법」에서 규정한 '사회보장'의 정의는 무엇인가요?

| 답변 |

「사회보장기본법」에서 '사회보장'은 출산, 양육, 실업, 노령, 장애, 질병, 빈곤 및 사망 등의 사회적 위험으로부터 모든 국민을 보호하고 국민 삶의 질을 향상시키는 데 필요한 소득·서비스를 보장하는 사회보험, 공공부조, 사회서비스를 말합니다.

'평생사회안전망'이란 무엇인가요?

| 답변 |

'평생사회안전망'이란 생애주기에 걸쳐 보편적으로 충족되어야 하는 기본욕구와 특정한 사회위험에 의하여 발생하는 특수욕구를 동시에 고려하여 소득·서비스를 보장하는 맞춤형 사회보장제도를 말합니다.

질 문

'청소년 참여활동'에 대하여 설명해 주세요.

| 답변 |

'청소년 참여활동'이란 청소년의 시각에서 청소년이 바라는 정책 및 사업에 대한 의견제시와 자문, 평가 그리고 다양한 청소년 관련 프로그램, 캠페인, 토론회 등 행사를 직접 기획·진행 및 평가하는 활동을 말합니다. 대표적인 참여활동 방법으로는 청소년 참여기구(청소년특별회의, 청소년참여위원회, 청소년운영위원회)를 통한 활동과 청소년프로그램 공모사업인 청소년참여 지역사회변화프로그램 등이 있습니다.

'개별사회사업'이란 무엇인가요?

| 답변 |

'개별사회사업'이란 사회환경과 개인과의 개별적 의식조정을 통해 인격발달을 도모하는 제반과정을 말합니다. 문제에 대처하는 개인의 능력을 향상시켜 환경에 적응하도록 돕고, 그들에게 불리한 사회경제적 압박을 변화시키도록 돕는 데 목적이 있습니다.

조직에서 '임파워먼트(Empowerment)'는 왜 필요한가요?

| 답변 |

'임파워먼트(Empowerment)'란 '사람을 활용하는 기술'이라고 할 수 있으며, 리더들이 지니고 있는 권한과 책임을 부하들에게 위임해 주고, 그것을 제대로 완수해 낼 수 있도록 코치하고 배려하는 등 부하의 능력을 키워주는 활동을 말합니다.

임파워먼트(Empowerment)를 조직에 도입하게 되면 첫째, 구성원들이 부여된 권한에 대한 책임감을 가지고 그들의 직무능력을 극대화할 수 있고, 둘째, 지시·점검·감독·연락·조정 등에 필요한 노력과 비용이 절감되어 리더는 더 중요한 일에 매진할 수 있으며, 셋째, 현장에서 실무적인 활동을 담당하는 부하들이 권한을 가지고 일하게 되므로 신속하고 탄력적으로 업무가 수행되는 장점이 있기 때문에 조직에서 임파워먼트는 매우 필요하다고 생각합니다.

'디딤씨앗통장'에 대하여 설명해 주세요.

| 답변 |

'디딤씨앗통장'이란 저소득층 아동이나 보호자 또는 후원자가 매월 일정 금액(월 5만원 내)을 저축하면 국가나 지방자치단체에서 1:2 정부매칭지원금으로 월 10만 원 내의 금액을 적립해 줌으로써, 아동이 준비된 사회인으로 성장할 수 있도록 도와주는 자산형성지원사업을 말합니다.

'지지적 서비스'와 '보충적 서비스' 그리고 '대리적 서비스'란 무엇이며, 각각 어떠한 것이 있나요?

| 답변 |

- '지지적 서비스'의 기능은 부모나 청소년의 역할을 대신해 주는 것이 아니라, 가족의 구조를 침해하지 않고 다만 외부에서 가족 내부의 역할 기능이 적절히 수행될 수 있도록 원조하여 주는 서비스를 말합니다. 여기에는 각종 서비스 상담기관, 가족치료기관, 청소년 상담기관 등이 있습니다.
- '보충적 서비스'란 가정 내에서 이루어지며, 부모들의 역할 일부를 대행하는 서비스로 치료적·예방적 성격이 있으며, 부모의 역할이 영구적 혹은 일시적으로 충분히 충족되지 못할 때 필요한 서비스입니다. 여기에는 빈곤가정을 지원하는 생활보호 또는 아동수당, 일하는 어머니를 도와주는 아동보육서비스, 부모의 질병이나 부재중에 아동의 가사를 도와주는 홈메이커 서비스 등이 있습니다.
- '대리적 서비스'란 부모가 아닌 제3자가 부모 역할의 전부를 떠맡는 서비스를 말하며, 여기에는 입양, 가정위탁, 시설보호 서비스 등이 있습니다.

「청소년복지지원법」상의 복지시설의 종류에 대해서 아는 대로 설명해 주세요.

| 답변 |

「청소년복지지원법」상의 복지시설에는 청소년쉼터, 청소년자립지원관, 청소년치료재활센터, 청소년회복지원시설이 있습니다.

• '청소년쉼터'는 가정 밖 청소년에 대하여 가정·학교·사회로 복귀하여 생활할 수 있도록 일정 기간 보호하면서 상담·주거·학업·자립 등을 지원하는 시설입니다.

• '청소년자립지원관'은 일정 기간 청소년쉼터 또는 청소년회복지원시설의 지원을 받았는데도 가정·학교·사회로 복귀하여 생활할 수 없는 청소년에게 자립하여 생활할 수 있는 능력과 여건을 갖추도록 지원하는 시설입니다.

• '청소년치료재활센터'는 학습·정서·행동상의 장애를 가진 청소년을 대상으로 정상적인 성장과 생활을 할 수 있도록 해당 청소년에게 적합한 치료·교육 및 재활을 종합적으로 지원하는 거주형 시설을 말합니다.

• '청소년회복지원시설'은 「소년법」 제32조 제1항 제1호에 따른 감호 위탁 처분을 받은 청소년에 대하여 보호자를 대신하여 그 청소년을 보호할 수 있는 자가 상담·주거·학업·자립 등 서비스를 제공하는 시설을 말합니다.

사회복지서비스 전달체계 구축의 원칙을 아는 대로 나열해 보세요.

| 답변 |

사회복지서비스 전달체계 구축의 원칙에는 전문성의 원칙, 적절성의 원칙, 포괄성의 원칙, 지속성의 원칙, 통합성의 원칙, 평등성의 원칙, 책임성의 원칙, 접근 용이성의 원칙이 있습니다.

- '전문성의 원칙'은 사회복지서비스의 핵심적인 업무는 반드시 전문가가 담당해야 한다는 원칙입니다.
- '적절성의 원칙'은 사회복지서비스는 소비자의 욕구충족과 서비스의 목표달성에 충분해야 하며, 청소년의 필요에 따라 적절히 제공되어야 한다는 원칙입니다.
- '포괄성의 원칙'은 다양한 욕구 또는 문제를 동시에 또는 순차적으로 해결해야 한다는 원칙입니다.
- '지속성의 원칙'은 필요한 서비스는 문제가 해결되는 일정 기간 동안 계속적으로 제공되어야 한다는 원칙입니다.
- '통합성의 원칙'은 문제를 가진 사람이 복합적이고 다양한 문제해결에 필요한 각종 서비스를 질서정연하고 체계적으로 제공받는 것으로, 조직 간에 상호유기적인 연대와 협조체계가 필요하다는 원칙입니다.
- '평등성의 원칙'은 모든 국민에게 사회복지서비스를 제공해야 한다는 원칙입니다.
- '책임성의 원칙'은 사회복지조직은 복지국가가 시민의 권리로 인정한 사회복지서비스를 전달하도록 위임 받은 조직이므로, 사회복지서비스 전달에 대해 책임져야 한다는 원칙입니다.
- '접근 용이성의 원칙'은 사회복지서비스는 필요로 하는 사람들이 누구나 쉽게 받을 수 있어야 한다는 원칙을 말합니다.

'학교문화'란 무엇인가요?

| 답변 |

'학교문화'는 학교사회에 있어서 교사와 학생들의 공통적인 행동양식이면서, 학교라는 하나의 사회집단이 가지고 있는 그 나름의 독특한 신념, 가치, 전통, 사고방식, 행동체계, 그 밖의 생활양식이라고 할 수 있습니다.

'위기청소년 특별지원제도'에 대해서 설명해 주세요.

| 답변 |

'위기청소년 특별지원제도'는 보호자가 없거나 실질적으로 보호자의 보호를 받지 못하는 사회·경제적으로 어려움이 있는 위기청소년에게 생활비·치료비·학업지원비 등을 지원하는 제도로서, 1년 이내(필요시 1년 범위 내에서 한 번 연장 가능)의 기간 동안 만 9세 이상 24세 이하의 위기청소년 중 가구 소득인정액을 고려하여 지원 대상을 선정하고 있습니다.

청소년이 일을 함으로써 얻는 긍정적인 면과 부정적인 면에는 어떤 것들이 있나요?

| 답변 |

긍정적인 면으로는 청소년들이 일을 통해서 부모로부터 정서적으로 독립하고 자신감 및 책임감을 획득할 수 있으며, 직업선택을 통해 청소년기의 주요 과업인 자아정체감을 형성할 수 있다는 점이 있습니다.

반면, 부정적인 면으로는 청소년들이 일을 함으로써 스포츠활동, 취미개발활동, 지역사회봉사활동 등 다양한 여가활동의 기회를 상실하게 되고, 유해한 환경에서 일을 할 경우에는 탈선과 일탈을 조장할 우려가 있으며, 고용주나 손님으로부터 부당한 정신적·신체적·물질적 피해를 경험함으로써 일의 가치에 대한 부정적인 편견을 가질 수 있다는 점입니다.

우리 인생의 가장 큰 영광은
절대 넘어지지 않는 데 있는 것이 아니라
넘어질 때마다 일어서는 데 있다.

- 넬슨 멘델라 -

PART 3

면접 기출문제 모음

2008~2023년 면접 기출문제

우리가 해야할 일은 끊임없이 호기심을 갖고
새로운 생각을 시험해보고 새로운 인상을 받는 것이다.

- 월터 페이터 -

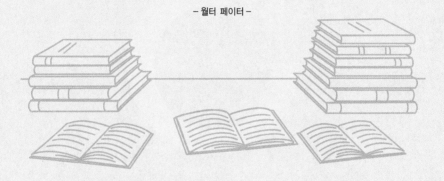

01 | 2008 ~ 2023년 면접 기출문제

- 실제 면접 응시생의 기억을 바탕으로 복원한 면접 기출문제를 수록하였습니다.
- 정리된 개념을 보고 실제 면접을 대비한 말하기 연습을 하거나 예상 면접답변을 작성하는 데 활용하시기 바랍니다.
- 유사질문에 대한 답도 함께 정리한다면 면접관의 질문의 핵심을 파악할 수 있게 될 것입니다.

질문

청소년지도사가 되려는 이유는 무엇인가?

기본적으로 정답이 있는 것은 아니지만 아래와 같은 답변이 포함되면 좋다.

- 평소 청소년에 관심이 많았다.
- 청소년의 성장을 바라보며 자아실현의 욕구를 실현하고 싶다.
- 청소년의 문제점에 대해 이해하며, 그들의 발전 가능성을 인정하기 때문에 건강하게 성장할 수 있도록 돕고 싶다.

☑ **유사질문**

○ 청소년지도사로서의 자신만의 철학은 무엇인가?

○ 청소년지도사의 비전에 대해 어떻게 생각하는가?

○ 청소년 관련 분야 중 일하고 싶은 분야와 그 이유는 무엇인가?

○ 교사와 같이 청소년을 접하는 다른 직업이 많은데, 청소년지도사를 선택하게 된 이유는 무엇인가?

질문

청소년지도사와 청소년지도자의 개념 차이는 무엇인가?

청소년지도사와 청소년지도자의 개념을 명확하게 구분하여 대답해야 한다.

- 청소년지도사는 청소년시설, 단체, 관련 기관에서 청소년 육성 및 지도 업무에 종사하는 자를 말한다.
- 청소년지도사는 「청소년기본법」 제21조에 따라 청소년 관련분야의 경력·기타 자격(청소년지도사 1, 2, 3급)을 갖춘 자이다.
- 청소년지도자는 「청소년기본법」에 의한 청소년지도사 및 청소년상담사와 청소년시설·청소년관련기관 등에서 청소년육성 및 지도업무에 종사하는 자를 총칭한다.

☑ **유사질문**

○ 청소년지도사에 대해 설명하시오.

청소년지도사와 학교 교사의 차이는 무엇인가?

청소년지도사와 학교 교사의 역할이나 자격요건 등을 명확히 구분하여 답변해야 한다.

- 정교사는 초·중등교육법의 정교사 자격 기준에 해당하는 사람으로서 대통령령으로 정하는 바에 따라 교육부장관이 검정·수여하는 자격증을 받은 사람이어야 한다(「초·중등교육법」 제21조).
- 「초·중등교육법」에 규정된 교사에는 정교사(1급·2급), 준교사, 전문상담교사(1급·2급), 사서교사(1급·2급), 실기교사, 보건교사(1급·2급) 및 영양교사(1급·2급) 등이 있다.
- 청소년지도사는 청소년시설, 단체, 관련 기관에서 청소년 육성 및 지도 업무에 종사하는 자를 말한다.
- 청소년지도사는 「청소년기본법」 제21조에 따라 청소년 관련분야의 경력·기타 자격(청소년지도사 1급·2급·3급)을 갖춘 자이다.

✓ 유사질문

○ 학교 교사와 비교했을 때, 청소년지도사가 갖는 특징이나 가치는 무엇인가?
○ 청소년지도사와 학교 교사의 바람직한 협력 관계를 위해 필요한 것은 무엇이라고 생각하는가?

청소년지도사가 가져야 할 덕목에 대해 설명하시오.

평소에 가지고 있던 청소년지도사로서의 덕목에 대한 생각을 잘 정리하여 대답하자.

- 청소년이 건전한 인격체로 성장하도록 도울 수 있어야 한다.
- 청소년을 출생·성별·종교·학력 등 어떠한 이유로도 차별하지 않아야 한다.
- 청소년 이슈에 항상 귀 기울여 사회 흐름에 맞춰 적절한 방법으로 청소년을 지도해야 한다.
- 청소년을 존중하고 긍정적 자아개념 형성을 도와야 한다.
- 다양한 청소년이 존재하므로 획일적인 방법보다는 항상 변화하고 연구하는 자세로 지도해야 한다.

☑ 유사질문

○ 청소년지도사로서 한국사회에 어떤 기여를 하고 싶은가?
○ 청소년지도사의 사회적 역할은 무엇인가?

청소년증이란 무엇인가?

청소년증은 「청소년복지지원법」에 의해 관리되고 있다. 청소년증의 용도, 연령 기준 등을 기억해두자.

- 청소년증은 만 9세 이상 18세 이하 청소년이 본인임을 확인하는 신분증으로 학생 여부와는 무관하며 유효기간은 만 19세가 되기 바로 전날까지이다.
- 발급권자는 특별자치도지사, 특별자치시장, 시장·군수·구청장이다.
- 청소년 본인 또는 대리인이 신청 가능하다.
- 공적신분증, 청소년우대 증표, 선불형 교통카드로 활용할 수 있다.

☑ 유사질문

○ 청소년증과 학생증의 차이점은 무엇인가?
○ 청소년증을 발급받을 수 있는 연령에 대해 설명하시오.
○ 청소년증에 추가되었으면 하는 기능은 무엇인가?
○ 최근까지 여성가족부에서 발표한 청소년증 발급 현황과 추이를 설명하시오.

청소년지도사로서의 전문적 · 윤리적 역량은 무엇인지 설명하시오.

2018년 9월 발표된 청소년지도사 윤리헌장을 기초로 기억하고, 이에 더해 '새로운 윤리 강령을 만든다면~'과 같은 응용 질문에도 대처해두는 편이 좋다.

• 청소년지도사 윤리헌장(서문 생략)
  - 청소년의 인격을 존중하고 청소년을 위한 활동을 함께하며 지도한다.
  - 청소년을 출생 · 성별 · 종교 · 학력 · 직업 그리고 신체적 조건 등 어떠한 이유로도 차별하지 않는다.
  - 청소년의 발달특성과 욕구에 부응하는 활동이 이루어지도록 지속적으로 자기계발에 힘쓴다.
  - 청소년의 활동 환경 개선을 위해 관심을 가지고 노력한다.
  - 청소년 활동 현장에서 맡은 바 역할을 수행함에 있어 어떠한 사적인 이익도 취하지 않는다.
  - 건전한 성윤리 의식을 지니며 청소년을 대상으로 이를 실천한다.
  - 청소년의 건강한 성장을 지원하는 지도자로서 자부심과 소명의식을 가지고 청소년의 삶에 모범이 되는 윤리 의식을 함양하고 실천한다.

☑ 유사질문
○ 청소년지도사의 윤리헌장에 대해 설명하시오.
○ 청소년지도사 윤리헌장에 본인이 새로운 것을 추가한다면 어떤 것이겠는가?
○ 청소년지도사가 가져야 할 윤리란 무엇인가?
○ 청소년지도사가 갖추어야 할 자질은 무엇인가?

청소년지도사의 사회적 책임은 무엇인가?

평소에 자신이 가지고 있던 청소년지도사로서의 철학이 담기도록 대답하자.

• 청소년이 건전한 인격체로 성장하도록 돕는 것이다.
• 청소년을 사랑하며, 존중하는 마음가짐으로 건강한 성장을 도모하는 것이다.
• 사회적 가치, 목표를 습득하고 미래의 구성원으로 맡은 바 역할을 다하도록 지도하는 것이다.
• 청소년 이슈에 항상 귀 기울여 급격한 사회 흐름에 맞춰 적절한 방법으로 청소년을 지도하는 것이다.
• 청소년과 관련된 법안 및 이론을 항상 숙지하고, 이를 바탕으로 청소년을 효과적으로 지도하는 것이다.

☑ 유사질문
○ 청소년에게 필요한 사회적 환경은 무엇이며 청소년지도사는 그러한 환경 조성에 어떻게 기여한다고 생각하는가?
○ 청소년지도사가 가져야 할 덕목은 무엇이라 생각하는가?
○ 청소년이 청소년지도사가 무엇인지 물으면 무엇이라 답하겠는가?

청소년지도사가 되기 위해 어떤 노력을 하고 있는가?

스스로 준비해 온 것들에 대해 설명하면 되는 질문으로, 떨지 말고 자신의 노력에 대해 이야기하자.

- 대학 생활 중 멘토링 활동을 지속적으로 하여 청소년지도 능력을 키웠다.
- 동아리 활동을 활발히 하여 활동 프로그램 개발에 대한 아이디어를 얻고, 의사소통 능력을 키웠다.
- 지도사 자격을 얻기 위해 관련 학과로 편입하였으며, 현재도 부족한 점을 채우기 위해 부단히 공부하고 있다.
- 청소년 관련 시설 및 프로그램을 확인하고, 문제점을 정리한 후 나라면 어떻게 할 것인지 이미지 트레이닝을 하였다.

☑ 유사질문
○ 청소년지도사를 준비하며 스스로 달라진 점은 무엇인가?
○ 청소년지도사로서 동료관계는 어떻게 유지하겠는가?

청소년지도사의 직업적 고충은?

정답이 정해져 있는 질문은 아니므로 평소의 생각을 자유롭게 대답하되, 미리 본인만의 답변 가이드라인을 정리할 필요가 있다.

- 청소년지도사는 여러 명의 청소년을 지도하고 활동을 주도하여야 하기 때문에 개개인의 특성을 모두 고려하여 맞춤형으로 지도하여야 한다.
- 저항하거나 반항을 하는 청소년들도 있으나 이러한 청소년들의 긍정적 자아개념 형성도 도와야 한다.
- 청소년뿐만 아니라 부모님에게도 올바른 지도방법에 대하여 설득을 해야 하는 책임도 있다.

☑ 유사질문
○ 세대 차이의 원인 및 문제점과 이를 극복할 수 있는 대안 2가지를 말하시오.

청소년지도사 양성을 위한 현행 과정에 대해 설명하시오.

정답이 정해져 있는 질문은 아니므로 청소년지도사를 준비하며 스스로 경험한 내용을 바탕으로 양성체계의 특장점과 개선점 등을 논리적으로 정리하여 답변하자.

- **청소년지도사의 양성체계**
  - 청소년지도사의 자격검정은 여성가족부장관이 실시한다. 여성가족부장관이 필요하다고 인정하는 경우에는 청소년 관련 전문기관 및 한국산업인력공단에 위탁하여 실시할 수 있다.
  - 청소년지도사 자격은 1급·2급·3급으로 구분하며, 자격검정은 필기시험에서 매 과목 100점을 만점으로 하여 매 과목 40점 이상, 전과목 평균 60점 이상 득점한 자를 합격자로 한다.
  - 청소년지도사 자격검정에 합격한 사람에 대한 연수는 청소년지도사의 등급별 또는 대상 특성별로 나누어 실시한다. 다만, 등급별 또는 대상 특성별 인원과 연수 내용 등을 고려하여 통합해 실시하는 것이 효율적이라고 인정되는 경우에는 통합하여 실시할 수 있다.
  - 연수는 30시간 이상으로 하며, 청소년지도사로서의 자질과 전문성을 함양할 수 있는 내용으로 실시한다.
  - 청소년지도사 연수 실시기관의 장은 연수의 기간·장소·내용·방법과 그 밖에 연수에 필요한 사항을 연수 실시 40일 이전에 공고하여야 한다.
  - 여성가족부장관은 연수를 마친 사람에게 등급별로 청소년지도사 자격증을 발급한다.
  - 청소년지도사 연수기관은 한국청소년활동진흥원으로 한다.
  - 여성가족부장관은 예산의 범위에서 한국청소년활동진흥원에 연수에 필요한 경비의 일부를 지원할 수 있다.

☑ 유사질문

○ 현행 청소년지도사 양성과정을 설명하시오.

○ 청소년지도사의 전문성 향상을 위해 어떤 양성체계가 필요하다고 생각하는가?

○ 청소년지도사 양성과정의 단점 혹은 개선해야 할 사항이 있는가?

○ 청소년지도사 지위 향상을 위한 방법에 대한 의견을 말해보시오.

청소년지도의 원리에 대해 아는 대로 설명하시오.

상세히 확인하여 개념을 헷갈리지 않도록 하자.

- 청소년지도의 원리
  - 개별성의 원리 : 청소년 개개인의 고유한 특성을 고려해야 하는 원리
  - 자율성의 원리 : 청소년 스스로가 능동적으로 따라 주어야 하는 원리
  - 창의성의 원리 : 새로운 것을 끊임없이 찾아내고 발전시켜야 하는 원리
  - 다양성의 원리 : 청소년의 취향을 고려하여 최대한의 다양성을 모색해야 하는 원리
- 청소년지도방법의 원리
  - 존중의 원리 : 청소년의 인격과 자율성을 소중하게 대하는 것이다. 청소년지도는 인격 대 인격의 만남 속에서 인간을 변화시키는 작업이기 때문에 상호 존중이 필수적이다.
  - 자기주도적 원리 : 청소년지도방법에 있어서 청소년이 활동의 주체가 되어 적극적으로 참여하고, 활동의 목적, 내용, 시기 속도 등을 선택하고 결정할 수 있도록 하는 것이다.
  - 활동 중심의 원리 : 청소년지도방법에 있어서 청소년의 실천적 행위와 체험이 중심이 되어야 함을 의미한다. 지도자의 일방적인 주입이나 교화가 되어서는 안 된다.
  - 맥락의 원리 : 청소년지도방법에서 청소년이 처한 삶의 상황과 관계를 총체적으로 고려하여 청소년을 이해하고, 그 삶의 맥락에 적합한 방법을 구성하여 적용하여야 함을 의미한다.
  - 다양성의 원리 : 청소년의 다양한 차이와 요구를 감안하여 그에 적합한 청소년지도방법을 모색해야 함을 의미한다. 청소년 각각은 다양한 차이를 지니고 있으므로 청소년이 속한 사회계층, 지역적 특성, 가족관계와 분위기, 종교 등을 파악하여 지도에 참고하여야 한다.
  - 협동성의 원리 : 청소년지도방법의 계획과 실행에서 청소년 상호간의 유기적인 협력이 이루어질 수 있어야 함을 의미한다. 청소년지도의 과정에서 나타날 수 있는 청소년 활동의 모습은 경쟁적·개별적·협동적 3가지이다. 경쟁적 활동구조는 승-패관계(Win-Lose Relation), 영합관계(Zero Sum Relation)를 활동의 기본으로 삼는다.
  - 창조성의 원리 : 청소년지도방법에서 창의적인 방법의 계발, 청소년의 창의적인 능력 함양을 고려해야 한다는 것을 의미한다.
  - 효율성의 원리 : 청소년지도방법에서 효과성과 능률성을 염두에 두어야 함을 의미한다.

☑ 유사질문

○ 청소년기에 집단지도가 필요한 이유에 대해 설명하시오.
○ 청소년지도기법 및 방법에 대해 아는 대로 설명하시오.

PART 3

청소년지도사가 된다면 청소년을 어떻게 지도하겠는가?

마찬가지로 정답이 정해져 있는 질문은 아니므로 자유롭게 대답하되, 아래와 같은 표현이 모범적이다.

• 청소년을 존중하여 자기주도적인 활동 위주로 지도하겠다(존중의 원리, 자기주도적 원리, 활동 중심의 원리).
• 청소년이 처한 삶과 상황을 고려하여 맞춤형 프로그램으로 지도하겠다(맥락의 원리).
• 다양한 청소년이 존재하기 때문에 획일적인 방법론을 고집하지 않고 항상 변화하는 모습으로 지도하겠다(다양성의 원리).
• 청소년들이 상호간에 유기적인 협력이 이루어질 수 있도록 그룹 활동을 중심으로 지도하겠다(협동성의 원리).
• 청소년의 창의성을 최대한 발휘할 수 있도록 창의적 체험활동을 위주로 지도하겠다(창조성의 원리).
• 한정된 시간에 가장 큰 효과를 얻을 수 있도록 효율적인 프로그램을 설계하여 지도하겠다(효율성의 원리).
• 평소 스포츠를 좋아하였기 때문에 스포츠, 놀이와 연계한 프로그램으로 청소년을 지도하여 신체발달을 도모하겠다(자신의 장점과 지도 방법의 연계).

☑ 유사질문

○ 청소년지도사로서 자신의 부족한 점은 무엇이며, 그 점을 어떻게 보충하겠는가?
○ 자신의 강점이 있다면 설명하고, 이를 청소년지도에 어떻게 활용할 것인지 설명하시오.

청소년지도사의 발전을 위해서는 무엇이 필요하다고 생각하는가?

정답이 정해져 있는 질문은 아니므로 평소 본인의 생각을 잘 정리하여 논리적으로 대답할 수 있도록 준비하여야한다. 구체적 답변을 위해 아래의 청소년수련활동 현장의 주요 과제를 참고할 수 있다.

• 청소년수련활동의 과제
  – 청소년수련활동 운영체제 및 구조의 개선
  – 수요자 중심의 전문화·특성화된 수련시설의 구축 및 운영 활성화 지원
  – 특성화·전문화된 청소년프로그램의 운영과 지원
  – 청소년단체의 구조 및 기능 전환과 연계체계 구축
  – 영역별 다양화·전문화된 청소년지도자의 양성 및 처우개선을 위한 지원

☑ 유사질문

○ 청소년지도사로서 청소년수련활동의 가장 시급한 개선책은 무엇이라고 생각하는가?

일반인을 상대로 청소년에 대해 강연을 한다면 어떤 주제로 할 것인지 말해보시오.

정답이 정해져 있는 질문은 아니므로 평소의 생각을 자유롭게 대답하되, 미리 본인만의 답변 가이드라인을 정리할 필요가 있다.

- 청소년과 기성세대의 차이점에 관해 강연을 하고 싶다.
  - 산업혁명 이전 세대와 산업혁명 이후 세대의 가치관에 큰 차이가 있듯이, 산업사회 세대인 기성세대와 정보사회 세대인 청소년은 가치관에서 많은 차이가 있다.
  - 첫째, 산업사회 세대인 기성세대가 물질적 가치를 무엇보다 중시하는 데 비해, 정보사회 세대인 청소년들은 오히려 문화적 가치를 더 중요시한다.
  - 둘째, 기성세대는 집단이나 공동체를 강조하지만, 청소년들은 개성을 중시하는 개인주의적 가치를 중요하게 여긴다.
  - 셋째, 기성세대는 사람과의 관계에서 위계질서가 강한 반면, 청소년들은 개인 간 수평적 관계를 중시한다.
  - 세대 차이를 극복하기 위해서는 우선 청소년들의 행동과 생각을 청소년의 입장에서 이해하려고 노력하는 것이 중요하다.
  - 그러기 위해서는 청소년들과의 많은 대화를 통하여 그들이 가지고 있는 고민이나 불안을 함께 해결하고, 그들의 관심사에 대해서 지지하고 격려해야 한다.

☑ 유사질문

○ 청소년들과의 세대 차이를 극복하기 위한 방안에는 어떤 것이 있는가?
○ 청소년과 기성세대의 차이점은 무엇이라고 생각하는가?

청소년지도사가 된다면 무엇을 하고 싶은지 말해보시오.

정답이 정해져 있는 질문은 아니므로 평소의 생각을 자유롭게 대답하되, 미리 본인만의 답변 가이드라인을 정리할 필요가 있다.

- 청소년을 함부로 평가하지 않고 '있는 그대로' 이해하려고 노력한다.
- 각 개인의 특성과 욕구를 수용하기 위해 다양한 프로그램과 지도방법을 마련하고, 각 프로그램의 진행을 청소년이 스스로 계획하고 운영함으로써 자신의 행동에 책임감을 느끼고 활동의 결과에 만족할 수 있도록 지도한다.
- 최근까지 코로나19 상황으로 인해 많은 청소년들이 오프라인에서 진행되는 활동을 거의 하지 못하게 되었고, 온라인 활동을 하더라도 어려움이 많이 발생하였으므로, 현재의 상황에 맞춰 대면이 어려운 상황에서 청소년과 함께할 수 있는 프로그램을 개발하고 연구한다.

☑ 유사질문

○ 청소년지도사가 된다면 어떻게 청소년을 지도할 것인가? 또한 앞으로 진행하고 싶은 프로그램은 무엇이 있는가?

활동 중 잠들어 있는 학생을 어떻게 지도할 것인가?

저항하거나 잠들어 있는 등 특이 학생을 어떻게 지도할지 묻는 질문이 자주 출제된다. 사례는 무궁무진하므로 아래의 예시를 외우기보다는 나름의 가이드라인을 설정하고, 그것에 맞춰 답안을 준비할 필요가 있다.

• 반항하는 청소년의 경우, 공격적인 감정을 수용하고 억울하다고 생각하는 감정에 귀 기울이며, 적절한 역할을 맡겨 긍정적 자아개념 형성을 돕는다.
• 무기력한 청소년의 경우, 우선 원인을 파악하고 원인에 대한 해결책을 함께 고민한다. 또한 단기적인 해결보다는 지속적인 격려가 필요하다.
• 특이 청소년을 문제아라 생각하는 편견을 버리고, 원인을 파악하여 건강한 성장이 이루어지도록 도와야 한다.

☑ 유사질문
○ 자살하려는 청소년을 발견하면 어떻게 해야 하는가?
○ 중학생인 청소년이 염색을 한다고 하면 어떻게 지도할 것인가?
○ 길을 가다가 청소년들의 폭행 현장을 보았다면 어떻게 할 것인가?
○ 청소년들과의 단체 활동 중 반항하고 활동을 거부하는 학생을 어떻게 지도할 것인가?
○ 차를 타고 가는데 안전모를 쓰지 않은 청소년들이 오토바이를 타고 지나간다면 어떻게 하겠는가?
○ 청소년의 욕구와 청소년지도사의 욕구가 충돌될 때 어떻게 대처할 것인지 말해보시오.

청소년들과 단체로 산행 중 길을 잃어버렸을 경우 어떻게 대처할 것인가?

청소년지도 활동 중 응급 사례에 대한 질문이 종종 출제된다. 응급상황에서의 대처법을 기억해 두자.

• 산행 중 길을 잃는다면 계곡을 바탕으로 내려가는 길을 유추하거나, 지나온 길에 표시하는 등의 방식을 통해 길을 찾아야 한다.
• 호흡곤란 또는 심정지와 같은 응급상황에서는 우선 대상을 지목하여 119 등에 신고하게 하며, 자신은 응급구조대가 도착할 때까지 적절한 응급처치를 시행하여야 한다.

☑ 유사질문
○ 청소년지도 시 안전에 관한 청소년지도사의 의무는 무엇인가?
○ 청소년지도 활동 중 다리를 다친 청소년에게 어떻게 해야 하는가?
○ 활동 중 우천 시 어떻게 대처할 것인가?

지역사회에서 청소년지도사로서 해야 할 역할은 무엇인지 말해보시오.

이 질문에 대한 답이 논리적이기 위해서는 현행 청소년 정책의 문제점, 단점, 보완점 등에 대한 생각을 근거로 제시하는 것이 좋다. 또한 현재의 청소년 이슈와 연관 지어 설명한다면 설득력을 얻기에 용이하다.

- 현행 청소년 프로그램의 한계
  - 학생의 흥미를 끌 수 있는 유인책이 한정적이다.
  - 홍보가 부족하여 실질적으로 참여하는 학생 수가 부족하다.
- 현행 청소년 정책의 한계
  - 청소년을 자율적 존재가 아닌 수동적인 보호대상으로 정의하고 있다.
  - 기성세대의 가치관을 바탕으로 하기 때문에 실제 청소년들에게 적용하기 어렵다.
  - 유해한 환경 혹은 물질을 논리적 설명이나 대안 없이 통제하고 차단하려고 하여 학생들의 공감을 얻기 어렵다.
- 프로그램(정책) 대안의 예
  - 학생의 흥미를 끌 수 있는 활동 프로그램을 설계한다(직업체험 활동의 확대, 코딩과 같은 컴퓨터 관련 활동의 신설).
  - 청소년의 자율성을 인정하는 방향의 정책이 필요하다(게임을 그저 통제하는 것이 아니라 스포츠 시설의 확충과 같은 대안을 제시).
  - 홈페이지 게시 등의 소극적 홍보에서 벗어나 청소년이 자주 사용하는 SNS, 인터넷 커뮤니티 등을 활용한 적극적 홍보 등이 필요하다.

☑ 유사질문

○ 청소년단체나 시설의 문제점이 무엇이라 생각하는가?
○ 지역사회와 연계해서 어떤 수련 프로그램을 만들고 싶은가?
○ 만약 청소년지도사가 된다면 스스로의 장점을 활용할 수 있는 프로그램이 있는가?
○ 지금 이슈가 되고 있는 청소년 현상에 대해 말하고, 거기에 맞는 프로그램을 제시하시오.
○ 청소년지도사가 된다면 어떤 프로그램(혹은 정책)을 만들겠는가?

PART 3

청소년지도자의 역할 중 촉진자로서의 역할은 무엇인가?

청소년지도자의 일반적인 역할을 기억해두자.

- 촉진자
  - 청소년의 개인적 성장을 지원하고, 그들의 문제해결과 의사결정 과정을 조력하며, 합리적인 사회적응 과정을 촉진시켜 주는 자
  - 청소년의 내·외면적 변화를 예리하게 관찰하여 포착할 수 있는 능력을 함양한 자
- 전문가
  - 체계적인 교육과 훈련을 통해 청소년지도 현장의 노하우와 기술을 가진 자
  - 지속적인 연수와 보수교육을 통해 전문성 제고 및 그를 통한 위상정립에 최선을 다하는 자
- 교육자
  - 청소년의 윤리, 예절, 책임의식, 지도안 마련 및 시행자
  - 수련, 문화, 직업, 여가, 봉사, 교류활동 등의 지도가 가능한 자
- 정보제공자
  - 청소년활동에 영향을 미치고 나아갈 방향을 제시할 올바른 정보제공자
  - 특히 진로 및 직업설계에 관한 정확한 정보제공이 가능한 자
- 격려자
  - 청소년의 고통과 아픔을 함께하고 이해·수용하는 자
  - 청소년에게 '할 수 있다'는 자기확신부여가 가능한 자
- 조직자
  - 청소년과 함께 또는 동료와 함께하는 작업에 진취적인 자
  - 팀워크 조성 및 자발적·자율적·자치적 조직결성과 그 지원이 가능한 자
- 상담자
  - 통상적인 문제해결방안의 모색 및 상담
  - 상담기법, 고객만족서비스기법 등을 바탕으로 상호학습터전의 마련이 가능한 자
- 프로그램의 설계자 및 진행자
  - 청소년의 특성 및 요구에 따른 활동프로그램의 설계·개발 및 진행자
  - 전문성·체계성·창의성을 발휘해 보다 바람직한 성과수확이 가능한 자
- 분석자
  - 청소년과 함께하는 수련·문화·직업·봉사활동 등의 경과 및 결과분석자
  - 가능한 한 그 내용을 차례별·일정별·사안별·처리결과로 정리하여 다음 활동계획에 반영이 가능한 자

☑ 유사질문

○ 청소년지도자의 등급별 역할에 대해 아는 대로 설명하시오.
○ 청소년지도자의 정의에 대해 말해보시오.

학교 밖 청소년 대상 프로그램을 기획한다면 어떻게 하겠는가?

정답이 있는 것은 아니지만 아래와 같은 학교 밖 청소년 지원사업에 대한 내용을 숙지하고 답변에 포함하면 좋다.

- 「학교 밖 청소년 지원에 관한 법률」제정에 따라 기존 두드림・해밀 사업이 '학교 밖 청소년지원사업'으로 확대・변경되면서 '꿈드림'으로 통합되었다.
- 학교 밖 청소년의 개인 특성과 상황을 고려하여 상담지원, 교육지원, 직업체험 및 취업 지원, 자립지원 등의 프로그램을 통해 학교 밖 청소년들이 자신의 미래를 스스로 준비하여 공평한 기회를 얻을 수 있도록 지원한다.

☑ 유사질문
○ 「학교 밖 청소년 지원에 관한 법률」을 간단히 설명하시오.
○ 학교 밖 청소년의 정의를 간단히 설명하시오.
○ 학교 밖 청소년에게 어떤 도움을 줄 수 있겠는가?
○ 학교 밖 청소년에게 가장 필요한 지원은 무엇이라고 생각하는가?

청소년 프로그램을 기획할 때 연령별, 성별로 나눠야 하는가?

정답이 정해져 있는 질문은 아니므로 평소의 생각을 자유롭게 대답하되, 미리 본인만의 답변 가이드라인을 정리할 필요가 있다.

- 청소년프로그램의 기획은 청소년들의 전인적인 성장발달 등을 목적으로 청소년단체 및 기관, 지역사회, 국가가 최적의 수단에 의해서 청소년들에게 다양한 경험과 활동을 지속적・체계적으로 제공하기 위한 일련의 의사결정 과정이다.
- 청소년프로그램 기획시 고려사항
  - 프로그램 개발의 과정에서 파트너로서 청소년들의 충분한 참여 보장
  - 프로그램에서 특정한 기능, 능력 및 자산을 강조한다는 명확한 목표를 가지고 시작
  - 프로그램에 청소년들의 복합적인 학습양식을 나타내는 다양한 활동과 경험을 포함
  - 프로그램을 통해서 청소년들에게 성인들과 또래집단들 간에 긍정적・지속적인 관계를 형성할 수 있는 기회 제공
- 청소년프로그램의 목적
  - 청소년기관에 소속된 모든 구성원들을 하나의 공통된 관심사로 묶어주고, 그들이 적극적으로 역할을 수행할 수 있도록 방향을 잡아주는 역할을 갖는다.

☑ 유사질문
○ 청소년프로그램 기획의 특징에 대해 아는 대로 설명하시오.
○ 청소년프로그램을 기획할 때 필요한 기본적인 능력과 기술적인 능력에 대해 말해보시오.

학교폭력을 목격하였을 경우 어떻게 하겠는가?

학교폭력의 경우 「학교폭력예방 및 대책에 관한 법률」이나 가이드라인에 의해 관리하여야 한다. 임의로 해결하려 하다가는 더욱 큰 문제가 생길 수 있다.

• 학교폭력 사안이 발생한 경우 공정하고 객관적인 자세를 견지해야 한다.
• 적극적인 자세로 학교폭력 사안처리를 위해 노력해야 하며, 이를 축소·은폐하려 하거나, 성급하게 화해를 종용해서는 안 된다.
• 학교폭력 사안은 반드시 학교폭력대책심의위원회에 회부되어야 하므로 빠르게 담임교사에게 전달하여야 한다.
• 전담기구의 조사 및 심의위원회 조치 결정 시 관련 학생 및 보호자에게 반드시 의견진술 기회를 제공하여야 한다.
• 만약 성범죄 관련 사안을 인지하였다면 모든 경우에 예외 없이 수사기관에 즉시 신고하여야 한다.

※ 참 고
• 학교폭력이란 학교 내외에서 학생을 대상으로 발생한 상해, 폭행, 감금, 협박, 약취·유인, 명예훼손·모욕, 공갈, 강요·강제적인 심부름 및 성폭력, 따돌림, 사이버 따돌림, 정보통신망을 이용한 음란·폭력 정보 등에 의하여 신체·정신 또는 재산상의 피해를 수반하는 행위이다.
• 따돌림이란 학교 내외에서 두 명 이상의 학생들이 특정인이나 특정집단의 학생들을 대상으로 지속적이거나 반복적으로 신체적 또는 심리적 공격을 가하여 상대방이 고통을 느끼도록 하는 일체의 행위를 말한다.
• 사이버 따돌림이란 인터넷 휴대전화 등 정보통신기기를 이용하여 학생들이 특정 학생들을 대상으로 지속적, 반복적으로 심리적 공격을 가하거나, 특정 학생과 관련된 개인정보 또는 허위사실을 유포하여 상대방이 고통을 느끼게 하는 일체의 행위를 말한다.
• 사이버 불링이란 피해자가 거부의사를 밝혔는데도 이메일이나 휴대전화 문자메시지로 협박 메시지를 보내거나 소셜 네트워크 서비스(SNS), 카카오톡 등 스마트폰 메신저를 이용하여 상대방을 정신적·심리적으로 괴롭히는 행위를 가리킨다.

☑ 유사질문
○ 사이버 불링(Cyber Bullying)이란 무엇이며 대처방법은 무엇인가?
○ 학교폭력이 성범죄와 관련된 사실을 인지했다면 어떻게 할 것인가?

성폭력 피해학생을 만났을 경우 어떻게 대처하겠는가?

성폭력의 경우 청소년이나 부모가 혼자서 해결하게 두지 말고 전문시설의 도움을 받게 해야 한다.

• 성폭력이란 성을 매개로 상대방의 의사에 반해 이뤄지는 모든 가해행위로 성희롱, 성추행, 성폭행 등을 모두 포함한다.

• 성희롱이란 성과 관련된 언동으로 불쾌하고 굴욕적인 느낌을 갖게 하거나 유·무형의 피해를 주는 행위이다.

• 성추행(강제추행)이란 성적 수치, 혐오의 감정을 느끼게 하는 일체의 행위를 폭행 또는 협박과 같은 강제력을 동원하여 저지르는 것이다.

• 성폭행은 상대방의 동의 없이 성관계를 강요하는 것으로, 강간과 강간미수를 포함한다.

• 피해를 입은 청소년은 가해자가 두려워서 도움을 요청하지 못하는 경우가 많다. 피해를 입은 청소년은 물론 잠재적인 피해자가 생기는 것을 방지하기 위해서라도 전문시설의 도움을 받는 것이 필요하다.

• 도움을 받을 수 있는 전문시설에는 해바라기 센터, 성폭력상담소, 성매매피해상담소, 청소년성문화센터 등이 있다.

☑ 유사질문

○ 성폭행 당하는 것을 목격했다면 어떻게 대처하겠는가?

○ 성폭력 피해 청소년들이 이용할 수 있는 시설에 대해 설명하시오.

청소년지도사와 학교 교사, 청소년상담사, 사회복지사의 차이점에 대해 설명하시오.

모든 개념을 상세히 암기할 필요 없이 차이점이 무엇인지 이해하여 설명할 수 있으면 충분하다.

- 청소년지도사
  - 자격시험은 「청소년기본법」 제21조의 자격검정제도를 거쳐 자격을 획득한다.
  - 청소년활동 지도 및 관리 운영분야 등에 종사하는 자이다.
  - 주로 청소년활동을 전담하여 청소년들의 신체단련 및 정서함양을 돕고, 자연체험, 예절수양 등 인성계발을 담당한다.
- 학교 교사
  - 「초·중등교육법」 제21조에 의한 자격증을 수여받은 자가 임용고시를 합격하여야 한다.
  - 학교라는 공간에서 교과서 위주의 지식교육을 통하여 학생의 지성계발을 목적으로 한다.
- 청소년상담사
  - 「청소년기본법」 제22조에 의한 자격검정제도를 거쳐 자격을 취득한다.
  - 청소년의 보호·선도 및 건전한 생활을 지도한다.
  - 청소년활동을 장려하지만 직접 청소년활동을 전담하지는 않는다.
  - 청소년단체를 육성하고 그 활동을 지원하며 지역사회의 환경을 청소년에게 유익하도록 정화하는 직무를 수행한다.
- 사회복지사
  - 「사회복지사 등의 처우 및 지위 향상을 위한 법률」에 의해 규정되어 있다.
  - 사회복지에 관련된 전문적 기술을 지닌 자로 사회복지업무를 전담한다.
  - 사회복지사는 아동복지, 청소년복지 등 청소년 관련 업무뿐 아니라 장애인복지, 노인복지, 의료사회복지, 정신보건영역 등 더 넓은 영역을 담당하고 있다.

※ 참 고
- 학원강사
  - 학원에 근무하며 대입, 자격증, 면허 등에 필요한 성적을 위해 지식의 효율적 전수를 업무로 한다.
  - 학원강사가 되기 위한 별도의 자격시험 혹은 자격증은 없다.
- 평생교육사
  - 「평생교육법」 제24조에 따라 평생교육의 기획, 진행, 분석, 평가 및 교수 업무 등을 수행하는 평생교육 현장 전문가이다.
  - 별도의 자격시험 없이 자격기준 해당여부를 국가평생교육진흥원이 심사하여 자격증을 교부한다.
  - 교육 프로그램을 개발한다는 점에서 청소년지도사와 비슷하지만 그 대상이 청소년에 한정된 것이 아닌, 유아에서부터 노년에 이르기까지 광범위하다.

☑ 유사질문
○ 청소년지도사와 학원강사의 차이점에 대해 설명하시오.
○ 청소년지도사와 평생교육사의 차이점에 대해 설명하시오.

국제청소년성취포상제에 대해 설명하시오.

최근 계속해서 출제되고 있는 청소년활동으로 나이, 포상단계 등을 자주 물으며, 다른 청소년활동과의 차이점도 자주 묻는다.

- 1956년 에든버러 공작에 의해 설립된 후 130여 개 나라에서 운영되고 있다.
- 한국은 여성가족부의 청소년 정책사업으로 2008년 시작돼 2013년 세계 최초로 국제포상협회 정회원이 되었다.
- 만 14~24세 사이의 국내외의 모든 청소년이 잠재력을 최대한 개발하고, 청소년 자신 및 지역사회와 국가를 변화시킬 수 있는 삶의 기술을 갖도록 하는 국제적 자기성장 프로그램이다.
- 활동영역은 봉사활동, 자기개발활동, 신체단련활동, 탐험활동, 합숙활동(금장에 한함) 등이 있다.
- 포상단계는 동장, 은장, 금장으로 나누어진다.
- 참여혜택
  - 국제포상협회(IAF) 및 한국청소년활동진흥원 이사장 인증서 수여
  - 우수활동 청소년 및 지도자 시상(여성가족부장관상 / 한국청소년활동진흥원이사장상)
  - 국제청소년성취포상제 포상식 참석

☑ 유사질문

○ 국제청소년성취포상제의 목표에 대해 설명하시오.
○ 국제청소년성취포상제의 활동영역에 대해 설명하시오.
○ 국제청소년성취포상제의 포상단계와 기준에 대해 설명하시오.
○ 국제청소년성취포상제에 참가할 수 있는 청소년의 연령 기준에 대해 설명하시오.

청소년자기도전포상제에 대해 설명하시오.

국제청소년성취포상제와 더불어 최근 자주 출제되고 있다. 다른 청소년활동과의 차이점이 중요하고, 참가 연령, 활동영역 등을 주의 깊게 살펴볼 필요가 있다.

- 만 7세 이상 15세 이하이거나 초등학교 1학년 이상 중학교 3학년 이하의 청소년들이 참가할 수 있다.
- 봉사활동, 자기개발활동, 신체단련활동, 탐험활동, 진로개발활동의 5가지 활동영역으로 구성되어 있다.
- 참가 청소년이 스스로 정한 목표를 성취해가며, 숨겨진 끼를 발견하고 꿈을 찾아가는 자기성장 프로그램이다.
- 포상단계는 동장, 은장, 금장의 세 단계이다.
- 참여혜택
  - 한국청소년활동진흥원 이사장 인증서 수여
  - 한국사무국 주최 포상식 참석
  - 청소년자기도전포상제 포상식 참석
  - 우수활동 청소년 및 지도자 시상(여성가족부장관상 / 한국청소년활동진흥원이사장상)

☑ 유사질문
○ 청소년자기도전포상제의 목표는 무엇인지 설명하시오.
○ 청소년자기도전포상제의 활동영역에 대해 설명하시오.
○ 청소년자기도전포상제에 참가 가능한 연령에 대해 설명하시오.
○ 청소년자기도전포상제와 국제청소년성취포상제의 차이점에 대해 설명하시오.

청소년수련활동의 활동유형에는 무엇이 있는지 설명하시오.

명확한 정답이 정해져 있는 질문으로, 청소년수련활동의 유형에 대해 숙지해 둘 필요가 있다.

- 시설중심 수련활동
- 프로그램중심 수련활동
- 단체중심 수련활동
- 사업형 수련활동

☑ 유사질문
○ 청소년수련거리가 무엇인가?
○ 숙박형 청소년수련활동이 무엇인지 설명하시오.

「청소년활동진흥법」에서는 ‘청소년활동시설’을 무엇이라고 정의하는가?

「청소년활동진흥법」 제2조에서는 청소년활동시설뿐 아니라 다른 용어들의 정의까지 함께 규정하고 있다. 다만, ‘청소년활동’은 「청소년기본법」 제3조 제3호에 따른다.

- ‘청소년활동’이란 청소년의 균형 있는 성장을 위하여 필요한 활동과 이러한 활동을 소재로 하는 수련활동·교류 활동·문화활동 등 다양한 형태의 활동을 말한다.
- ‘청소년활동시설’이란 청소년수련활동, 청소년교류활동, 청소년문화활동 등 청소년활동에 제공되는 시설로서 제10조에 따른 청소년수련시설(청소년수련관, 청소년수련원, 청소년문화의 집, 청소년특화시설, 청소년야영 장, 유스호스텔)을 말한다.
- ‘청소년수련활동’이란 청소년이 청소년활동에 자발적으로 참여하여 청소년 시기에 필요한 기량과 품성을 함양 하는 교육적 활동으로서, 「청소년기본법」 제3조 제7호에 따른 청소년지도자와 함께 청소년수련거리에 참여하 여 배움을 실천하는 체험활동을 말한다.
- ‘청소년교류활동’이란 청소년이 지역 간, 남북 간, 국가 간의 다양한 교류를 통하여 공동체의식 등을 함양하는 체험활동을 말한다.
- ‘청소년문화활동’이란 청소년이 예술활동, 스포츠활동, 동아리활동, 봉사활동 등을 통하여 문화적 감성과 더불 어 살아가는 능력을 함양하는 체험활동을 말한다.
- ‘청소년수련거리’란 청소년수련활동에 필요한 프로그램과 이와 관련되는 사업을 말한다.
- ‘숙박형 청소년수련활동’이란 19세 미만의 청소년을 대상으로 청소년이 자신의 주거지에서 떠나 청소년수련시 설 또는 그 외의 다른 장소에서 숙박·야영하거나 청소년수련시설 또는 그 외의 다른 장소로 이동하면서 숙박· 야영하는 청소년수련활동을 말한다.
- ‘비숙박형 청소년수련활동’이란 19세 미만의 청소년을 대상으로 청소년수련시설 또는 그 외의 다른 장소에서 실시하는 청소년수련활동으로서 실시하는 날에 끝나거나 숙박 없이 2회 이상 정기적으로 실시하는 청소년수련 활동을 말한다.

☑ 유사질문

○ 청소년수련거리가 무엇인가?
○ 숙박형 청소년수련활동이 무엇인지 설명하시오.
○ 자신이 청소년수련시설의 운영자라면, 어떤 시설을 어떻게 운영할 것인가?

청소년수련시설의 종류와 역할에 대해 설명하시오.

청소년수련시설의 종류는 「청소년활동진흥법」 제10조에 명시되어 있다.

• 청소년수련관
  – 다양한 청소년수련거리를 실시할 수 있는 각종 시설 및 설비를 갖춘 종합수련시설이다.
  – 청소년수련관은 실내 활동 위주의 시설이 다양하게 갖춰져 있으며, 주로 도심 근처, 생활권에 위치해 있다.
• 청소년수련원
  – 숙박기능을 갖춘 생활관과 다양한 청소년수련거리를 실시할 수 있는 각종 시설과 설비를 갖춘 도심에서 떨어진 자연권 청소년 종합수련시설이다.
  – 국립수련시설은 국립중앙청소년수련원(충남 천안), 국립평창청소년수련원(강원 평창), 국립청소년우주센터(전남 고흥), 국립청소년농생명센터(전북 김제), 국립청소년해양센터(경북 영덕), 국립청소년미래환경센터(경북 봉화) 등 총 6개소가 있다.

※ 참 고

2024년 7월 국립청소년생태센터(부산)가 개원할 예정이다. 해당 시설이 24년에 개원한다면 '국립청소년수련시설'은 총 7개소가 된다.

• 청소년문화의 집
  – 간단한 청소년수련활동을 실시할 수 있는 시설 및 설비를 갖춘 정보 · 문화 · 예술 중심의 수련시설이다.
  – 청소년뿐 아니라 지역주민들도 이용 가능하다.
  – 대부분의 시설은 이용기록부 작성 후 무료로 이용 가능하다.
• 청소년특화시설
  – 청소년의 직업체험, 문화예술, 과학정보, 환경 등 특정 목적의 청소년활동을 전문적으로 실시할 수 있는 시설과 설비를 갖춘 수련시설이다.
• 청소년야영장
  – 야영에 적합한 시설 및 설비를 갖추고, 청소년수련거리 또는 야영편의를 제공하는 수련시설이다.
• 유스호스텔
  – 청소년의 숙박 및 체류에 적합한 시설 · 설비와 부대 · 편익시설을 갖추고, 숙식편의 제공, 여행청소년의 활동지원을 기능으로 하는 시설이다.

☑ 유사질문
○ 청소년특화시설이란 무엇인가?
○ 청소년수련시설 중 유스호스텔은 무엇인가?
○ 국립청소년수련원 6곳을 모두 말하시오.
○ 청소년수련활동 시설의 종류와 그 차이점을 설명하시오.

청소년수련원이 갖추어야 할 시설 구비조건은 무엇인가?

청소년수련원의 시설 구비조건에 대한 것은 「청소년활동진흥법 시행규칙」 별표 3에 명시되어 있다.

- 100명 이상이 숙박 가능한 생활관이 있어야 하며, 숙박실은 10인실 이하의 규모여야 한다. 다만, 청소년지도자용 숙박실은 2인실로 할 수 있다.
- 식당은 생활관 숙박정원의 100분의 30 이상의 인원에게 일시에 급식할 수 있어야 한다.
- 생활관 숙박정원의 100분의 50 이상을 수용할 수 있는 실내집회장이 있어야 한다.
- 생활관 숙박정원의 100분의 60 이상을 수용할 수 있는 야외집회장이 필요하다.
- 연면적 100제곱미터 이상의 실내체육시설 또는 연면적 1,500제곱미터 이상의 실외체육시설을 설치하여야 한다.
- 연면적 1,000제곱미터 이상의 수련의 숲이 있어야 한다.
- 강의실, 특성화수련활동장, 지도자실, 휴게실이 1개소 이상 설치되어야 한다.
- 그 외에 비상설비, 방송설비, 양호실, 물품보관시설 등이 있어야 한다.

☑ 유사질문

○ 청소년수련원과 청소년야영장의 차이는?
○ 청소년수련원의 숙박실에 대해 설명하시오.

청소년수련관의 시설기준에 대해 설명하시오.

청소년수련관의 시설 구비조건에 대한 것은 「청소년활동진흥법 시행규칙」 별표 3에 명시되어 있다.

- 연건축면적이 1,500제곱미터 이상이어야 한다.
- 150명 이상을 수용할 수 있는 실내집회장이 있어야 한다.
- 연면적 150제곱미터 이상의 실내체육시설을 설치하여야 한다.
- 자치활동실, 특성화수련활동장을 2개소 이상 설치하여야 한다.
- 상담실, 지도자실, 휴게실이 1개소 이상 설치되어야 한다.
- 수용정원에 적합한 화장실, 세면장을 설치하여야 한다.
- 방송설비를 갖추어야 한다.

☑ 유사질문

○ 청소년수련관의 역할은 무엇인가?
○ 수련관의 문화활동에는 어떤 것들이 있는지 말하시오.
○ 청소년수련관과 청소년수련원의 가장 큰 차이점은 무엇이라 생각하는가?

청소년야영장의 시설기준에 대해 설명하시오.

청소년야영장의 시설 구비조건에 대한 것은 「청소년활동진흥법 시행규칙」 별표 3에 명시되어 있다.

- 야영지는 100명 이상이 야영할 수 있어야 한다.
- 야영집회장은 수용정원의 100분의 40 이상을 수용할 수 있어야 한다.
- 폭우·폭설 등 급작스런 재해에 대비하여 비바람을 막을 수 있는 구조로 된 대피시설을 설치하여야 한다. 다만, 다른 용도의 시설이 있어 이를 대피시설로 사용할 수 있는 경우에는 별도의 대피시설을 설치하지 않을 수 있다.
- 연면적 1,000제곱미터 이상의 실외체육시설을 설치하여야 한다.
- 비상시 야영지에서 대피시설까지 원활하게 이동할 수 있도록 비상조명설비 또는 기구를 갖추어야 한다.
- 야영지에서 대피시설 또는 관리사무소에 연락할 수 있는 통신수단을 확보하여야 한다.

☑ 유사질문

○ 청소년야영장의 실외체육시설 설치기준에 대해 설명하시오.

청소년지도사의 배치기준을 설명하시오.

청소년시설과 청소년단체는 대통령령으로 정하는 바에 따라 청소년육성을 담당하는 청소년지도사나 청소년상담사를 배치하여야 한다. 「청소년기본법 시행령」 별표 5에 명시된 배치기준은 아래와 같다.

• 청소년수련시설

청소년수련관	• 1급 또는 2급 청소년지도사 각각 1명 이상을 포함하여 4명 이상의 청소년지도사를 두되, 수용인원이 500명을 초과하는 경우에는 500명을 초과하는 250명당 1급, 2급 또는 3급 청소년지도사 중 1명 이상을 추가로 둔다.
청소년수련원	• 1급 또는 2급 청소년지도사 1명 이상을 포함하여 2명 이상의 청소년지도사를 두되, 수용정원이 500명을 초과하는 경우에는 1급 청소년지도사 1명 이상과 500명을 초과하는 250명당 1급, 2급 또는 3급 청소년지도사 중 1명 이상을 추가로 둔다. • 지방자치단체에서 폐교시설을 이용하여 설치한 시설로서 특정 계절에만 운영하는 시설의 경우에는 청소년지도사를 두지 않을 수 있다.
유스호스텔	• 청소년지도사를 1명 이상 두되, 숙박정원이 500명을 초과하는 경우에는 1급 또는 2급 청소년지도사 1명 이상을 추가로 둔다.
청소년야영장	• 청소년지도사를 1명 이상 둔다. 다만, 설치·운영자가 동일한 시·도 안에 다른 수련시설을 운영하면서 청소년야영장을 운영하는 경우로서 다른 수련시설에 청소년지도사를 둔 경우에는 그 청소년야영장에 청소년지도사를 별도로 두지 않을 수 있다. • 국가, 지방자치단체, 그 밖에 공공법인이 설치·운영하는 청소년야영장으로서 청소년수련거리의 실시 없이 이용 편의만 제공하는 경우에는 청소년지도사를 두지 않을 수 있다.
청소년문화의 집	• 청소년지도사를 1명 이상 둔다.
청소년특화시설	• 1급 또는 2급 청소년지도사 1명 이상을 포함하여 2명 이상의 청소년지도사를 둔다.

• 청소년단체
  - 청소년회원 수가 2천 명 이하인 경우에는 1급 청소년지도사 또는 2급 청소년지도사 1명 이상을 두되, 청소년회원 수가 2천 명을 초과하는 경우에는 그 초과하는 2천 명마다 1급 청소년지도사 또는 2급 청소년지도사 1명 이상을 추가로 둔다. 청소년회원 수가 1만 명 이상인 경우에는 청소년지도사의 5분의 1 이상은 1급 청소년지도사로 두어야 한다.

☑ 유사질문

○ 청소년지도사로서 희망하는 근무기관과 담당업무는 무엇인가?

학교 밖 청소년 지원센터(꿈드림)에 대해 설명하시오.

두드림·해밀 사업이 꿈드림으로 전환·확대되었다. 꿈드림 명칭의 의미, 지원 대상, 학교 밖 청소년의 범위 등을 상세히 암기하자.

- 학교 밖 청소년 지원센터는 '꿈드림'이라고도 하며, 꿈드림은 '꿈=드림(Dream)', '꿈을 드림('드리다'의 명사형)'이라는 중의적인 표현으로 학교 밖 청소년에게 새로운 꿈과 희망을 드리겠다는 의미이다.
- 「학교 밖 청소년 지원에 관한 법률」이 제정됨에 따라 두드림·해밀 사업이 확대된 것이다.
- 학교 밖 청소년의 개인적 특성과 상황을 고려한 상담지원, 교육지원, 직업체험 및 취업지원, 자립지원 등의 프로그램을 통해 학교 밖 청소년들이 꿈을 가지고 자신의 미래를 스스로 준비하여 공평한 기회를 얻을 수 있도록 지원한다.
- 대상자는 9세 이상 24세 이하의 학교 밖 청소년으로, 학교 밖 청소년이란 초·중학교 3개월 이상 결석, 취학의 무를 유예한 청소년, 고등학교 제적·퇴학 처분을 받거나 자퇴한 청소년, 고등학교 미진학 청소년, 학업중단 숙려 대상 등 잠재적 학교 밖 청소년을 뜻한다.
- 학교를 그만뒀다는 이유로 소외되고 어려움을 겪는 청소년들이 밝은 미래를 준비할 수 있도록 돕는 제도이다.
- 주요 업무로는 상담지원, 교육지원, 직업지원, 자립지원, 학업복귀, 사회진입 지원 등이 있으며, 이에 대한 사후관리를 포함한다.

☑ 유사질문

○ 학교 밖 청소년의 정의를 간단히 설명하시오.
○ 학교 밖 청소년에게 어떤 도움을 줄 수 있겠는가?
○ 학교 밖 청소년 지원센터가 생기게 된 배경과 센터의 업무를 말하시오.

청소년쉼터에 대해 설명하시오.

가정 밖 청소년을 위한 대표적인 시설이 청소년쉼터이다. 청소년쉼터의 기간별 구분에 대해 특히 잘 알아둘 필요가 있다.

- 다양한 원인으로 가정의 도움을 받지 못하고 있는 가정 밖 청소년들을 위한 생활보호시설이다.
- 의식주 제공 등 대체가정의 역할부터 필요로 하는 서비스를 맞춤으로 제공하는 가정 밖 청소년특화시설이다.
- 청소년상담사, 청소년지도사, 사회복지사 등 가정 밖 청소년을 보호하고 지원하는 데 필요한 국가자격을 소지하고 일정기간 실무경력을 갖춘 전문 보호·상담원들이 배치되어 있다.
- 청소년쉼터의 구분

구 분	일시쉼터	단기쉼터	중장기쉼터
보호기간	24시간~7일 이내	3개월 이내(최장 9개월) *3개월씩 2회에 한하여 연장 가능	3년 이내(최장 4년) *1년씩 1회에 한하여 연장 가능

- 건강검진, 의료비지원, 생활법률 자문 등 실생활에 필요한 다양한 지원을 받을 수 있다.
- 청소년상담 전문가로부터 개인 심리상담, 심리검사, 부모, 가족과의 집단상담을 받을 수 있다.

☑ 유사질문

○ 청소년쉼터에서 어떤 일을 하는지 설명하시오.
○ 청소년쉼터란 무엇이고 종류는 무엇이 있는가?
○ 가정 밖 청소년들을 위한 기관에는 무엇이 있는가?

국립중앙청소년디딤센터에 대해 설명하시오.

비전과 목적 등을 설명할 수 있도록 하자. 특히 주의할 점은 발달장애 학생은 대상이 아니라는 점이다.

- 「청소년복지지원법」 제31조, 「청소년보호법」 제35조 등에 의해 설립되었다.
- 심리·정서적 안정화와 행동문제의 변화를 통한 청소년의 정상적인 생활영위 및 건강한 성장을 목표로 한다.
- 정서·행동에 어려움이 있는 만 9~18세 청소년 치료·재활 전문기관이며, 발달장애 학생은 대상자가 아니다.
- 핵심 가치는 '공감, 희망, 신뢰'이다.
- 상담 및 치료, 대안교육, 공동체활동, 자립지원, 보호를 주요 프로그램으로 한다.

☑ 유사질문

○ 국립중앙청소년디딤센터의 비전은 무엇인가?
○ 국립중앙청소년디딤센터의 서비스를 받을 수 있는 청소년의 범위를 설명하시오.

청소년수련활동신고제에 대해 설명하시오.

관련법은 「청소년활동진흥법」 제9조의2이다.

• 19세 미만의 청소년을 대상으로 하는 청소년수련활동의 실시계획을 사전에 신고하도록 하고, 신고수리된 내용을 인터넷에 공개하여 국민이 정보를 활용할 수 있도록 하는 제도이다.
• 신고수리 주체는 주최자 소재지의 특별자치도・시・군・구의 청소년정책 담당부서이다.
• 청소년활동을 주최하려는 자는 참가자 모집 14일 이전에 신고하여야 한다.
• 신고대상 활동범위는 숙박형(이동숙박형, 고정숙박형)과 청소년 참가인원이 150명 이상인 수련활동, 위험도가 높은 청소년수련활동이다.
• 위험도가 높은 청소년수련활동
  - 수상활동 : 래프팅, 모터보트, 동력요트, 수상오토바이 등
  - 항공활동 : 패러글라이딩, 행글라이딩 등
  - 산악활동 : 암벽타기(자연암벽, 빙벽), 산악스키, 4시간 이상의 야간등산 등
  - 장거리 걷기활동 : 10km 이상 도보이동
  - 그 밖의 활동 : 유해성 물질(발화성, 부식성, 독성 또는 환경유해성 등), 하강레포츠, ATV탑승 등 사고위험이 높은 물질・기구・장비 등을 활용하여 이루어지는 청소년수련활동

☑ 유사질문

○ 위험도가 높은 청소년수련활동에 대해 설명하시오.
○ 수련활동신고제의 신고대상 활동범위와 신고대상 참가자 연령에 대해 설명하시오.

청소년수련활동인증제에 대해 설명하시오.

관련법은 「청소년활동진흥법」 제35조이다.

- 청소년수련활동인증제란 청소년이 안전하고 유익한 청소년활동에 참여할 수 있도록 일정기준에 따라 심사하여 프로그램을 인증하는 국가인증제도이다.
- 청소년활동 정책의 실효성을 제고하고 청소년활동 정보 제공을 통한 청소년활동 참여 활성화를 유도하며, 자기계발 및 진로 모색 등 활용 가능한 활동 기록을 관리·제공하는 것을 목적으로 한다.
- 인증 신청자는 국가 및 지방자치단체, 수련시설을 설치·운영하는 자 및 위탁운영 단체, 청소년이용시설, 개인·법인·단체 등 청소년수련활동에 필요한 프로그램을 개발하여 실시하려는 자 등이다.
- 인증 신청 대상은 청소년 참가 인원이 150명 이상인 청소년수련활동, 위험도가 높은 청소년수련활동이다.
- 인증 신청 제외 대상은 단순 체험(견학) 활동, 단순 기능습득을 위한 훈련 내지 강좌, 운영시간 최소기준 미충족 활동(최소 2시간), 불특정 다수를 대상으로 하는 행사나 축제 등이다.
- 위험도가 높은 청소년수련활동 목록은 청소년수련활동신고제와 동일하다.
- 인증기준별 구성항목

공통기준	활동프로그램	• 프로그램 구성 • 프로그램 자원운영
	지도력	• 지도자 자격 • 지도자 역할 및 배치
	활동환경	• 공간과 설비의 확보 및 관리 • 안전관리 계획
개별기준	숙박형	• 숙박관리 • 안전 관리인력 확보 • 영양관리자 자격
	이동형	• 숙박관리 • 안전 관리인력 확보 • 영양관리자 자격 • 휴식관리 • 이동관리
특별기준	위험도가 높은 활동	• 전문지도자의 배치 • 공간과 설비의 법령 준수
	학교단체 숙박형	• 학교단체 숙박형 활동 관리
	비대면방식	• 실시간 쌍방향 활동 운영 및 관리 • 콘텐츠 활용 중심 활동 운영 및 관리 • 과제수행 중심 활동 운영 및 관리

✓ 유사질문

○ 청소년수련활동인증제와 그 공통기준에 대해 설명하시오.
○ 청소년수련활동인증제의 인증 제외 대상에 대해 설명하시오.
○ 국제청소년성취포상제와 청소년수련활동인증제의 차이점은 무엇인가?
○ 청소년수련활동인증제와 청소년수련활동신고제의 차이점은 무엇인가?

자유학기제에 대해 설명하시오.

자유학기제는 비교적 최근에 시행된 제도이므로 출제될 가능성이 높은 편이다.

- 자유학기제는 중학교 교육과정 중, 한 학기 또는 두 학기 동안 지식·경쟁 중심에서 벗어나 학생 참여형 수업을 실시하고 학생의 소질과 적성을 키울 수 있는 다양한 체험활동을 중심으로 교육과정을 운영하는 제도이다.
- 자유학기제 기간 동안 이루어지는 학교생활은 크게 '교과수업'과 '자유학기' 활동으로 나뉜다.
- 오전에는 주로 교과수업이 이루어지며, 오후에는 진로탐색 활동, 주제선택 활동, 예술·체육활동, 동아리 활동 등 자유학기 활동이 이루어진다.
- 슬로건은 '나를 공부하자'이며 여기서 '나'는 학생, 교원, 학부모를 포함한다.
- 학생은 자신의 미래를 위한 적성과 소질을 찾아가는 자기주도적 노력의 과정을 가질 수 있다.
- 교원은 조금 더 좋은 수업과 교육을 제공하기 위해 노력하며 연구하는 과정을 가질 수 있다.

☑ 유사질문
○ 자유학기제에 대한 자신의 생각을 말하시오.
○ 자유학기제의 오후에 이루어지는 활동의 종류에는 무엇이 있는가?

자유학기제와 청소년활동을 어떻게 연계할 것인지 말해보시오.

자유학기제가 무엇인지 명확하게 숙지해두어야 대답할 수 있는 문제이다. 자유학기제에 대해 간략히 설명하고 청소년활동과 함께 이끌어가고자 하는 방향성을 명확하게 제시할 필요가 있다.

- 자유학기제는 중학교 교육과정 중 한 학기 또는 두 학기 동안 학생들이 중간·기말고사 등 시험 부담에서 벗어나(지식·경쟁 중심에서 벗어나) 꿈과 끼를 찾을 수 있도록 수업 운영을 토론, 실습 등의 학생 참여형으로 개선하고 진로탐색 활동 등 다양한 체험활동이 가능하도록 교육과정을 유연하게 운영하는 제도이다.
- 자유학기제 기간 동안 이루어지는 학교생활은 크게 '교과수업'과 '자유학기' 활동으로 나눌 수 있다.
- 오전에는 주로 국어, 영어, 수학, 사회, 과학, 기술·가정, 체육, 도덕 등 교과수업이 이루어지며, 오후에는 주로 진로탐색 활동, 주제선택 활동, 예술·체육활동, 동아리 활동 등 자유학기 활동이 이루어진다.
- 오후시간을 활용해서 다양한 청소년활동을 진행한다.
- 하루의 오후시간 동안 1가지 활동을 시작하고 마치기에는 무리가 있으므로, 2주~1개월 정두의 기간 동안 1가지 활동주제를 수행한다.

☑ 유사질문
○ 자유학기제란 무엇인가?
○ 자유학기제의 교과수업 및 자유학기 활동은 어떻게 운영되는가?

청소년활동을 활성화시키기 위해 어떻게 해야 할지 말해보시오.

정답이 정해져 있는 질문은 아니므로 평소의 생각을 자유롭게 대답하되, 미리 본인만의 답변 가이드라인을 정리할 필요가 있다.

- 다양하고 질 높은 활동을 위한 끊임없는 연구·개발과 지원을 하는 것이다.
- 활동시설마다 다양하고 특성화된 프로그램이 개발될 수 있도록 하고, 이에 따른 예산지원 등의 인센티브 제도가 마련될 수 있도록 한다.
- 활동 관련기관의 지원·협조 체제가 이루어지는 것이다. 지방자치단체와 학생 청소년을 담당하는 교육청의 상호 긴밀한 협조는 물론, 시설 및 담당자 간에 정기적인 의사교류의 장을 마련함으로써 활동을 원활하게 운영할 수 있다.
- 제7차 청소년정책 기본계획을 바탕으로 청소년활동 및 성장지원 체계 혁신을 도모하고, 청소년 체험활동과 진로교육 지원 체제를 강화한다.

☑ 유사질문

○ 청소년수련활동의 활성화를 위해 어떠한 방안을 가지고 있나요?
○ 청소년단체의 수련활동 활성화 방안을 말해보세요.

PART 3

고용노동부에서 발표한 '청소년 알바 10계명'에 대해 설명하시오.

청소년 알바 10계명에는 여러 법에서 제시하는 청소년 근로 관련 내용이 정리되어 있다. 청소년 아르바이트의 근로계약, 임금, 근로시간과 휴식 등은 「근로기준법」에 의하여, 최저임금은 「최저임금법」에 의하여, 일하는 도중 부상·질병·장애 등을 입은 경우에는 「산업재해보상보험법」에 의하여 관리되고 있다.

• 청소년 알바 10계명
 - 제1계명, 만 15세 이상의 청소년만 일할 수 있으며, 친권자(또는 후견인) 동의서, 가족관계 증명서를 제출해야 합니다.
 - 제2계명, 임금, 근로시간, 휴일·휴가 등이 포함된 근로계약서를 작성하고 교부해야 합니다.
 - 제3계명, 최저임금은 성인과 동일합니다.
 - 제4계명, 청소년 고용이 금지된 업종의 일은 할 수 없습니다.
 - 제5계명, 하루 7시간, 일주일에 35시간 초과하여 일할 수 없으며, 야간(22:00~06:00)이나 휴일에는 일할 수 없습니다.
 - 제6계명, 휴일 및 초과근무 시 50%의 가산 임금을 받을 수 있습니다.
 - 제7계명, 1주일 15시간 이상 근무, 1주일 개근한 경우 하루의 유급휴일을 받을 수 있습니다.
 - 제8계명, 일하다 다쳤다면 「근로기준법」, 「산업재해보상보험법」 등에 따라 치료와 보상을 받을 수 있습니다.
 - 제9계명, 임금은 현금으로, 직접, 전액, 매월 정해진 일자에 지급받아야 합니다.
 - 제10계명, 강제근로 및 폭행, 직장 내 성희롱, 직장 내 괴롭힘, 부당해고 등은 금지됩니다.

☑ 유사질문
○ 아르바이트가 가능한 나이는 몇 세부터인가?
○ 청소년의 근로시간은 몇 시간으로 규정되어 있는가?
○ 청소년의 아르바이트는 어느 법에 의해서 관리되고 있는가?
○ 유흥업소에 청소년의 불법취업이 근절되지 않는 이유는 무엇이라고 생각하는가?

청소년에게 유해한 시설들에는 무엇이 있는가?

청소년에게 유해한 시설에는 어떤 것들이 있는지 확실히 알아두어야 한다.

- 레드 존(Red Zone : 청소년 통행금지・제한구역)
  - 윤락가나 유흥가, 숙박업소 밀집지역 등 청소년의 범죄・비행・탈선 위험이 있는 유해환경에 청소년이 접근 하거나 출입하는 것을 막기 위해 지정한 구역을 일컫는 말이다.
  - 레드 존은 「청소년보호법」 제4장 제31조에 '청소년 통행금지・제한구역'이라는 명칭으로 명시되어 있다.

☑ 유사질문

○ 청소년 유해환경은 학교로부터 어느 정도 떨어져 있어야 하는가?
○ 청소년 유해환경 4가지에 대해 설명하시오.
○ 청소년 유해약물의 종류에는 무엇이 있는가?

PART 3

「청소년기본법」에서 규정하고 있는 청소년의 연령은 몇 세인가?

일반적으로 청소년의 연령 규정에 대한 질문이 많았지만 종종 다른 법에서 제시하는 '소년 혹은 아동・청소년의 연령'과 같은 질문도 있었다. 면접관이 묻는 것이 어떤 법인지, 어떤 대상에 대해 묻는지 정확히 파악하는 노력 이 필요하다.

- 「청소년기본법」에서는 청소년을 9세 이상 24세 이하인 자로 규정하고 있다.
- 「청소년활동진흥법」과 「청소년복지지원법」은 「청소년기본법」을 따른다.
- 「청소년보호법」에서는 청소년을 만 19세 미만인 자로 정하고 있다. 다만 만 19세가 되는 해의 1월 1일을 맞이한 사람은 제외한다.
- 「소년법」에서 소년이란 19세 미만인 자를 말한다.
- 「아동복지법」에서 아동이란 18세 미만인 자를 말한다.
- 「아동・청소년의 성보호에 관한 법률」에서는 아동・청소년을 만 19세 미만으로 규정하고 있다. 다만 19세에 도달하는 연도의 1월 1일을 맞이한 자는 제외한다.

☑ 유사질문

○ 「청소년복지지원법」에서는 청소년의 연령을 어떻게 규정하고 있는가?
○ 「청소년기본법」과 「청소년보호법」에서의 청소년 연령기준이 어떻게 다른지 설명하시오.

「청소년기본법」의 목적은 무엇인가?

청소년 관련법의 목적은 아래와 같다. 모든 법을 다 외우면 좋지만 양이 많으므로 주요 법안을 키워드 위주로 암기하며, 그 외의 법안의 경우 가볍게 이해하고 설명하면 된다.

- 「청소년기본법」은 청소년의 권리 및 책임과 가정·사회·국가·지방자치단체의 청소년에 대한 책임을 정하고, 청소년정책에 관한 기본적인 사항을 규정함을 목적으로 한다.
- 「청소년활동진흥법」은 다양한 청소년활동을 적극적으로 진흥하기 위하여 필요한 사항을 정함을 목적으로 한다.
- 「청소년복지지원법」은 청소년복지 향상에 관한 사항을 규정함을 목적으로 한다.
- 「청소년보호법」은 청소년에게 유해한 매체물과 약물 등이 청소년에게 유통되는 것과 청소년이 유해한 업소에 출입하는 것 등을 규제하고, 청소년을 유해한 환경으로부터 보호·구제함으로써 청소년이 건전한 인격체로 성장할 수 있도록 함을 목적으로 한다.
- 「소년법」은 반사회성이 있는 소년의 환경 조정과 품행 교정을 위한 보호처분 등의 필요한 조치를 하고, 형사처분에 관한 특별조치를 함으로써 소년이 건전하게 성장하도록 돕는 것을 목적으로 한다.
- 「아동복지법」은 아동이 건강하게 출생하여 행복하고 안전하게 자랄 수 있도록 아동의 복지를 보장하는 것을 목적으로 한다.
- 「아동·청소년의 성보호에 관한 법률」은 아동·청소년대상 성범죄의 처벌과 절차에 관한 특례를 규정하고, 피해아동·청소년을 위한 구제 및 지원 절차를 마련하며, 아동·청소년대상 성범죄자를 체계적으로 관리함으로써 아동·청소년을 성범죄로부터 보호하고 아동·청소년이 건강한 사회구성원으로 성장할 수 있도록 함을 목적으로 한다.
- 「학교폭력예방 및 대책에 관한 법률」은 학교폭력의 예방과 대책에 필요한 사항을 규정함으로써 피해학생의 보호, 가해학생의 선도·교육 및 피해학생과 가해학생 간의 분쟁조정을 통하여 학생의 인권을 보호하고 학생을 건전한 사회구성원으로 육성함을 목적으로 한다.
- 「한부모가족지원법」은 한부모가족이 안정적인 가족 기능을 유지하고 자립할 수 있도록 지원함으로써, 한부모가족의 생활 안정과 복지 증진에 이바지함을 목적으로 한다.
- 「보호소년 등의 처우에 관한 법률」은 보호소년 등의 처우 및 교정교육과 소년원과 소년분류심사원의 조직, 기능 및 운영에 관하여 필요한 사항을 규정함을 목적으로 한다.

✓ 유사질문
○ 「청소년활동진흥법」의 목적은 무엇인가?
○ 「청소년보호법」과 「아동·청소년의 성보호에 관한 법률」의 차이점은 무엇인가?

청소년지도사 자격증은 어떤 법에 의해 관리되는지 말하시오.

청소년지도사는 「청소년기본법」 제21조에 의해 관리되고 있다.

- 여성가족부장관은 청소년지도사 자격검정에 합격하고 청소년지도사 연수기관에서 실시하는 연수과정을 마친 사람에게 청소년지도사의 자격을 부여한다.
- 누구든지 제1항에 따라 발급받은 자격증을 다른 사람에게 빌려주거나 빌려서는 아니 되며, 이를 알선하여서도 아니 된다.
- 여성가족부장관은 청소년지도사 자격검정에 합격한 사람의 연수를 위하여 필요한 경우에는 대통령령으로 정하는 바에 따라 청소년지도사 연수기관을 지정할 수 있다.
- 기관별 주요 업무
  - 시행계획을 승인하고 통보하는 업무는 여성가족부가 주관하고 있다.
  - 한국산업인력공단에서는 시행계획을 공고하고, 원서접수, 필기·면접시험 시행, 서류접수 및 심사, 합격자 발표 등을 주관하고 있다.
  - 한국청소년활동진흥원은 자격연수와 자격증 교부를 담당한다.

☑ 유사질문

○ 청소년지도사 자격증이 필요한 이유가 무엇이라고 생각하는가?

청소년 관련된 법의 변화에 대해 아는 대로 설명하시오.

자주 출제되는 질문은 아니지만 전체적인 법의 흐름을 위해 한번쯤 봐둘 필요가 있다. 법의 제정은 사회적 상황과 불가분 관계로서, 법률 제정 시기를 확인하면 청소년 관련 인식 변화와 사회적 흐름을 대략적으로 확인할 수 있다.

• 「소년법」은 1958년 7월 24일에 제정되었다.
• 「소년원법」(현 명칭 「보호소년 등의 처우에 관한 법률」)은 1958년 8월 7일에 제정되었다.
• 「아동복리법」(현 명칭 「아동복지법」)은 1961년 12월 30일에 제정되었다.
• 「모자복지법」(현 명칭 「한부모가족지원법」)은 1989년 4월 1일에 제정되었다.
• 「청소년기본법」은 1991년 12월 31일에 제정되었다.
• 「청소년보호법」은 1997년 3월 7일에 제정되었다.
• 「청소년의 성보호에 관한 법률」(현 명칭 「아동·청소년의 성보호에 관한 법률」)은 2000년 2월 3일에 제정되었다.
• 「학교폭력예방 및 대책에 관한 법률」은 2004년 1월 29일에 제정되었다.
• 「청소년활동진흥법」과 「청소년복지지원법」은 2004년 2월 9일에 제정되었다.

☑ 유사질문
○ 「청소년기본법」이 제정된 이유가 무엇이라 생각하는가?
○ 청소년에 대한 사회적 인식은 어떻게 바뀌어 왔다고 생각하는가?

청소년활동을 법에서는 무엇이라 정의하는가?

청소년 관련 용어들의 개념은 확실하게 기억해두는 것이 좋다. 아래 내용은 「청소년기본법」 제3조에 명시되어 있다.

- '청소년활동'이란 청소년의 균형 있는 성장을 위하여 필요한 활동과 이러한 활동을 소재로 하는 수련활동·교류활동·문화활동 등 다양한 형태의 활동이다.
- '청소년육성'이란 청소년활동을 지원하고 청소년의 복지를 증진하며 근로 청소년을 보호하는 한편, 사회 여건과 환경을 청소년에게 유익하도록 개선하고 청소년을 보호하여 청소년에 대한 교육을 보완함으로써 청소년의 균형 있는 성장을 돕는 것이다.
- '청소년복지'란 청소년이 정상적인 삶을 누릴 수 있는 기본적인 여건을 조성하고 조화롭게 성장·발달할 수 있도록 제공되는 사회적·경제적 지원 등이다.
- '청소년보호'란 청소년의 건전한 성장에 유해한 물질·물건·장소·행위 등 각종 청소년 유해 환경을 규제하거나 청소년의 접촉 또는 접근을 제한하는 것이다.
- '청소년시설'이란 청소년활동·청소년복지 및 청소년보호에 제공되는 시설이다.

☑ 유사질문
○ 청소년활동과 청소년육성의 차이점은 무엇인가?
○ 청소년보호와 청소년복지의 차이점은 무엇인가?

법령에 제시된 청소년활동영역과 청소년활동이 왜 필요한지 설명하시오.

청소년활동을 정의한 법은 「청소년활동진흥법」이다. 정답이 있는 내용이므로 구체적으로 숙지해두도록 한다.

「청소년활동진흥법」에서 정의된 '청소년활동'이란 「청소년기본법」에 따른 청소년활동을 말하며, 「청소년기본법」에는 "청소년의 균형 있는 성장을 위하여 필요한 활동과 이러한 활동을 소재로 하는 수련활동·교류활동·문화활동 등 다양한 형태의 활동을 말한다"고 규정하고 있다.

☑ 유사질문
○ 「청소년활동진흥법」상의 '청소년활동'의 정의를 설명하시오.
○ 청소년활동을 법에서는 무엇이라 정의하는가?

청소년헌장에 대해 아는 대로 설명하시오.

청소년헌장은 권리와 책임으로 나누어져 있다. 구별하여 암기하자.

- 청소년의 권리
  - 청소년은 생존에 필요한 기본적인 영양·주거·의료·교육 등을 보장받아 정신적·신체적으로 균형 있게 성장할 권리를 가진다.
  - 청소년은 출신·성별·종교·학력·연령·지역 등의 차이와 신체적·정신적 장애 등을 이유로 차별받지 않을 권리를 가진다.
  - 청소년은 물리적 폭력뿐만 아니라 공포와 억압을 포함하는 정신적인 폭력으로부터 보호받을 권리를 가진다.
  - 청소년은 사적인 삶의 영역을 침해받지 않을 권리를 가진다.
  - 청소년은 자신의 생각과 느낌을 자유롭게 펼칠 권리를 가진다.
  - 청소년은 자유로운 의사에 따라 건전한 모임을 만들고 올바른 신념에 따라 활동할 권리를 가진다.
  - 청소년은 배움을 통해 진리를 추구하고 자아를 실현해 갈 권리를 가진다.
  - 청소년은 일할 권리와 직업을 선택할 권리를 가진다.
  - 청소년은 여가를 누릴 권리를 가진다.
  - 청소년은 건전하고 다양한 문화·예술 활동에 자유롭게 참여할 권리를 가진다.
  - 청소년은 다양한 매체를 통하여 자신의 삶에 필요한 정보에 접근할 권리를 가진다.
  - 청소년은 자신의 삶과 관련된 정책 결정 과정에 민주적 절차에 따라 참여할 권리를 가진다.
- 청소년의 책임
  - 청소년은 자신의 삶을 소중히 여기며 자신이 선택한 삶에 책임을 진다.
  - 청소년은 앞 세대가 물려준 지혜를 시대에 맞게 되살려 다음 세대에 물려줄 책임이 있다.
  - 청소년은 가정·학교·사회·국가 인류공동체의 성원으로서 자기와 다른 삶의 방식도 존중할 줄 알아야 한다.
  - 청소년은 삶의 터전인 자연을 소중히 여기고 모든 생명들과 더불어 살아간다.
  - 청소년은 통일 시대의 주역으로서 평화롭게 공존하는 방법을 익힌다.
  - 청소년은 남녀평등의 가치를 배우고 이를 모든 생활에서 실천한다.
  - 청소년은 가정에서 책임을 다하며 조화롭고 평등한 가족 문화를 만들어 간다.
  - 청소년은 서로에게 정신적·신체적 폭력을 행사하지 않는다.
  - 청소년은 장애인을 비롯한 소외 받기 쉬운 사람들과 더불어 살아간다.

☑ 유사질문

○ 청소년의 책임이란 무엇인가?
○ 청소년의 권리에 대해 설명하시오.

청소년 어울림마당에 대해 설명하시오.

청소년 문화존이 청소년 어울림마당으로 명칭이 변경되었으며, 지역주민도 참여 가능한 지역 연계형 활동이라는 점을 기억하자.

- 문화예술, 스포츠 등을 소재로 한 공연, 경연, 전시, 놀이체험 등 다양한 청소년활동이 펼쳐지는 장으로 청소년의 접근이 용이하고 다양한 지역사회 자원이 결합된 일정한 공간이다.
- 청소년과 지역주민 모두 참여 가능하다.
- 시·도 대표 어울림마당은 연 11회 이상 실시하되, 세종특별자치시는 시·군·구 어울림마당 기준에 따른다.
- 시·군·구 어울림마당은 연 6회 이상 실시해야 한다.
- 우천 또는 기타 불가피한 경우 대체 프로그램으로 준비하고, 이 경우 일부를 실내 프로그램으로 운영할 수 있다.

☑ 유사질문

○ 청소년 어울림마당의 참여 대상은 누구인가?

드림스타트 사업에 대해 설명하시오.

어떤 사업인지, 지원대상과 사업목표 등이 중요하다.

- 「아동복지법」 제37조 및 「아동복지법 시행령」 제37조에 근거한 보건복지부의 사업이다.
- 가족해체, 사회양극화 등의 문제로 아동빈곤 문제가 심화되는 사회적 배경에서 이를 해결하기 위해 추진된 사업이다.
- 취약계층 아동에게 맞춤형 통합서비스를 제공하여 아동의 건강한 성장과 발달을 도모한다.
- 지원대상은 0세(임산부)부터 만 12세(초등학생 이하)의 취약계층 아동 및 가족이며, 만 13세 이상 아동 중 초등학교 재학 아동이 포함된다.
- 국민기초생활보장 수급자 및 차상위 계층 가정, 법정 한부모가정, 학대 및 성폭력피해아동 등에 대해서는 우선 지원하는 것이 원칙이다.
- 가정방문을 통해 파악한 대상 아동과 가족의 기초정보 및 아동의 양육환경과 발달 정보를 기준으로 지역자원과 연계한 맞춤형 통합 서비스를 제공한다.

☑ 유사질문

○ 드림스타트 사업의 우선 지원대상은 누구인가?
○ 아동빈곤 문제를 해결하기 위한 사업은 무엇이 있는지 말하시오.
○ 취약계층 청소년을 대상으로 한 프로그램을 기획한다면 어떤 프로그램을 제공하고 싶은가?

청소년참여기구의 종류와 그에 대해 간단하게 설명하시오.

여성가족부에서는 청소년참여기구로 '청소년특별회의, 청소년참여위원회, 청소년운영위원회'를 운영하고 있다. 청소년 참여활동의 정의와 세 기구의 특징을 이해해 두자.

- 청소년 참여활동이란 청소년의 시각에서 정책 및 사업에 대한 의견제시와 자문, 평가, 그리고 다양한 청소년 관련 프로그램, 캠페인, 토론회 등 행사를 직접 기획 및 진행하는 활동이다.
- 청소년참여기구의 참가 가능 연령은 만 9~24세의 청소년이다.
- 청소년특별회의(「청소년기본법」 제12조)
  - 청소년 및 관련 전문가들이 토론과 활동을 통해 범정부적 청소년정책과제를 정부에 제안하는 전국단위의 청소년참여기구이다.
  - 시·도 청소년참여위원회 위원을 청소년특별회의 위원으로 위촉하며, 활동기간은 당해연도 말까지이다.
  - 전국단위 회의와 지역단위 정기회의를 진행하고 필요시 지역별로 캠페인, 토론회, 워크숍 등 행사를 참여할 수 있다.
- 청소년참여위원회(「청소년기본법」 제5조의2)
  - 여성가족부 및 지방자치단체 청소년정책 수립 및 시행과정에 청소년이 참여하고 의견을 제안하는 청소년참여기구이다.
  - 운영주체는 여성가족부, 지방자치단체이다.
  - 활동기간은 당해연도 12월 말까지가 원칙이나 지역별로 달라질 수 있다.
  - 청소년 관련 정책 및 사업에 대한 논의·제안, 청소년 권리·인권 모니터링 및 개선 제안, 지역별 캠페인·토론회·워크숍 등 개최 및 참여를 활동 내용으로 한다.
- 청소년운영위원회(「청소년활동진흥법」 제4조)
  - 청소년수련시설(청소년수련관, 청소년문화의 집 등) 사업·프로그램 등 운영에 청소년이 참여하여 의견제시와 자문, 평가 등의 활동을 하는 청소년참여기구이다.
  - 매년 1~2월경에 청소년수련시설별 공개모집 및 추천을 통해 위원을 구성한다.
  - 활동기간은 원칙적으로 1년이나 사정에 따라 달라질 수 있다.
  - 월별로 정기회의에 참석하고 지역별 캠페인, 토론회, 워크숍 등을 개최하고 참여한다.

☑ 유사질문

○ 청소년특별회의에 대해 설명하시오.

○ 청소년운영위원회에 대해 설명하시오.

○ 청소년참여위원회와 청소년운영위원회의 차이에 대해 설명하시오.

○ 청소년의 참여를 보장하기 위한 국가의 정책을 아는 대로 말하시오.

○ 청소년참여기구에 참여할 수 있는 청소년의 연령 기준에 대해 설명하시오.

○ 청소년프로그램 공모사업에 대해 설명하시오.

청소년문화의 특징에 대해 설명하시오.

청소년문화의 특징에 대해 이해하고, 해당 문화들에 대해 자신은 어떻게 생각하는지, 문제점은 무엇이며 해결방안은 무엇인지 정리해 둘 필요가 있다.

• 청소년문화란 청소년들의 행동 방식 및 사고 방식의 총체로서, 기성세대와 구분된다.
• 청소년문화의 성격
  – 개인주의적 성향이 강하다.
  – 현실주의적 경향이 강하다.
  – 자기표현주의적 성격을 지닌다.
  – 디지털세대이자 영상세대로서 각종 매체의 홍수 속에서 감수성이 풍부해지는 경향을 보인다.
• 청소년문화의 속성
  – 청소년문화란 청소년에 의해 공유되는 문화이다.
  – 청소년문화 내부에 다양한 하위문화가 형성되어 있다.
  – 동아리, 동호회와 같은 청소년문화는 나름대로의 집단 문화를 축적한다.
  – 청소년문화는 사회집단과 매체 등에 의해 다방면에서 영향을 받으며 진행된다.
  – 청소년문화는 가변적인 문화로, 다른 문화에 비해 빠르게 변화하며 역동적이다.
• 청소년문화의 다양한 정의
  – 기성세대의 문화를 따라하는 모방문화
  – 완성되지 않아 미성숙하며 미완성된 문화
  – 기성세대의 가치관에 반하는 반(反)문화 혹은 대항문화
  – 사회적 규범을 깨뜨리고 불안정하게 하는 비행문화
  – 세대가 바뀌며 문화변동의 선구자적 역할을 하는 새로운 문화

☑ 유사질문

○ 청소년 욕설문화에 대한 본인의 생각은 어떠한가?
○ 청소년문화에 대해 자신은 어떻게 정의하겠는가?
○ 청소년문화 중 기성세대가 배워야 할 것은 무엇이라 생각하며 그 이유는 무엇인가?

PART 3

또래문화에 대해 설명하시오.

또래문화 뿐 아니라 다양한 청소년문화를 정리해 둘 필요가 있다.

• 또래집단끼리 느끼는 감정, 행동, 습관, 규칙, 흥미 등 또래집단 구성원들의 모든 생활양식을 말한다.
• 청소년들은 또래문화를 통해서 서로를 이해하고, 갈등을 해결해나가는 방법 등을 배운다.
• 또래문화로 발전하기 위해서는 구성원들간 적어도 하나 이상의 공유되는 특징이 있어야 한다.

☑ 유사질문
○ 팬덤문화에 대해 설명하시오.
○ 소비문화에 대해 설명하시오.

다문화청소년이란 무엇인가?

다문화가정의 급격한 증가가 사회적 이슈이므로 각 개념을 암기하고 자신의 생각을 정리해야 한다.

• '다문화청소년'이란 대한민국 국적자와 외국 국적자 간의 국제결혼으로 이루어진 가족의 자녀이다.
• '이주배경청소년'이란 다문화가족의 청소년과 국내로 이주하여 사회적응 및 학업수행에 어려움을 겪는 청소년을 의미한다.
• '중도입국청소년'이란 결혼이민자가 한국인 배우자와 재혼하여 본국의 자녀를 데려온 경우 또는 국제결혼 가정의 자녀 중 외국인 부모의 본국에서 성장하다 청소년기에 재입국한 청소년의 경우를 말한다.

☑ 유사질문
○ 이주배경청소년과 중도입국청소년의 차이점은 무엇인가?
○ 다문화사회에서의 청소년에 대한 지도방법에 대해 어떻게 생각하는가?

다문화가 청소년에게 미칠 환경적 변화와 문제점에 대해 설명하시오.

정답이 정해져 있는 질문은 아니므로 평소의 생각을 자유롭게 대답하되, 미리 본인만의 답변 가이드라인을 정리할 필요가 있다.

- OECD국가와 비교해 볼 때, 국내 거주 외국인의 증가 속도가 매우 빨라 학교 현장에서는 다문화가정 청소년이 증가하고 있는 추세를 보이고 있다. 다른 나라의 문화의 차이와 다양성을 경험할 수 있는 긍정적인 부분에 주목해 다문화가정 청소년과 일반가정 청소년이 서로를 이해하고 수용할 수 있는 환경을 만들어야 한다.
- 다문화 경험이 익숙하지 않은 한국 사회에서 일반가정 청소년들이 다문화를 자연스럽게 인식하는데 어려움을 보이고 있어 다문화 가정 청소년들을 차별하거나 소외시키는 문제가 발생할 수 있다. 또한 다문화가정 청소년들의 언어, 종교, 가치관, 생활양식 등의 차이로 인한 문화충돌과 갈등이 격화될 수 있다.

※ 참고 : 다문화사회의 특징

- 다문화주의 특징
  - 문화의 차이와 다양성을 이해한다.
  - 다문화주의의 바탕은 다원주의 사상이다.
  - 문화의 우월주의와 계급성을 인정하지 않는다.
  - 다양한 문화의 존중과 동등한 공존을 주장한다.
  - 통일성이나 일관성으로 대표되는 동화주의적 요구에 쉽게 순응하지 않는 속성을 가지고 있다.
- 국내 다문화사회의 특징
  - OECD국가와 비교해 볼 때, 국내 거주 외국인의 증가 속도가 매우 빠르다.
  - 외국인과 유학생이 급증하고 있다. 경제 규모의 확대와 국력의 신장으로 외국인이 증가하고 있는 가운데, 외국 유학생이 지속적으로 증가하고 있다.
  - 저출산 고령화 사회로의 진전과 더불어 우리나라 경제의 세계화는 외국노동력의 증가로 이주 근로자 집단이 형성되었다.
  - 체류 외국인 범죄율은 내국인 범죄율에 비해 낮은 수준이나, 최근 몇 년간 빠르게 증가하고 있다.
  - 다문화가정이 증가하는 가운데 가정 내 불안전성도 부각되고 있으므로, 다문화 인구는 정보기술 및 교육의 혜택에서 상대적으로 소외되어 있다고 본다.
  - 다문화에 대한 내외국인 간의 이해 격차로 인한 사회갈등의 격화 가능성이 증가하고 있다.

✓ 유사질문

O 다문화청소년의 문제에 대해 설명하시오.
O 다문화청소년들을 위한 어떤 대책을 마련하겠는가?

이주배경청소년 지원재단의 프로그램에 대해 아는 대로 설명하시오.

이주배경청소년 지원재단의 프로그램에 대해 설명할 수 있도록 이해할 필요가 있다.

• 이주배경청소년 지원재단의 '레인보우 스쿨'은 대표적인 이주배경청소년 정착지원 프로그램 중 하나이다. 입국 초기의 중도입국청소년의 한국사회 초기 적응지원을 목적으로 하던 교육지원사업에서 2021년 이주배경청소년으로 대상이 확대·개편되었다.

• 이주배경청소년에게 한국어교육, 진로교육, 필수교육, 한국사회에 대한 기본 정보, 사회적 관계 향상 프로그램 등을 제공하고 정규 교육과정으로의 편입학 지원, 진로 지도 등을 통해 사회 적응 및 정착 지원에 운영 목적을 두고 있다.

• 9~24세 이주배경청소년을 대상으로 하며, 2023년 기준 전국 17개 시·도, 25개 기관에서 위탁운영되고 있다.

• 한국어교육(기초·심화 학습), 진로교육(진로 탐색·설계), 필수교육(안전, 유해환경), 사회적응 프로그램 등을 지원하며, 위탁운영기관에 따라 총 32주(1학기 16주, 2학기 16주), 전일제, 시간제 형태로 운영되고 있다.

☑ 유사질문

○ 레인보우 스쿨이 무엇인지 설명하시오.

○ 이주배경청소년에게 프로그램을 추천한다면 무엇이 있겠는가?

촉법소년, 우범소년, 범죄소년의 차이점을 설명하시오.

헷갈릴 수 있는 개념이니 구분하여 기억하자.

• '범죄소년'은 죄를 범한 만 14세 이상 19세 미만의 소년으로, 사형과 무기징역을 선고할 수 없으며 징역형의 경우 최대 15년까지 가능하다. 단, 특정강력범죄의 경우 징역 20년까지 가중처벌이 가능하다.

• '촉법소년'은 형벌 법령에 저촉되는 행위를 한 만 10세 이상 14세 미만의 소년으로, 형법상 처벌받지 않으며, 「소년법」에 의거하여 보호처분을 받는다.

• '우범소년'은 정당한 이유 없이 가출하는 것 또는 술을 마시고 소란을 피우거나 유해환경에 접하는 성벽이 있는 소년으로 범죄를 일으킬 가능성이 있는 만 10세 이상 19세 미만의 소년을 칭한다.

☑ 유사질문

○ 촉법소년과 우범소년의 차이점은 무엇인가?

○ 「소년법」을 개정 혹은 폐지하라는 의견에 대해 어떻게 생각하는가?

청소년들의 촛불시위에 대한 의견을 말하시오.

청소년들을 바라보는 시선에 대한 질문으로 정답은 정해져 있지 않으나 자신의 주장을 뒷받침하는 적절한 근거를 들 필요가 있다.

- 청소년은 미성숙한 존재이므로 적절한 교육과 지도가 선행되지 않는 촛불시위는 부작용이 크다고 생각한다.
- 청소년은 자율적인 존재이므로 자기주도적 참여 활동을 막아서는 안 되며 오히려 권장해야 한다고 생각한다.
- 청소년은 분위기에 쉽게 휩쓸리기 때문에 인과관계에 대한 명확한 판단을 하지 못할 수 있는 것이 사실이므로 촛불집회를 어느 정도 제한할 필요가 있다.
- 대한민국 모든 국민은 「대한민국 헌법」 제21조에 의거해 집회·결사의 자유가 있으며, 청소년 역시 대한민국 국민이기 때문에 촛불집회에 참여할 권리가 있다.
- 대한민국 역사상 청소년은 사회 변화에 주도적인 역할을 하였는데 4.19혁명의 김주열이 대표적이다.

☑ 유사질문
○ 만 18세에게 투표권을 주는 것에 대해 어떻게 생각하는가?
○ 학생이 왜 청소년에게 흡연, 음주가 금지되는지 묻는다면 뭐라 답하겠는가?

청소년기의 특징은 무엇인가?

청소년기의 특징에 대한 질문은 반드시 꼼꼼하게 외워두어야 한다.

- '자기중심성'이란 타인의 생각이나 입장을 고려하지 않고 오직 자신의 생각이나 관점, 입장을 기준으로 사고하고 행동하는 특성이다.
- '개인적 우화'란 자신을 유명하고 중요한 인물로 생각하며, 자신의 욕구, 생각, 감정을 가장 특별한 것이라 생각하는 것이다.
- '상상적 청중'이란 자신 주변의 모든 사람이 자신에게 주목하며 관심을 가지고 있다고 생각하는 것이다.
- 신체적으로 변화하여 2차 성징이 나타난다.
- 정서가 급변하여 이성에 반발하고 주위에 반항하는 등의 이중적 정서가 나타난다.

☑ 유사질문
○ 청소년문화를 이해하기 위해 평소 어떤 노력을 하는가?
○ 청소년들에게 질문 시 '몰라요' 등과 같이 답변이 짧게 나오는 경우가 많은데, 왜 이런 대답이 나오는지 자신의 생각을 말하시오.

에릭슨(Erikson)이 제시한 청소년기의 발달 과업은 무엇인가?

주로 에릭슨과 피아제의 이론이 등장했지만, 다른 발달이론들도 점검할 필요가 있다.

- 에릭슨(Erikson)의 심리사회적 발달이론
  - 에릭슨은 인간 발달 과정이 '신뢰 대 불신 단계 → 자율성 대 수치 단계 → 주도성 대 죄의식 단계 → 근면성 대 열등감 단계 → 자아정체감 대 역할 혼미 단계 → 친밀감 대 고립감 단계 → 생산성 대 자기침체 단계 → 자아통합 대 절망 단계' 순서로 진행된다고 보았다.
  - 에릭슨은 청소년기를 자아정체감 대 역할 혼미 단계로 생각하였으며, 이 시기의 발달 과업으로는 자아정체감 확립을 제시하였다.
- 피아제(Piaget)의 인지발달이론
  - 피아제는 인간의 발달 과정이 '감각운동기 → 전조작기 → 구체적 조작기 → 형식적 조작기' 순으로 이뤄진다고 주장하였다.
  - 감각운동기는 감각과 운동능력을 이용해 세계를 배우며 대상 영속성이 발달한다.
  - 전조작기는 세계를 이해하기 위해 상징적 사고를 하지만, 자기중심적이고 논리적 사고를 위한 정신 기능이 부족하다.
  - 구체적 조작기는 구체적 사건에 관한 논리적 사고를 위한 인지기능을 할 수 있고 보존성을 이해할 수 있다. 수학적 연산은 가능하지만, 추상적 추론은 불가하다.
  - 형식적 조작기는 청소년에게 추상적 사고와 가설적 연역 추론을 할 수 있게 하는 인지기능이 더욱 발달한다.
- 프로이트(Freud)의 심리성적 발달이론
  - 프로이트는 인간의 성격을 원초아(Id), 자아(Ego), 초자아(Superego)라는 3가지 요소로 제시하였다.
  - 프로이트는 인간의 성격 발달 과정이 '구강기 → 항문기 → 남근기 → 잠복기 → 생식기' 순으로 진행된다고 보았다.

☑ 유사질문

○ 프로이트(Freud)의 이론에서 청소년기는 어떤 시기인가?
○ 에릭슨(Erikson)의 발달이론에 따르면 청소년기의 특징은 무엇인가?

피아제(Piaget)의 인지발달 이론 중 청소년은 어디에 속하며 그 특징은 무엇인가?

최근에는 피아제(Piaget)와 비고츠키(Vygotsky)의 이론이 면접 시험에 등장하고 있다.

• 피아제(Piaget)의 인지발달 4단계에서 청소년은 '형식적 조작기(11~15세)'에 해당한다.
• 형식적 조작기의 특징
  – 추상적 사고가 발달하고, 가설의 설정·검증·연역적 사고가 가능하다.
  – 실제 경험하지 않은 영역에 대해 논리적인 활동계획을 수립한다.
  – 체계적인 사고능력, 논리적 조작에 필요한 문제해결능력이 발달한다.
• 비고츠키(Vygotsky)의 근접발달영역
  사회적 상호작용의 영역으로서, 아동 스스로 해결할 수 있는 문제에 의해 결정되는 실제적 발달수준과 다른 동료 학습자 또는 성인의 지원에 의해 문제해결이 가능한 잠재적 발달수준 간의 차이를 의미한다.

☑ 유사질문

○ 비고츠키(Vygotsky)의 근접발달영역은 무엇인가?
○ 피아제(Piaget)와 비고츠기(Vygotsky)의 인지발달이론에 대해 설명하시오.

PART 3

마샤(Marcia)의 정체감 유실이 무엇인가?

각각의 개념들의 특징에 대해 기억해 두자.

마샤(Marcia)의 자아정체감-자아정체감 수준을 성취지위에 따라 4가지로 분류

- 정체감 혼미(Identity Diffusion) : 가장 낮은 성취지위로 직업계획이나 이념적인 세계관에 대한 강한 참여를 하지 않거나 쉽게 중단해 버리고, 자아에 대해 안정되고 통합된 견해 형성을 실패한다. 삶의 목표와 가치를 탐색하려고 하지 않는다.
- 정체감 유실(Identity for Closure) : 정체감 위기를 경험하지 않은 채로 바로 부모나 기타 권위주의에 의하여 주어진 가치관을 그대로 받아들여 동조하는 상태이다. 자아정체성 탐색없이 정체성 결정을 내리며, 위기경험을 하지 않는다.
- 정체감 유예(Identity Moratorium) : 여러 가지 대상에 적극적인 참여를 보이지만, 참여의 안정성과 만족이 결핍되어 있고, 대개는 위기를 경험하게 된다. 삶의 목표와 가치에 대해서 불확실한 상태이다.
- 정체감 성취(획득)(Identity Achievement) : 이미 위기를 경험하고 비교적 강한 참여를 할 수 있게 되어 상황적 변화에 따른 동요 없이 성숙한 정체감을 소유하고 의사결정도 가능하다. 신념, 직업, 정치적 견해 등에 스스로 의사결정을 한다.

※ 참 고

이 책에서는 Marcia를 '마샤'라고 하지만 면접현장에서 '마샤', '마르샤', '마르시아' 라고 부르기도 한다. 모두 동일인물이므로 숙지해 둘 필요가 있다.

☑ 유사질문

○ 마샤(Marica)의 성취지위에 따라 분류된 자아정체감 수준 4가지에 대해 설명하시오.

제6차 청소년정책 기본계획의 비전과 4대 정책목표에 대해 설명하시오.

제6차 청소년정책 기본계획은 2018~2022년에 해당하므로, 새롭게 실시되는 제7차 청소년정책 기본계획 (2023~2027년)의 비전과 4대 정책목표를 확실히 숙지하고 답변하자.

• 제6차 청소년정책 기본계획의 비전은 '현재를 즐기는 청소년, 미래를 여는 청소년, 청소년을 존중하는 사회'이다.

• 첫 번째 목표는 '청소년 참여 및 권리증진'이며, '청소년 참여 확대, 청소년 권리증진 기반 조성, 청소년 민주 시민 성장 지원'이 포함되어 있다.

• 두 번째 목표는 '청소년 주도의 활동 활성화'이며, '청소년활동 및 성장지원 체계 혁신, 청소년 체험활동 활성화, 청소년 진로교육 지원 체제 강화'가 포함되어 있다.

• 세 번째 목표는 '청소년 자립 및 보호지원 강화'이며, '청소년 사회안전망 확충, 대상별 맞춤형 지원, 청소년 유해환경 개선 및 보호지원 강화'가 포함되어 있다.

• 네 번째 목표는 '청소년정책 추진체계 혁신'이며, '청소년정책 총괄·조정 강화, 지역·현장 중심의 청소년정책 활성화, 청소년지도자 역량 강화'가 포함되어 있다.

☑ 유사질문
○ 제6차 청소년정책 기본계획의 비전은 무엇인가?
○ 제6차 청소년정책 기본계획의 세부계획에 대해 아는 대로 설명하시오.
○ 제6차 청소년정책 기본계획의 중점과제에 해당하는 사업 중 잘 된 것 같다고 생각하는 사업은 무엇인가?
○ 제7차 청소년정책 기본계획의 가장 중요한 차별점은 무엇이라고 생각하는가?

제7차 청소년 기본계획의 비전과 목표, 5대 정책과제에 대해 설명하시오.

• 제7차 청소년정책 기본계획의 비전은 '디지털 시대를 선도하는 글로벌 K-청소년'이다.
• 제7차 청소년정책 기본계획의 목표는 '청소년 성장기회 제공', '안전한 보호 환경 조성'이다.
• 5대 정책과제 중 첫 번째 목표는 '플랫폼 기반 청소년활동 활성화'이며, '청소년 디지털역량 활동 강화', '청소년 미래역량 제고', '다양한 체험활동 확대', '학교안팎 청소년활동 지원 강화'가 포함되어 있다.
• 두 번째 목표는 '데이터 활용 청소년 지원망 구축'이며, '위기청소년 복지지원체계 강화', '청소년 자립 지원 강화', '청소년 유형별 맞춤형 지원'이 포함되어 있다.
• 세 번째 목표는 '청소년 유해환경 차단 및 보호 확대'이며, '청소년이 안전한 온·오프라인 환경 조성', '청소년 범죄 예방 및 회복 지원', '청소년 근로보호 강화'가 포함되어 있다.
• 네 번째 목표는 '청소년의 참여·권리보장 강화'이며, '청소년 참여 활동 강화', '청소년 권익 증진'이 포함되어 있다.
• 다섯 번째 목표는 '청소년정책 총괄조정 강화'이며, '청소년정책 인프라 개선', '지역 맞춤형 청소년정책 추진체계 구축'이 포함되어 있다.

☑ 유사질문
○ 제7차 청소년정책 기본계획의 비전은 무엇인가?
○ 제7차 청소년정책 기본계획의 세부계획에 대해 아는 대로 설명하시오.
○ 제7차 청소년정책 기본계획의 중점과제에서 중요하다고 생각되는 정책은 무엇인가?

창의적 체험학습의 4가지 영역을 설명하시오.

창의적 체험학습에 대해서 설명할 수 있도록 준비하자.

• '자율활동'은 학교가 학생 중심의 자율적 활동을 추진하고, 학생이 다양한 교육활동에 능동적으로 참여하는 활동이다.
• '동아리활동'은 학생이 자발적으로 집단활동에 참여하여 협동하는 태도를 기르고, 각자의 취미와 특기를 신장하는 활동이다.
• '봉사활동'은 학생이 이웃과 지역사회를 위한 나눔과 배려의 활동을 실천하고, 자연환경을 보존하는 활동이다.
• '진로활동'은 학생이 자신의 흥미, 특기, 적성에 적합한 자기계발 활동을 통하여 진로를 탐색하고 설계하는 활동이다.

※ 참고 : 2022 개정 교육과정의 창의적 체험활동 영역

• '자율 · 자치활동'은 자기주도성과 창의성을 함양하기 위한 활동인 '자율활동'과 자신의 삶을 능동적이고 주도적으로 영위하며, 공동체를 조직하고 운영하는 역량을 함양하기 위한 활동인 '자치활동'으로 구성되어 있다.
• '동아리활동'에는 자신의 흥미 및 진로를 탐색하여 관련된 소질과 적성을 기르기 위한 동아리 활동인 '학술 · 문화 및 여가 활동'과 공동체와 사회에 기여함으로써 포용성과 시민성을 함양하기 위한 활동인 '봉사활동'이 있다.
• '진로활동'은 자신의 진로와 관련된 교육 및 직업 정보를 탐색하기 위한 '진로탐색활동'과 희망하는 진로와 직업의 경로를 설계하고 실천하기 위한 '진로설계 및 실천 활동'으로 구성되어 있다.

☑ 유사질문
○ 창의적 체험활동에 대해 설명하시오.
○ 창의적 체험학습의 3가지 영역을 알고 있는가?
○ 창의적 체험학습 중 동아리활동을 담당하게 된다면 어떤 프로그램을 만들겠는가?

청소년 육성기금의 주요기능에 대해 설명하시오.

관련 정보는 여성가족부 홈페이지에서 확인이 가능하다.

- 청소년 육성기금의 주요기능
  - 청소년활동의 지원
  - 청소년시설의 설치와 운영을 위한 지원
  - 청소년지도자의 양성을 위한 지원
  - 청소년단체의 운영과 활동을 위한 지원
  - 청소년복지 증진을 위한 지원
  - 청소년보호를 위한 지원
  - 청소년육성정책의 수행 과정에 관한 과학적 연구의 지원
  - 기금 조성 사업을 위한 지원
  - 그 밖에 청소년육성을 위하여 대통령령으로 정하는 사업
- 청소년 육성기금의 용도(「청소년기본법 시행령」 제37조)
  - 청소년육성에 관한 홍보
  - 청소년의 포상 및 격려
  - 기금의 운용 및 관리
  - 그 밖에 여성가족부장관이 청소년육성 등을 위하여 필요하다고 인정하는 사업
- 청소년 육성기금의 재원
  - 정부 출연금
  - 「국민체육진흥법」 제22조 제3항 제1호 및 「경륜·경정법」 제18조 제1항 제1호에 의한 출연금
  - 개인·법인 또는 단체가 출연하는 금전·물품 그 밖의 재산
  - 기금의 운용으로 생기는 수익금
- 청소년 기금은 여성가족부가 주무부처이며 직접 운용하고 있다.

☑ 유사질문
○ 청소년 육성기금의 재원에 대해 아는 대로 말하시오.
○ 청소년 육성기금의 주무부처와 운용부처는 어디인가?

위(Wee) 프로젝트에 대해 설명하시오.

Wee 프로젝트가 무엇인지 정확히 파악할 필요가 있으며, 각 프로젝트가 어떤 차이가 있는지도 확인해 둘 필요가 있다.

- Wee는 We(우리들)와 Education(교육), 또는 We(우리들)와 Emotion(감성)의 합성어로서, 학교, 교육청, 지역사회가 연계하여 학생들의 건강하고 즐거운 학교생활을 지원하는 다중의 통합지원 서비스이다.
- 'Wee클래스'는 단위학교에 설치되는 1차 Safe-Net으로서, 학교부적응 학생을 조기에 발견하고 예방하며, 학교적응력 향상을 지원한다.
- 'Wee센터'는 시·도 지역교육청 차원에 설치되는 2차 Safe-Net으로서, 전문가의 지속적인 관리가 필요한 학생을 위한 진단-상담-치유 원스톱 서비스를 제공한다.
- 'Wee스쿨'은 시·도 교육청 차원에 설치되는 3차 Safe-Net으로서, 중·장기적인 치유가 필요한 고위기군 학생을 위한 통학형·기숙형 장기위탁교육 서비스를 제공한다.

☑ 유사질문

○ Wee클래스란 무엇인가?
○ Wee센터에 대해 설명하시오.

아웃리치(Outreach)에 대해 설명하시오.

아웃리치에 대한 질문은 종종 나오지만 크게 어렵지 않다.

- 아웃리치란 도움이 필요한 소외계층을 기다리기보다 직접 현장에 나가 도움과 정보를 제공하는 서비스를 말한다.
- 청소년 대상 아웃리치의 대표적인 활동은 가출 배회 청소년을 적극적으로 발견하고, 상담 등의 적시적인 서비스 제공을 통해 청소년을 위기상황으로부터 구조하고 선도하는 보호활동이나 청소년이 흥미를 가질 수 있는 도구 및 프로그램을 활용하여 학업, 교우 관계 상담, 진로상담 등을 진행하는 것이다. 예 일시청소년쉼터의 찾아가는 거리상담

☑ 유사질문

○ 청소년을 대상으로 한 아웃리치 활동에는 무엇이 있는가?

방과후학교, 방과후아카데미의 차이점에 대해 설명하시오.

방과후교실은 통합되어 방과후학교로 운영되고 있으므로, 방과후학교와 방과후아카데미가 무엇인지 기억해두자.

• 방과후학교는 기존의 특기적성교육과 방과후교실, 수준별 보충학습을 통합하여 2006년부터 초·중·고등학교에서 정규 교육과정 이외의 시간에 다양한 형태의 프로그램으로 운영하는 교육체제이다.
• 방과후아카데미는 초등 4학년부터 중등 3학년까지의 청소년을 대상으로 여성가족부와 지방자치단체에서 청소년들의 건강한 방과 후 생활과 삶의 질 향상을 위해 전문체험 및 학습 프로그램, 청소년 생활관리 등 종합서비스를 지원하는 국가정책지원 사업이다.

☑ 유사질문
○ 방과후아카데미에 대해 설명하시오.
○ 방과 후 청소년들이 할 수 있는 프로그램에 대해 아는 대로 설명하시오.

청소년방과후아카데미의 활동 내용을 설명하시오.

청소년을 대상으로 교육과 복지의 기능을 함께 수행하는 청소년방과후아카데미는 별도로 구체적인 운영 내용까지 확인해 두자.

• 방과후아카데미의 목적
  – 저소득·맞벌이·한부모 등 취약계층 가정의 방과후 홀로 시간을 보내는 청소년들에 대하여 학습능력 배양·체험활동·급식·건강관리·상담 등 종합학습지원 및 복지·보호를 통해 건전한 성장 지원을 목적으로 하고 있다.
  – 중앙정부와 지방정부 및 학교와 가정·지역사회가 연계하여 공교육을 보완하는 방과후 활동을 통해 공적 서비스 기능을 강화하고, 2005년부터 전국적으로 시행된 주 5일 수업제 시행에 따른 다양한 복지 서비스 수요에 부응하여 계층 간 격차 완화 및 사회통합에 기여하고 있다.
• 방과후아카데미의 운영 현황
  – 청소년방과후아카데미의 시행은 여성가족부(청소년활동진흥과)와 지방자치단체가 공동 운영하고 있으며, 방과후아카데미 실시장소는 청소년수련관, 청소년문화의집, 공공청소년공부방, 청소년단체시설 등을 활용하고 있다.
  – 청소년방과후아카데미는 2005년 46개소 시범운영을 시작하여 2006년 전국적으로 확대, 현재 청소년수련관, 청소년문화의 집 등의 지자체 공공시설에서 350개소가 운영되고 있다(2023년 12월 기준).
  – 사업의 운영기간은 1월부터 12월까지이며, 사업의 전담인력으로 PM(운영책임자)과 SM(실무 지도자)이 있다.
  – 운영 및 지원 내용은 전문체험활동과정, 학습지원활동과정, 자기개발활동과정, 생활지원과정, 특별지원과정 등이 있다.

☑ 유사질문
○ 청소년방과후아카데미에서 시행하는 구체적인 활동을 아는 대로 설명하시오.

4차 산업혁명의 흐름 속에서 청소년지도사의 역할은 무엇인가?

정해진 정답은 없지만 4차 산업혁명이 무엇인지 확실히 기억해 두자.

• 4차 산업혁명이란 인공지능, 사물인터넷, 빅데이터, 모바일 등의 첨단 정보통신기술이 경제·사회 전반에 융합되어 혁신적 변화가 나타나는 차세대 산업혁명이다.
• 초연결과 초지능을 특징으로 하며, 기존 산업혁명에 비해 더욱 넓은 범위에 더욱 빠른 속도로 더 큰 영향을 미친다.
• 청소년지도사는 기술의 진보에 뒤쳐져서는 안 되며, 청소년들에게 첨단 기술을 적절히 활용하여 지도할 수 있어야 한다.

☑ 유사질문

○ 기술의 발달이 청소년활동에 미친 영향은 무엇이라 생각하는가?
○ 디지털화와 국제화에 따른 21세기 바람직한 청소년상은 무엇이라고 생각하는지 말하시오.
○ 4차 산업혁명을 기점으로 청소년지도사의 달라진 역할을 설명하시오.
○ 4차 산업혁명의 주요 키워드와 청소년지도사가 이를 활용할 수 있는 방안을 설명하시오.

PART 3

청소년지도사의 리더십은 무엇인가?

리더십 이론은 양이 많으며, 청소년지도사에 한정된 리더십의 경우 다양한 의견이 있으므로 자신의 가치관에 맞게 대답을 준비해 두는 것이 중요하다.

• 리더십이란 한 집단 내에서 두 사람 이상이 상호작용하는 과정에서 나타나는 것이다.
• 청소년지도사가 갖추어야 할 리더십
 － 용기와 결단력이 있어야 한다.
 － 상황인식 능력과 위기관리 능력을 갖추어야 한다.
 － 매사에 열정과 근면 성실성을 갖추어야 한다.
 － 신뢰성이 있어야 한다.
 － 적극성과 솔선수범을 갖추어야 한다.
 － 겸손해야 한다.
 － 비전이 있어야 한다.
 － 공감력이 있어야 한다.
 － 분별력과 추진력이 있어야 한다.

☑ 유사질문

○ 리더십이 무엇인지 설명하시오.
○ 청소년지도사의 리더십과 일반적인 리더십의 차이는 무엇이라 생각하는가?

CYS-Net에 대하여 설명하시오.

지역사회 청소년통합지원체계(CYS-Net)에 대한 질문은 자주 등장하므로 정확히 기억해 둘 필요가 있다.

- 지역사회 내 청소년 관련 자원을 연계하여 학업중단, 가출, 인터넷중독 등 위기청소년에 대한 상담·보호·교육· 자립 등 맞춤형 서비스를 제공하는 사업이다.
- 만 9~24세의 청소년과 그 가족을 대상으로 한다.
- 지원내용
  - 청소년상담복지센터, 청소년 상담 채널, 지역사회 자원 등을 통해 위기청소년을 발견·구조하고, (위기)청소년 과 그 가족에 대해 상담 등을 지원한다.
  - 위기상황(가출, 성매매, 가정·학교폭력 등)에 노출된 청소년을 24시간 동안 보호하기 위해 시·도센터에 설치된 일시보호소 운영과 긴급지원 서비스를 제공한다.
  - 위기청소년 특별지원 : 보호자가 없거나, 실질적으로 보호자의 보호를 받지 못하는 사회·경제적으로 어려 움이 있는 위기청소년에게 생활비·치료비·학업 지원비 등을 지원한다.
  - 기타 지원을 필요로 하는 경우 지역사회 자원 연계망을 활용하여 지원한다.

☑ 유사질문

○ 일시보호소에 대해 설명하시오.
○ CYS-Net에서 청소년에게 지원해주는 서비스에 대해 설명하시오.
○ CYS-Net과 Wee프로젝트를 비교하여 설명하시오.

학업중단숙려제도에 대하여 설명하시오.

어떤 제도인지 확인하자.

- 학업중단 의사를 밝힌 학생에게 학교장의 권한으로 최소 1주~최대 7주 숙려 기회를 부여하고, 상담 등 프로그 램을 지원하여 학업중단을 예방하려는 제도이다.
- 2012년 6월 시범운영을 거쳐 2013년부터 초·중·고교에서 전면 시행되었다.
- 숙려 기간 동안 상담을 받으면 출석이 인정되지만, 상담을 받지 않는다면 무단결석으로 처리된다.

☑ 유사질문

○ 자퇴나 학업유예 등을 막기 위한 제도에는 무엇이 있는가?
○ 학교를 자퇴하겠다는 청소년을 어떻게 지도할 것인가?

「청소년복지지원법」에 따른 정책에 대해 3가지 이상 말해보시오.

청소년증, 청소년복지시설에 관한 질문은 자주 출제되므로 반드시 외워두어야 한다.

• 청소년 우대 : 수송시설, 문화시설, 여가시설 등 이용료 면제 및 할인
• 청소년증 발급 : 9세 이상 18세 이하 청소년에게 청소년증 발급
• 지역사회 청소년통합지원체계 구축 : 위기청소년 보호지원을 위한 프로그램(위기청소년 상담, 특별지원, 학업중단 청소년의 학업복귀 및 자립지원, 전국학교에 또래상담지원 등)
• 청소년복지기관 운영 : 한국청소년상담복지개발원, 청소년상담복지센터, 이주배경청소년지원센터
• 청소년복지시설 설치 : 청소년쉼터, 청소년자립지원관, 청소년치료재활센터, 청소년회복지원시설

☑ 유사질문

○ 청소년복지의 개념과 근거법률에 대해 설명하시오.
○ 「청소년복지지원법」상의 복지시설의 종류에 대해 설명하시오.

청소년상담복지센터에서 하는 일을 말해보시오.

각 센터별로 진행하는 프로그램은 다양하지만 보편적인 업무에 대해 기억하자.

• 위기청소년을 발견·구조하며, 그 가족에 대한 상담 업무를 진행한다.
• 문화예술교육을 통해 청소년들의 활동을 지원한다.
• 청소년 위기실태를 조사하여 적절한 프로그램을 개발한다.
• 일부 지역의 경우 꿈드림 센터가 위치해 있기도 하다.

☑ 유사질문

○ 청소년상담복지센터에서 일하게 된다면 어떤 프로그램을 만들 것인가?

청소년복지시설의 종류는?

복지시설의 종류와 각각 담당하는 업무에 대해 이해해 둘 필요가 있다.

- '청소년쉼터'는 가정 밖 청소년이 가정·학교·사회로 복귀하여 생활할 수 있도록 일정 기간 보호하면서 상담·주거·학업·자립을 지원하는 시설이다.
- '청소년자립지원관'은 일정 기간 청소년쉼터 또는 청소년회복지원시설의 지원을 받았는데도 가정·학교·사회로 복귀하여 생활할 수 없는 청소년에게 자립하여 생활할 수 있는 능력과 여건을 지원해주는 시설이다.
- '청소년치료재활센터'는 학습·정서·행동상 장애를 가진 청소년을 대상으로 적합한 치료·교육 및 재활을 종합적으로 지원하여 대상 청소년이 올바르게 성장할 수 있도록 돕는 시설이다.
- '청소년회복지원시설'은 「소년법」 제32조 제1항 제1호에 따라 감호 위탁 처분을 받은 청소년에 대하여 보호자를 대신하여 그 청소년을 보호할 수 있는 자가 상담·주거·학업·자립 등 서비스를 제공하는 시설이다.

☑ 유사질문
○ 청소년치료재활센터와 청소년회복지원시설의 차이점은 무엇인가?

청소년상담 1388은 무엇인가?

청소년 상담전화의 번호와 특징을 기억해 두자.

- 청소년상담 1388은 심리 상담부터 신변 보호까지 청소년에게 종합적인 서비스를 제공하는 직통번호이다.
- 기존 가출상담전화와 청소년 긴급전화가 통합되어 탄생하였다.
- 여성가족부가 주최하며 한국청소년상담복지개발원과 지방자치단체가 함께 운영하고 있다.
- 24시간 전문상담원이 상주해 청소년들이 일상에서 겪는 대인관계, 진로, 학업, 가정문제 등의 일반상담과 가출, 성폭력, 성매매 등 위기긴급 상담을 진행한다.

☑ 유사질문
○ 가출한 청소년이 상담을 필요로 할 때 연락할 수 있는 번호는 무엇인가?

문제중심 접근법과 강점중심 접근법의 차이는 무엇인가?

청소년지도에 관한 이론적 틀에 대해 기억해 두자.

- 문제중심 접근법
  - 청소년의 문제, 일탈, 결점 등 부정적인 것들에 초점을 둔다.
  - 청소년을 객체, 대상으로 본다.
  - 보호와 격리, 지적과 처방, 문제에 대한 수동적인 반응, 단기적인 개입을 중시한다.
  - 청소년을 성인, 가족, 이웃, 학교, 지역사회 등의 사회적 맥락과 분리하여 고려한다.
  - 청소년 시설, 단체 등의 활동이 고립 또는 경쟁적인 것이 되게 한다.
  - 청소년지도의 성공을 청소년 문제의 감소로 측정한다.
  - 전문가의 전문성과 지도에 주로 의존한다.
- 강점중심 접근법
  - 청소년의 잠재력, 아이디어, 장점 등 긍정적인 것들에 초점을 둔다.
  - 청소년을 주체 행위자로 여긴다.
  - 지역사회 현안에 대한 참여와 역할 부여, 격려와 칭찬, 미래지향적인 전향성, 장기적인 지원을 중시한다.
  - 성인, 가족, 이웃, 학교, 지역사회 등의 사회적 맥락과 청소년의 유기적 연관성을 고려한다.
  - 청소년 시설, 단체 등의 활동이 협동적인 것이 되게 한다.
  - 청소년지도의 성공을 긍정적인 행동・태도・기능의 증가로 측정한다.
  - 전문가, 지역사회 인사 등 사회구성원에게 적절한 지도 역할을 부여한다.

☑ 유사질문

○ 청소년지도에 관한 이론적 접근법에 대해 설명하시오.

PART 3

스마트폰중독 청소년에게 시행되고 있는 사업은 무엇이 있는가?

한국청소년상담복지개발원에서 시행 중인 사업에 대해 기억해 두자.

• 인터넷 · 스마트폰 이용습관 진단조사
 – 학령전환기 청소년(초4, 중1, 고1)을 대상으로 K척도(청소년 인터넷 과의존 자가진단척도) · S척도(청소년 스마트폰 과의존 자가진단척도)를 활용한 인터넷 · 스마트폰 이용습관 진단조사를 통해 인터넷 · 스마트폰 과의존 청소년을 조기에 발굴한다.
• 청소년 인터넷 · 스마트폰 과의존 상담 · 치유 서비스
 – 인터넷 · 스마트폰 과의존 위험수준별 개인상담, 집단상담, 부모교육 및 치료협력병원 연계를 통한 치료비 지원 등의 서비스를 제공한다.
• 청소년 인터넷 · 스마트폰 기숙치유 프로그램
 – 과의존 위험군 청소년을 대상으로 인터넷과 단절된 환경에서 11박 12일 동안 상담과 다양한 체험 및 대안활동을 통해 인터넷 · 스마트폰 과의존을 극복하도록 지원하는 프로그램이다.
 – 전문가들의 정확한 진단과 평가를 바탕으로 개인상담을 진행하고, 또래상담 및 가족상담, 대안활동 체험, 자치활동 및 사후 관리의 순서로 이루어진다.
 – 참여대상은 중학생 연령 이상인 인터넷 · 스마트폰 과의존 위험군 청소년이며, 기준중위소득 50% 이하는 참가비용이 면제된다.
• 가족치유캠프
 – 인터넷 · 스마트폰 과의존으로 인해 부모 · 자녀 간 갈등이나 학교 부적응 등 어려움을 겪는 청소년과 보호자를 대상으로 2박 3일 동안 부모교육 및 의사소통 기술훈련 등을 통해 가족관계 개선을 지원하는 프로그램이다.
 – 청소년을 대상으로 인식개선 교육을 진행하고, 청소년 지도를 위해 부모교육을 진행하며 가족갈등 대처방법을 교육하는 등의 프로그램이 진행된다.
 – 참여대상은 저연령초등(2~3학년), 초등(4~6학년)과 보호자이며, 기준중위소득 50% 이하, 취약계층은 참가비용이 면제된다.

☑ 유사질문
○ 인터넷 · 스마트폰 치유캠프는 무엇인가?
○ 가족치유캠프란 무엇인지 아는 대로 설명하시오.

청소년프로그램 개발 순서에 대해 설명하시오.

우선 프로그램 개발이론에 대해 기억하고 순서를 외운 뒤, 시간이 여유롭다면 더 자세하게 기억해 두자.

• 프로그램 개발이론이란 실증주의에 근거해 프로그램 개발의 합리적 절차와 원인에 대한 규범적 이론은 물론이고, 프로그램 개발자가 프로그램 개발의 과정에서 실제적·해석적 의미부여를 통해 산출된 프로그램 개발의 의미체계와 논리체계를 포함하는 이론이다.

• 청소년 프로그램 개발 순서
  – 프로그램 기획 : 전문가 과정으로 미래의 교육활동을 위해 프로그램과 관련된 상황을 분석하고 프로그램 개발의 기본방향을 설정하는 단계
  – 프로그램 설계 : 전 단계에서 확인된 청소년의 요구 및 필요와 프로그램 개발의 기본방향에 맞게 프로그램의 목적·목표·내용을 선정하여 지도방법을 체계화시키고 교육매체를 개발하는 단계
  – 프로그램 마케팅 : 잠재적 고객의 참여를 유도하고 촉진시키기 위해 취해지는 조치
  – 프로그램 실행 : 완성된 프로그램을 실제 적용하는 단계
  – 프로그램 평가 : 일정기간 동안 실시된 청소년 프로그램을 대상으로 그것이 의도한대로 수행되었는지를 판단하는 과정

☑ 유사질문
○ 청소년프로그램 개발이론에 대하여 설명하시오.
○ 프로그램 개발 단계에서 중요하게 생각하는 단계를 하나 선택하여 그 이유를 설명하시오.

청소년프로그램 홍보모델 중 어떤 것을 활용해 프로그램을 홍보하고 싶은지 말해보시오.

청소년프로그램 홍보의 유형에 대해 알아두자.

• 공적관계 : 라디오, TV, 기타 매체에 의한 무료출연의 기회를 얻거나 기관 자체의 활동이나 행사를 통해 기관 (또는 기관의 프로그램)에 대한 호의적인 관심을 얻고자 하는 홍보의 한 유형이다.
  - 수강생 및 강사와의 간담회, 이벤트 행사
  - 언론매체 : TV, 라디오, 신문, 잡지, 케이블 TV
  - 인쇄매체 : DM, 회원소식지, 기관지, 스티커, 포스터, 반상회보, 지역정보지
  - 인터넷 통신 : 홈페이지, 전자우편(이메일)
  - 현수막, 프로모션배지, 티셔츠, 모자, 조끼, 어깨띠, 깃발, 전화카드
• 광고 : 대중매체(신문, 잡지, TV, 영화, 라디오, 포스터, 네온사인, 광고지, 공중광고 등)에 발표함으로써 어떤 상품이나 서비스를 사람들에게 칭찬하거나 소개하는 과정을 말한다.
  - 신문, 잡지, TV, 영화, 라디오, 포스터, 게시판, 공중문자광고, 캘린더・펜과 같은 홍보물, 버스・지하철 카드 등
• 다이렉트 메일 : 잠재적인 청소년들 및 기부자들에게 직접 전달되는 우편물로서, 이를 통해 기관은 수용자에게 정보를 제공할 수 있고 직접적인 반응을 타진할 수 있다.
• 인터넷 매체 : 인터넷 신문, 인터넷 방송, SNS 등 인터넷을 통하여 청소년프로그램을 제공하는 홍보매체를 말한다. SNS(블로그, 트위터, 카페, 페이스북)는 시간과 장소에 구애받지 않고 빠르게 홍보를 할 수 있고, 신속성과 이동성을 동시에 가지고 있어 전달이 용이하다.

☑ 유사질문

○ 청소년프로그램 마케팅 4P 전략에 대해 설명하시오.
○ 청소년프로그램 마케팅 단계에 대해 설명하시오.
○ 청소년프로그램 마케팅 혼합요소의 종류에는 무엇이 있는가?

한국청소년활동진흥원에서 하는 활동분야 3가지는 무엇인가?

한국청소년활동진흥원에서 하는 업무 내용에 대해 기억하고, 각 업무에 대해 자세하게 기억해 둘 필요가 있다.

• 청소년활동 운영에는 청소년수련활동인증제, 두볼, 국제청소년성취포상제 등의 업무가 포함된다.
• 청소년지도자 양성에는 자격검정 및 자격연수, 보수교육 등의 업무가 포함된다.
• 청소년지원사업에는 청소년방과후아카데미, 프로그램 공모사업 등의 업무가 포함된다.

✓ 유사질문

○ 청소년활동진흥원에서 담당하는 청소년활동에는 무엇이 있는가?

청소년 유해환경은 학교로부터 어느 정도 떨어져 있어야 하는가?

상세히 확인하여 개념을 헷갈리지 않도록 하자.

• 교육환경보호구역
  – 「교육환경 보호에 관한 법률」 제8조(교육환경보호구역의 설정 등)에 따라 학생의 보건·위생, 안전, 학습과 교육환경 보호를 위하여 학교경계 또는 학교설립예정지 경계로부터 직선거리 200미터의 범위 안의 지역을 지칭한다.
  – 학생이 건강하고 쾌적한 환경에서 교육받을 수 있게 하는 것을 목적으로 하며, 설정권자는 「교육환경 보호에 관한 법률」 제8조 제1항에 따라 시·도 교육감이다.
  – 설정 범위에 따라 절대보호구역(학교출입문으로부터 직선거리로 50미터까지인 지역)과 상대보호구역(학교 경계 등으로부터 직선거리로 200미터까지인 지역 중 절대보호구역을 제외한 지역)으로 나뉜다.

✓ 유사질문

○ 교육환경보호구역에 대해 설명하시오.
○ 절대보호구역과 상대보호구역에 대해 설명하시오.

청소년 범죄의 원인은 무엇인가?

정답이 정해져 있는 질문은 아니므로 평소의 생각을 자유롭게 대답하되, 미리 본인만의 답변 가이드라인을 정리할 필요가 있다.

• 청소년문제에 영향을 미치는 요인
  − 사회적·환경적 요인 : 가정, 학교, 친구관계, 지역사회
  − 개인적·신체적·정신적 요인 : 주로 유전적 소질이나 개인적인 성격특성, 인성적 요인

☑ 유사질문
○ 청소년비행의 특징에 대해 아는 대로 설명하시오.
○ 청소년비행을 예방하는 방법은 무엇인가?
○ 청소년비행의 유형에는 무엇이 있는가?

두볼(Dovol)이란 무엇인가?

두볼을 중심으로 자원봉사활동과 관련된 자신의 생각을 함께 정리해 두자.

• 청소년자원봉사 Dovol은 "Do Volunteer(자원봉사하다)"의 약자로 청소년들이 쉽고 편리하게 봉사활동 정보 검색, 신청, 실적 확인, 확인서 출력까지 원스톱으로 진행할 수 있는 청소년 특화 봉사활동서비스이다.
• 봉사활동 내역이 나이스에 전송되고, 봉사활동확인서 및 이력확인서가 발급되며 병무청 군 모집병 1차 서류심사 시 사회봉사 가산점으로 인정되는 등의 장점이 있다.
• 초, 중, 고, 대, 일반인 개인 및 동아리 봉사활동을 원하는 모든 사람이 참여 가능하다.

☑ 유사질문
○ 청소년자원봉사활동이 청소년들에게 주는 의미는 무엇인가?
○ 청소년자원봉사활동에 참여할 때 어떤 자세가 필요한지 말하시오.
○ 청소년자원봉사와 관련하여 지인의 자녀가 실제로 봉사활동을 하지 않고 확인서를 받으려고 한다면 어떻게 할 것인가?

자녀의 인터넷 중독을 막기 위해 컴퓨터를 갖다 버려야겠다고 생각하는 부모님들을 어떻게 설득할지 말해보시오.

정답이 정해져 있는 질문은 아니므로 평소의 생각을 자유롭게 대답하되, 미리 본인만의 답변 가이드라인을 정리할 필요가 있다.

- 강압적인 방법은 오히려 자녀의 반발심만 키우게 되어 가정불화, 가출 등의 역효과를 가져오게 됨을 바탕으로 설득한다.
- 청소년수련활동 참여, 가족캠핑 등의 대안을 제시하여 자연스럽게 해소될 수 있도록 한다.
- 인터넷・스마트폰 치유캠프 또는 가족치유캠프 등의 프로그램을 소개한다.

✓ 유사질문
○ 청소년 인터넷 중독의 대처방안은 무엇인가?
○ 청소년들의 스마트폰 사용 문제점과 개선방향은 무엇이라고 생각하는가?

PART 3

셧다운(Shut Down)제도에 대해 설명하고, 자신의 생각을 말해보시오.

정답이 정해져 있는 질문은 아니므로 평소의 생각을 자유롭게 대답하되, 미리 본인만의 답변 가이드라인을 정리할 필요가 있다.

셧다운제는 과도한 게임 중독으로부터 청소년을 보호하기 위해 온라인게임 서비스 이용시간을 일부 제한하는 제도를 말한다. 일정시간이 넘으면 온라인게임 화면에 경고문이 뜨면서 성인 인증을 받지 않은 계정의 접속이 차단된다. 우리나라는 2022년에 폐지되었지만, 태국과 중국에서는 이 제도를 도입하여 실행하고 있다.

✓ 유사질문
○ 셧다운제도가 개인의 자유를 침해한다는 주장도 있는데 어떻게 생각하는가?
○ 청소년 게임중독을 해결하기 위한 프로그램을 개발한다면 어떤 프로그램이겠는가?

청소년의 교내 휴대폰 사용에 대해 어떻게 생각하는가?

정답이 정해져 있는 질문은 아니므로 평소의 생각을 자유롭게 대답하되, 미리 본인만의 답변 가이드라인을 정리할 필요가 있다.

• 교내 휴대폰 사용으로 학업에 지장이 되지 않도록 제한된 영역, 시간에서의 사용을 전제로 할 필요가 있다.
• 학업에 큰 방해가 되므로 금지하는 것이 맞다.
• 청소년들의 자율성을 보장하는 것이 우선이므로 전격 허용해야 한다.

☑ 유사질문
○ 학교에 흡연실을 따로 설치하는 것에 대한 의견을 말하시오.
○ 청소년 인권조례(두발자유화, 청소년체벌 등)에 대한 생각을 말하시오.

청소년 언어에 대해 어떻게 생각하는지 말해보시오.

정답이 정해져 있는 질문은 아니므로 평소의 생각을 자유롭게 대답하되, 미리 본인만의 답변 가이드라인을 정리할 필요가 있다.

• 청소년들은 남들과는 다르다는 것을 보여주기 위해 강한 억양을 사용하고, 자신이 속한 무리만이 알아들을 수 있는 은어를 사용하며, 속어나 욕설을 아주 많이 사용하는 것이 특징이다.
• 이는 어른들에게 자신들만의 세계가 있다는 사실을 과시하려는 데서 오는 현상이라고 생각한다.
• 또한 문자나 카톡, SNS의 사용으로 줄임말을 많이 사용한다. 이러한 잘못된 언어 사용으로 자칫 자신의 마음과 태도도 잘못된 방향으로 나아갈 수 있는 것은 우려할만한 일이지만, 재미있는 언어 사용으로 스트레스를 풀거나 자신들만의 소통 방식을 갖는 것은 긍정적인 면이라고 생각한다.
• 하지만 청소년들이 좀 더 바른말 고운말을 쓸 수 있도록 우리 사회가 노력해야 하며 특히 대중매체 등은 언어가 청소년에게 끼치는 영향을 염두에 두고 주의해야 한다.

☑ 유사질문
○ 청소년 언어문화에 대해 어떻게 생각하는가?

디지털 시대를 살아가는 청소년의 특성은 어떠한지 설명하시오.

정답이 정해져 있는 질문은 아니므로 평소의 생각을 자유롭게 대답하되, 미리 본인만의 답변 가이드라인을 정리할 필요가 있다.

• 어린 시절부터 디지털 환경에서 성장한 청소년들은 스마트폰과 컴퓨터 등 디지털 기기를 원어민처럼 자유자재로 활용하는 디지털 네이티브 세대로 멀티태스킹에 능숙하고 신속한 반응을 추구하는 경향이 있다.
• 다양한 디지털 기기를 사용해 동시다발적으로 여러 정보를 얻거나 인스턴트 메신저 등을 통해 다른 일을 하면서도 상대방과 즉각적인 의사소통을 하는 데 익숙하다.

※ 참고 : 청소년들에게 사이버공간이 주는 의미
• 놀이공간 : 인터넷으로 대표되는 사이버공간은 청소년들에게 무엇보다 놀이공간으로서 인식된다.
• 청소년운동공간 : 사이버공간에서의 청소년운동은 학교에서의 청소년인권을 중심으로 전개되고 있다.
• 문제해결을 위한 공간 : 청소년들은 사이버공간을 단순히 여흥과 오락의 공간으로만 생각하지 않고, 자신이 처한 갖가지 문제상황을 극복하기 위해서 적극 활용하고 있다.

✓ 유사질문
○ 현재 청소년은 무슨 세대인가?

청소년동반자 프로그램(YC)에 대해 설명하시오.

청소년동반자 프로그램에 대해 알아두자.

• 위기청소년을 대상으로 전문가가 찾아가서 심층상담을 하고, 청소년동반자 프로그램을 통해 심리적·정서적 지지를 얻을 수 있도록 지원하는 서비스를 말한다.
• 만 9~24세 위기청소년을 대상으로 하며, 전국 청소년상담복지센터에서 지원한다.
• 청소년동반자란 청소년상담 분야에 자격과 경험을 갖춘 사람으로, 위기청소년을 위해 지역사회 청소년 협력 자원을 발굴·연계하며, 그들과 지속적인 관계를 형성하여 지원할 수 있는 전문가이다.
• 가족갈등·가정해체 등을 겪은 쉼터 퇴소 청소년, 자살·자해 청소년 등은 동반자 연계를 통해 밀착 관리하여 지원한다.

✓ 유사질문
○ 청소년동반자란 무엇인가?
○ 청소년동반자 프로그램의 대상은 누구인가?

'니트(NEET)족'에 대해 설명하시오.

청소년들의 새로운 생활방식에 대해 정리해 두자.

- 일을 할 수 있는 능력이 충분히 있으나 일자리를 찾으려 하지 않는 청소년을 말한다.
- 니트족이 생기는 원인은 부모의 양육태도, 뚜렷한 목표와 전문지식이 없지만 취업기대치만 높은 상황, 원만하지 않은 대인관계, 성적이 떨어지는 학생을 방치하는 교육시스템 등이 있다.
- 어릴 때부터 문제해결능력을 기르고, 봉사활동이나 사회참여를 통해 다양한 경험을 갖도록 유도해야 한다.

☑ 유사질문
○ '딩크(DINK)족'에 대해 설명하시오.
○ '프리터(Freeter)족'에 대해 설명하시오.

성범죄자 취업제한에 대해 어떻게 생각하는지 말해보시오.

정답이 정해져 있는 질문은 아니므로 평소의 생각을 자유롭게 대답하되, 미리 본인만의 답변 가이드라인을 정리할 필요가 있다.

- 성범죄 재범의 가능성이 있어 현행을 유지하여야 한다.
- 억울하게 누명을 쓴 경우가 발생할 수 있으므로 형을 선고받은 뒤 정식재판을 청구하여 결과를 기다리는 동안에도 그들이 생계를 유지할 수 있도록 의견서나 소견서 등을 제출한 자에 한하여 시설을 계속 운영하고, 재직 및 구직활동을 할 수 있도록 풀어주는 방법이 있어야 할 것 같다.

※ 참고 : 아동·청소년 관련기관등에의 취업제한 등(「아동·청소년의 성보호에 관한 법률」 제56조)

- 법원은 아동·청소년대상 성범죄 또는 성인대상 성범죄(이하 "성범죄")로 형 또는 치료감호를 선고하는 경우에는 판결(약식명령을 포함한다)로 그 형 또는 치료감호의 전부 또는 일부의 집행을 종료하거나 집행이 유예·면제된 날(벌금형을 선고받은 경우에는 그 형이 확정된 날)부터 일정기간(이하 "취업제한 기간") 동안 시설·기관 또는 사업장(이하 "아동·청소년 관련기관 등"이라 한다)을 운영하거나 아동·청소년 관련기관 등에 취업 또는 사실상 노무를 제공할 수 없도록 하는 명령(이하 "취업제한 명령")을 성범죄 사건의 판결과 동시에 선고(약식명령의 경우에는 고지)하여야 한다. 다만, 재범의 위험성이 현저히 낮은 경우, 그 밖에 취업을 제한하여서는 아니되는 특별한 사정이 있다고 판단하는 경우에는 그러하지 아니한다.
- 위에 따른 취업제한 기간은 10년을 초과하지 못한다.
- 법원은 위에 따라 취업제한 명령을 선고하려는 경우에는 정신건강의학과 의사, 심리학자, 사회복지학자, 그 밖의 관련 전문가로부터 취업제한 명령 대상자의 재범 위험성 등에 관한 의견을 들을 수 있다.

최근 화제가 된 청소년 이슈와 그에 대한 자신의 생각을 말해보시오.

청소년 성매매(N번방 사건 등), 모바일 중독, 사이버 불링, 세월호 참사, 경주 마우나리조트 붕괴사고, 농어촌지역 다문화가정 증가, 셧다운제 등 관련 이슈들에 대한 본인의 생각과 예방·대처방안을 정리해두자.

- N번방 사건 : 2019년 2월경 텔레그램에 개설된 단체 채팅방을 통해 불법 음란물을 생성하고 거래 및 유포한 디지털 성범죄 사건
- 세월호 참사 : 2014년 4월 16일 진도 부근 해상에서 여객선 세월호가 침몰해 단원고등학교 학생 250여 명을 포함한 304명이 사망한 사고
- 경주 마우나리조트 붕괴사고 : 2014년 2월 17일 경주 마우나리조트 강당 건물이 폭설로 붕괴하여 부산외국어대학교 학생 10명이 사망한 사고
- 셧다운제 : 청소년들의 게임 중독을 막기 위해 새벽 시간대에 게임하는 것을 제한하는 제도로 2011년 11월 20일부터 시행되었으나, 2022년 폐지

☑ 유사질문

○ 최근 청소년 관련 문제 중 가장 주목할 만한 이슈는 무엇이라고 생각하는가?

우리는 삶의 모든 측면에서 항상 '내가 가치있는 사람일까?'
'내가 무슨 가치가 있을까?'라는 질문을 끊임없이 던지곤 합니다.
하지만 저는 우리가 날 때부터 가치있다 생각합니다.

– 오프라 윈프리 –

PART 4

부록

아이들이 답이 있는 질문을 하기 시작하면 그들이 성장하고 있음을 알 수 있다.

– 존 J. 플롬프 –

끝까지 책임진다! SD에듀!

QR코드를 통해 도서 출간 이후 발견된 오류나 개정법령, 변경된 시험 정보, 최신기출문제, 도서 업데이트 자료 등이 있는지 확인해 보세요! **시대에듀 합격 스마트 앱**을 통해서도 알려 드리고 있으니 구글 플레이나 앱 스토어에서 다운받아 사용하세요. 또한, 파본 도서인 경우에는 구입하신 곳에서 교환해 드립니다.

01 면접에 잘 나오는 시사상식

> • '01 면접에 잘 나오는 시사상식'은 더 알아두면 좋은 배경지식으로, 실제 면접에서 풍부한 답변을 할 수 있도록 도움이 되는 정보를 수록하였습니다.
> • 본 내용을 정독한 후에, 예상문제의 모범답안 작성 등 면접대비에 활용하시기 바랍니다.

■ 가상현실
컴퓨터로 만들어 놓은 가상의 세계에서 사람이 실제와 같은 체험을 할 수 있도록 하는 최첨단 기술

■ 감정노동자
- 배우가 연기를 하듯 타인의 감정에 맞추기 위하여 자신의 감정을 억누르고 통제하는 일을 일상적으로 수행하는 노동자
- 주요 직종 : 항공기 객실승무원, 홍보 도우미 및 판촉원, 고객상담원(콜센터 상담원), 미용사

■ 거품족
지난 1986년부터 1990년까지의 거품경기 때 입사했거나 대학생활을 보낸 현재의 직장인 중 거품경기가 사라지면서 급변하는 기업조직 환경에 적응하지 못하는 직장인

■ 국회선진화법
국회의장의 직권상정을 제한해 다수당의 법안 강행 처리를 차단하고, 여야가 첨예하게 대립하는 쟁점법안은 과반수보다 엄격한 재적의원 5분의 3 이상이 동의해야 신속처리 법안으로 상정할 수 있도록 하는 법

■ 나일리지
나이와 마일리지의 합성어로 나이를 앞세워 혜택, 권력을 행사하고 무조건적으로 우대받기를 원하는 사람을 뜻하며, 주로 젊은 사람들이 기성세대를 비판할 때 사용하는 용어

■ 나토족
'당장 회사 때려치운다'며 말만 앞세우는 사람(No Action Talking Only)

■ 네스팅(둥지)족
- 사회적 성공보다 단란한 가정을 중시하는 젊은 직장인들
- 유사용어로 대학둥지족은 취업난 속에서 1년 이상 대학졸업을 늦추는 학생을 말함

PART 4

■ 노노스(Nonos)족

명품브랜드가 각 소비계층에 폭넓게 확산되자 아예 브랜드를 없애고 디자인을 차별화한 노 로고(No Logo), 노 디자인(No Design)의 줄임말로서, 장식과 과시에 집착하는 대신 겉으로 드러나지 않는 명품을 즐기는 계층

■ 노마드(Nomad)족

강의 노마드족	자신의 전공과목 외에 취업을 위해 토익이나 취업강좌 등을 찾아다니는 학생을 가리키는 말
그린 노마드족	자연을 사랑하지만 자연을 찾아 떠난다기보다 꽃, 그림, 화초, 나무 벽화 등 집안 자체를 자연친화적으로 꾸미는 사람들
디지털 노마드족	카페나 식당 등 공공장소에서 노트북이나 스마트폰으로 업무를 보거나 일상생활을 즐기는 사람들
런치 노마드족	점심과 유목민을 결합한 신조어로 경제불황 속에 값싸고 맛있는 점심을 찾아 끼니를 해결하는 사람들
유비 노마드족	유비쿼터스(Ubiquitous)와 유목민(Nomad)의 합성어로서, 최첨단 장비를 활용해 언제 어디서든 자신의 업무를 처리하는 정보화 시대의 새로운 사람들
잡 노마드족	평생직장의 개념이 사라진 현 시대에 한 직장, 한 직종에 연연하지 않고 다양한 분야에 뛰어드는 사람들

■ 노멀크러시(Normal Crush)

화려하고 자극적인 것에 질린 20대가 일반적인 존재로 시선을 옮기게 된 현상으로, 자극적인 음악보다 ASMR, 화려한 광장보다 소박한 골목, 큰 성공을 위해 바쁘게 살아가는 것보다 여유를 가지고 여행, 영화 등 취미생활을 즐기는 것 등을 추구하는 것

■ 뇌·컴퓨터 인터페이스(BCI)

인간의 뇌와 컴퓨터를 연결하여 뇌파로 컴퓨터를 사용할 수 있게 만드는 인터페이스

■ 니트(NEET)족

평소 학교에도 다니지 않고 직장에 고용되어 있지 않으며, 직업훈련에도 참가하지 않는 15~29세(한국이나 일본은 15~34세까지 확장)까지의 독신 청년무직자

■ 다운시프트(Downshift)족

삶의 속도를 늦추고 여유를 찾으려는 사람

■ 디지털 네이티브

• 어린 시절부터 디지털 환경에서 성장한 세대를 뜻함
• 스마트폰과 컴퓨터 등 디지털 기기를 원어민(Native Speaker)처럼 자유자재로 활용하는 세대

■ 딥러닝

컴퓨터가 스스로 외부 데이터를 조합·분석하여 학습하는 기술로, 딥러닝의 고안으로 인공지능(AI)이 획기적으로 도약하게 됨

■ 딥페이크

딥러닝(Deep Learning)과 페이크(Fake)의 합성어로, 인공지능(AI) 스스로 외부 데이터를 조합·분석하여 학습하는 딥러닝 기술을 활용해 실제 사람의 얼굴이나 특정 부위를 실존 인물이 아닌 인물과 합성하는 기술

■ 딩크(DINK : Double Income, No Kids)

의도적으로 자녀를 두지 않는 맞벌이 부부

■ 딩펫(Dinkpet)족

아이 없이 애완동물을 기르며 사는 맞벌이 부부

■ 로하스(LOHAS)족

건강이나 환경의 지속가능성, 사회적 책임 등 자신의 가치관에 비춰 구매결정을 하는 친환경, 합리적 소비패턴을 지향하는 사람

■ 멀티태스킹

한 사람의 사용자가 한 대의 컴퓨터로 2가지 이상의 작업을 동시에 처리하거나, 2가지 이상의 프로그램들을 동시에 실행시키는 것

■ 메타버스

가상과 초월을 의미하는 '메타(Meta)'와 세계·우주를 뜻하는 '유니버스(Universe)'의 합성으로, 현실 세계와 같은 사회·경제·문화 활동이 이뤄지는 3차원 가상세계를 일컫는 말

■ 모디슈머(Modisumer)

• '수정하다'라는 뜻의 Modify와 '소비자'라는 뜻의 Consumer의 합성어
• 제조업체가 제시하는 제품의 활용 방식에 얽매이지 않고 자신만의 방식으로 제품을 활용하는 체험적 소비자를 일컬음
• 두 종류의 라면을 섞어 먹거나 커피숍에서 토핑을 추가하여 자신만의 조리법대로 음료를 즐기는 경우가 대표적
• 일부 기업은 모디슈머의 이런 체험적 소비를 제품화하거나 마케팅에 활용함

■ 보보스(Bobos)족

부르주아의 물질적 실리와 보헤미안의 정신적 풍요를 동시에 누리는 미국의 새로운 상류계급을 가리키는 용어

■ 복지 3법
- '송파 3모녀법'이라고도 하는 복지 3법으로, 「국민기초생활보장법」, 「긴급복지지원법」, 「사회보장급여법」을 말함
- 「국민기초생활보장법」에서는 최저생계비 이하 빈곤층에게 통합급여로 지급했던 기초생활보장비를 생계·의료·주거·교육급여 등으로 나누어 별도의 기준에 따라 지급하고, 부양의무자 기준을 현행보다 완화한 것이 특징
- 「긴급복지지원법」은 긴급지원 대상을 선정할 때 지방자치단체장의 재량을 확대하고, 위기가구를 발굴하기 위한 위기발굴시스템 점검과 신고의무 확대 근거를 명시해 지자체가 신속하게 대응할 수 있도록 함
- 「사회보장급여법」은 사회보장급여의 지원을 받지 못하는 지원대상자를 발굴하여 지원하는 것을 주목적으로 하는 법

■ 블록체인(Blockchain)
- 누구나 열람 가능한 장부에 거래 내역을 기록한 후 이를 여러 대의 컴퓨터에 복제해 저장하는 분산형 데이터 저장기술로서, 여러 대의 컴퓨터가 기록을 검증하여 해킹을 막음
- 가상통화, 예술품의 진품 감정, 위조화폐 방지, 전자투표 등 다양한 분야에 활용 가능함

■ 빅데이터
디지털 환경에서 생성되는 데이터로 그 규모가 방대하고, 생성 주기가 짧으며, 형태도 수치 데이터뿐 아니라 문자와 영상 데이터를 포함하는 대규모 데이터

■ 빅블러(Big Blur)
- IoT, 핀테크, 인공지능 등 혁신적인 기술의 등장으로 더욱 빨라진 사회적 변화로 인해 기존에 존재하던 것들의 영역과 법칙이 모호해지는 현상
- 출판사가 자체 앱을 만들어 모바일 기능을 강화하거나 온라인 쇼핑몰이 오프라인 매장을 내며 영역을 넓히는 것 등이 대표적

■ 사물인터넷
세상에 존재하는 유형의 혹은 무형의 객체들이 다양한 방식으로 서로 연결되어 개별 객체들이 제공하지 못했던 새로운 서비스를 제공하는 것

■ 살코기 세대
불필요한 인간관계를 배제하고 혼자 보내는 시간을 중요시하는 20~30대 젊은층을 기름기를 뺀 살코기에 비유하는 말

■ 스톡리치(Stock-Rich)족
IMF 이후 기형적으로 팽창한 주식 시장에서 부를 축적한 신흥 부자들

■ 스라벨

‘스터디 앤 라이프 밸런스(Study and Life Balance)’의 준말로, 교육과 삶의 균형을 뜻함

■ 십장생

‘10대도 장차 백수를 생각해야 한다’는 말

■ 알파고(Alpha Go)

구글 딥마인드가 개발한 인공지능(AI) 바둑 프로그램

■ 알파세대

2011년 이후 태어나 어려서부터 기술 진보를 경험하며 자라나는 세대로, 일방적인 기계와의 소통에 익숙해져 정서 및 사회성 발달에 부정적 영향을 받을 것이라는 우려가 있음

■ 에스컬레이터(Escalator)족

편입학을 거듭하며 몸값을 올리는 학생

■ 예티(YETIE)족

젊고(Young), 기업가적(Entrepreneurial)이며, 기술에 바탕을 둔(Tech-based), 인터넷 엘리트(Internet Elite)를 말하는 용어

■ 이태백

‘20대 태반이 백수’라는 것을 의미하는 말

■ 인공지능

인간의 인지·추론·판단 등의 능력을 컴퓨터로 구현하기 위한 기술 혹은 그 연구 분야

■ 인터렉티브 콘텐츠(Interactive Contents)

• 상호간(Inter)과 작용활동(Active)의 합성어로 상호 작용 가능한 콘텐츠를 의미함

• 피아노 모양으로 생겨 밟으면 소리나는 계단, 행인의 동작을 감지해 달라지는 내용을 통해 메시지를 전하는 정류장 광고 등

■ 잘파세대

• 1990년대 중반에서 2000년대 초반에 태어난 Z세대와 2010년대 초반 이후에 태어난 알파세대를 합친 신조어

• 잘파세대는 스마트폰의 대중화로 디지털 기기에 익숙한 환경에서 성장했기에 어떤 세대보다도 최신 기술을 아주 빠르게 받아들이고 활용한다는 특징이 있음

■ Z세대(Generation Z, Gen-Z)

1990년대 중반에서 2000년대 초반에 걸쳐 태어난 젊은 세대를 이르는 말로, 어릴 때부터 디지털 환경에서 자란 ‘디지털 네이티브(디지털 원주민)’ 세대라는 특징이 있음

■ 졸 혼

결혼한 지 오래된 부부가 이혼하지 않은 채 서로 간섭하지 않고 독립적으로 살아가는 일로, 서로간의
감정적인 유대마저 단절된 상태는 아니라는 점에서 황혼이혼과 구별되며 같은 집에 사는 것이 가능하
다는 점에서 별거와 구별됨

■ 중2병

중학교 2학년 또래의 청소년들이 자아형성 과정에서 겪는 혼란과 불만, 일탈행위 등을 일컫는 용어이
며 특징은 허세, 오기, 패거리에 대한 집착 등 크게 3가지로 요약할 수 있음

■ 증강현실

실존하는 현실의 이미지에 가상의 부가 정보를 덧붙여서 보다 증강된 현실을 실시간으로 보여주는
기술

■ 찰러리맨

'차일드'와 '샐러리맨'의 합성어로 취업 후에도 부모에게 심적·물리적으로 의존하는 철없는 직장인

■ 7계급사회

• 영국 BBC가 제시한 새로운 사회계급 모델

• 이 모델은 계급을 결정하는 전통적 잣대인 경제적 자본(소득 등), 교육수준과 함께 사회적 자본(인
맥 등)과 문화적 자본 등을 함께 측정하여 구성

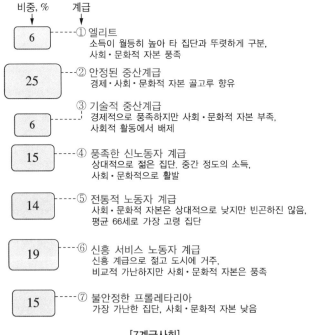

[7계급사회]

■ 쿼터(Quarter)족

신세대의 사고와 행동에 걸리는 시간이 기성세대의 4분의 1밖에 되지 않는다고 해서 생겨난 사회학 용어로서, 이러한 현상을 '쿼터현상', 이러한 신세대를 '쿼터족'이라고 함

■ 클래시페이크(Classy Fake)

- 진짜를 압도할 만큼 멋진 가짜 상품, 또는 그런 상품을 소비하는 경향
- 인조 모피, 인조 고기, 조화 화분, VR, AR 등을 소비하는 것이 대표적
- 이러한 가짜 상품을 적극적으로 소비하는 사람을 페이크 슈머라 칭함

■ 타임푸어(Time Poor)

- 풀타임으로 일을 해도 빈곤을 벗어날 수 없는 개인이나 가족을 말하는 용어로서 정착된 '워킹푸어 (Working Poor)'에 대비되는 용어
- 아무리 시간을 절약해도 일에 쫓겨 자신만의 시간을 갖지 못하는 사람을 뜻하는 신조어

■ 퇴준생

'퇴사 준비생'의 준말로 현재 직장을 다니는 사람 중 창업이나 이직을 위한 준비를 하고 있는 사람을 일컬음

■ 트롤리딜레마

'다수를 구하기 위해 소수를 희생하는 것이 도덕적으로 허용되는가'라는 사고 실험

■ 팝콘브레인(Popcorn Brain)

- 즉시적 반응을 보이는 첨단 디지털 장비, 인터넷에 익숙해져 현실 적응에는 둔감한 반응을 보이도록 변형된 뇌구조를 일컬음
- 팝콘처럼 튀어오르는 즉각적 현상에만 반응하며 타인의 감정, 천천히 변화하는 현실에 대한 감각이 뒤떨어지게 됨

■ 퍼플칼라

- 근무시간과 장소를 유연하게 선택가능한 직업군을 말하며, 퍼플잡(Purple Job)이라고도 함
- 일과 가정의 조화를 추구하며 원하는 시간대에 원하는 시간만큼 일하지만, 직업의 안정성은 정규직 근로자와 동일하게 유지
- 시간제근무제, 시차출퇴근제, 집약근무제, 재택근무제 등이 포함
- 출산 및 육아 부담으로 인한 우수 여성 인력 이탈 방지 및 고용주 비용 부담 감소 측면에서 긍정적임

■ 포미(FOR ME)족

건강(For health), 싱글족(One), 여가(Recreation), 편의(More Convenient), 고가(Expensive)의 앞 글자를 따서 만든 신조어로 개인이 가치있다고 생각하는 제품은 다소 비싸더라도 과감히 투자하는 소비 경향을 뜻함

- N포 인생
  - 3포 인생 : 연애, 결혼, 출산 포기
  - 5포 인생 : 연애, 결혼, 출산, 인간관계, 내집 마련 포기
  - 6포 인생 : 연애, 결혼, 출산, 인간관계, 내집 마련, 미래 포기

- 프리터(Freeter)족
  프리터는 자유롭다는 뜻의 'Free'와 근로자를 뜻하는 독일어 'Arbeiter'를 합친 일본식 합성어로서, 정규직으로 회사에 종사하지 않고 자유롭게 필요한 때 아르바이트를 하거나 비정규직 형태로 근무하는 것을 즐기며 사는 사람(프리 아르바이터의 준말)을 일컬음

- 핀테크(Fintech)
  - 금융(Finance)과 기술(Technology)이 결합한 서비스나 해당 서비스를 제공하는 회사를 뜻함
  - 지급결제, 금융데이터 분석, 금융 소프트웨어, 플랫폼의 네 영역으로 나뉨

- 필리버스터(Filibuster)
  필리버스터 또는 무제한 토론은 의회에서 다수당이 수적 우세로 법안이나 정책을 통과시키는 것을 막기 위해 소수당이 법안이나 정책의 문제점 등에 대하여 의회에서 장시간 발언하는 합법적 의사진행 방해 행위를 말함

- 핑프족
  '핑거 프린세스' 또는 '핑거 프린스'의 준말로 간단한 자료조사로도 쉽게 찾을 수 있는 정보를 스스로 찾지 않고 SNS나 온라인 등지에서 손가락만 움직여 질문만 하는 사람을 일컬음

- 하인리히의 1:29:300의 법칙
  1번의 대형 참사 이전에 유사한 29번의 작은 사고가 있고, 그 사고들에 앞서 300번 이상의 사고 징후가 나타난다는 법칙

- 허브(Hub)족
  글로벌 시대의 중심축을 이루는 허브 도시를 기반으로 문화의 주류를 이끌면서 유행을 창조하는 탈국가적 인간형

02 | 면접에 잘 나오는 청소년 관련 정보

> • '02 면접에 잘 나오는 청소년 관련 정보'는 실제 면접에서 풍부한 답변을 할 수 있도록 도움이 되는 정보를 수록하였습니다.
> • 본 내용을 정독한 후에, 면접 예상문제의 모범답안 작성 등 면접대비에 활용하시기 바랍니다.

■ 가족치유캠프
- 여성가족부가 주최하고 한국청소년상담복지개발원이 주관한다.
- 인터넷 중독 청소년 가족치유캠프, 스마트폰 중독 청소년 가족치유캠프 등 2개의 캠프가 운영 중이다.
- 운영방법 : 인터넷과 스마트폰 문제로 인하여 학업이나 일상생활에 어려움을 겪는 4~6학년 초등학생과 보호자를 대상으로 2박 3일간 진행되는 치료캠프이다.

■ 거식증(신경성 식욕 부진증)
신체상과 체중감소에 강박적으로 집착하여 과도하게 야위었음에도 불구하고 살이 쪘다고 생각하는 왜곡된 신체상과 살찌는 것에 대한 강한 두려움을 보이며 의도적으로 음식을 거부하는 심리장애를 말한다.

■ 경험의 원추
- 데일(E. Dale)이 처음으로 제시한 개념이다.
- 인간이 하게 되는 경험은 현실 그 자체와 같은 수준인 직접적이고 목적적인 경험에서부터 점차 간접성의 정도가 높아져, 마지막에는 언어기호와 같이 아주 추상적이며 고안된 경험에 이르는 원추의 모양을 이루게 된다는 이론이다.
- 원추의 저변에는 직접적·목적적 경험, 구성된 경험–모형, 극화된 경험, 시범, 견학, 전시가 놓이며, 다음의 영상적(시청각) 단계에서는 텔레비전, 영화, 녹음물·라디오·사진이 놓이고, 그 다음 단계는 시각기호의 순서가 되며 원추의 제일 높은 꼭지에는 언어기호가 자리 잡게 된다.

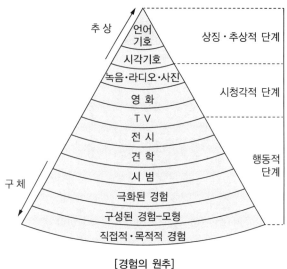

언어
기호
추 상

시각기호 ┈┈┈ 상징·추상적 단계

녹음·라디오·사진

영 화 ┈┈┈ 시청각적 단계

T V

전 시

견 학

시 범 ┈┈┈ 행동적 단계

극화된 경험

구성된 경험-모형

직접적·목적적 경험

구 체

[경험의 원추]

■ 경험학습

학교의 교사처럼 누군가의 지시나 명령에 의해 이루어지는 학습이 아니라 학습자가 학교 안팎에서 스스로 알고 싶었던 분야나 관심영역을 찾아가는 것이며, 학습자가 가진 모든 물리적 혹은 심리적 에너지를 학습대상에 집중하여, 경험을 통해서 배우는 것을 의미한다.

■ 고교평준화

• 지역별로 전체 학생을 추첨을 통해 해당 지역에 있는 일반계 고등학교에 학생들을 나누어 배정하는 교육제도이다.

• 비평준화로 인한 중학생들의 과중한 학습 부담, 암기식·주입식 입시위주 교육의 폐단, 명문 고등학교로 집중되는 입시경쟁의 과열과 그로 인한 학생들의 부담감, 인구의 도시집중과 대도시로 집중되는 일류 고등학교 현상 등을 막기 위해 1974년에 도입되었다.

■ 교육복지 우선지원사업

• 사업대상학생(「국민기초생활 보장법」 제12조에 따른 교육급여수급권자, 법정 차상위계층의 자녀, 법정 한부모가족의 자녀, 북한이탈주민 자녀, 다문화가족의 자녀, 특수교육대상자, 그밖에 교육감이 정하는 사람의 자녀) 중에서 사업 학교의 장이 상담 등의 절차를 거쳐 선정된 학생에게 필요에 맞는 학습, 문화체험, 심리치료, 복지 프로그램 등을 제공하는 사업이다.

• 학교에서 운영되고 있는 교육복지 프로그램은 특기적성 프로그램, 개별 학생을 위한 맞춤형 프로그램, 현물 서비스가 대표적이다.

■ 교육환경보호구역

- 「교육환경 보호에 관한 법률」 제8조(교육환경보호구역의 설정 등)에 따라 학생의 보건·위생, 안전, 학습과 교육환경 보호를 위하여 학교경계 또는 학교설립예정지 경계로부터 직선거리 200미터의 범위 안의 지역을 지칭한다.
- 학생이 건강하고 쾌적한 환경에서 교육받을 수 있게 하는 것을 목적으로 하며, 설정권자는 「교육환경 보호에 관한 법률」 제8조 제1항에 따라 시·도 교육감이다.
- 설정 범위에 따라 절대보호구역(학교출입문으로부터 직선거리로 50미터까지인 지역)과 상대보호구역(학교경계 등으로부터 직선거리로 200미터까지인 지역 중 절대보호구역을 제외한 지역)으로 나뉜다.

■ 국민기초생활보장 수급자

- 「국민기초생활보장법」 제6조에 따른 종류별 국민기초생활보장 수급자 선정기준에 해당하는 자로, 생계급여, 주거급여, 의료급여, 교육급여 등의 지원을 받는 대상이다.
- 생계급여는 수급자에게 의복, 음식물 및 연료비와 그 밖에 일상생활에 기본적으로 필요한 금품을 지급하여 생계를 유지할 수 있게 돕는 것이다.
- 주거급여는 수급자에게 주거 안정에 필요한 임차료, 수선유지비, 그 밖의 수급품을 지급하는 것이다.
- 교육급여는 수급자에게 입학금, 수업료, 학용품비, 그 밖의 수급품을 지급하는 것이다.
- 의료급여는 수급자에게 건강한 생활을 유지하는 데 필요한 각종 검사 및 치료 등을 지급하는 것이다.
- 그 외의 수급 내용으로는 해산급여, 장제급여, 자활급여 등이 있다.

■ 국제교육성취평가협회(International Association for the Evaluation of Educational Achievement)

- 전 세계 교육을 평가, 이해 및 개선하기 위한 목적으로 1958년에 설립된 비영리적이며 독립적인 조직이다.
- 국가 간 수학, 과학, 독서 등의 과목의 성취도를 비교연구하고, 그러한 학업성취도 차이를 다양한 예측변수로 설명하는 연구를 수행하는 것이 대표적인 활동이다.

■ 국제금장총회(International Gold Event)

- 국제청소년포상제를 고안한 영국의 에든버러 공작이 만든 또 다른 제도로서, 국제청소년성취포상제에서 금장을 받은 금장포상 청소년들이 참석하는 네트워크 공간이며, 1967년 캐나다를 시작으로 3년마다 개최되고 있다.
- 금장 포상식을 개최하여 청소년들이 자신의 노력에 보상받을 기회를 제공함과 동시에 지역사회의 지원에 대한 보답, 환원을 강조한다.

■ 국제성인역량조사(PIAAC, Program for the International Assessment of Adult Competencies)
- 경제협력개발기구(OECD)가 각국 성인의 언어능력, 수리력, 컴퓨터 기반 문제해결력의 세 개 지표를 조사·분석한 지수로서, 2013년 10월 8일 처음 이 지수를 발표했다. 2018년부터 2024년까지 2주기 조사를 진행 중에 있다.
- 2013년도에는 OECD 회원국 중 24개국 성인(16~65세) 15만 7천 명이 참가한 바 있다.
- 이들 능력은 다양한 사회활동 및 직업생활에 필요한 핵심적인 정보처리 역량으로 노동시장, 교육 및 훈련 과정, 사회생활 등에서 필수적인 요소이다.

■ 국제청소년성취포상제(The Duke of Edinburgh's Award)
- 1956년 에든버러 공작에 의해 설립된 후 130여 개 나라에서 운영되고 있으며, 한국은 여성가족부의 청소년정책사업으로 2008년 시작돼 2013년 세계 최초로 국제포상협회 정회원이 되었다.
- 만 14~24세 사이의 모든 청소년들이 신체단련, 자기개발, 봉사, 탐험, 합숙(금장에 한함) 활동을 통해 그들의 잠재력을 최대한 개발하고, 청소년 자신 및 지역사회와 국가를 변화시킬 수 있는 삶의 기술을 갖도록 하는 국제적 자기성장 프로그램이다.
- 포상단계

구 분	봉사활동 · 자기개발 · 신체단련	탐험활동	합숙활동
금장 (만 16세 이상)	최소 12개월 48회(시간) 이상	3박 4일	4박 5일
	은장 포상 안 받은 경우, 3가지 영역 중 1가지 영역 선택해 6개월 추가 활동	예비탐험 3박 4일 1일 최소 야외활동 8시간	금장 단계에 한함
은장 (만 15세 이상)	최소 6개월 24회(시간) 이상	2박 3일	–
	동장 포상 안 받은 경우, 3가지 영역 중 1가지 영역 선택해 6개월 추가 활동	예비탐험 2박 3일 1일 최소 야외활동 7시간	–
동장 (만 14세 이상)	최소 3개월 12회(시간) 이상	1박 2일	–
	3가지 영역 중 1가지 영역 선택해 3개월 추가 활동	예비탐험 1박 2일 1일 최소 야외활동 6시간	–
※ 활동 1회당 1시간 이상 회당 7일 이상 간격			

■ 그룹 홈(아동공동생활가정)
- 보호가 필요한 소년·소녀가장들에겐 시설보호보다 가정보호가 필요하다는 점에 착안하여, 한 명의 관리인과 아이들 4~5명을 모아 가족처럼 살도록 한 것이다.
- 이때 관리모는 아이들에게 부모 역할을 하며, 이를 통해 아이들이 가족과 같은 끈끈한 유대관계를 느끼며 살 수 있게 된다.

■ 꿈드림(학교밖청소년지원센터)

- 9~24세 '학교 밖 청소년'을 대상으로 한다.
  - 초·중학교 3개월 이상 결석, 취학의무를 유예한 청소년
  - 고등학교 제적, 퇴학 처분을 받거나 자퇴한 청소년
  - 고등학교 미진학 청소년
  - 학업중단 숙려 대상 등 잠재적 학교 밖 청소년 포함
- 「학교 밖 청소년 지원에 관한 법률」 제정에 따라 기존 두드림·해밀 사업이 '학교 밖 청소년 지원사업'으로 확대·변경되면서 '꿈드림'으로 통합되었다.
- '꿈드림'은 '꿈=Dream'과 '꿈을 드림'의 중의적 표현으로, 학교 밖 청소년에게 새로운 꿈과 희망을 드리겠다는 의미이다.
- 학교 밖 청소년의 개인 특성과 상황을 고려하여 상담지원, 교육지원, 직업체험 및 취업 지원, 자립지원 등의 프로그램을 통해 학교 밖 청소년들이 자신의 미래를 스스로 준비하여 공평한 기회를 얻을 수 있도록 지원한다.

■ 농산어촌 전원학교

농산어촌 소재 소규모 초·중학교로서, 자연친화적 환경과 e-러닝 첨단시설을 바탕으로 지역사회와 연계하여 영어 등 우수 공교육 프로그램을 운영하는 자율학교이다.

■ 다자주의

- 지역적·공간적 한계를 넘어선 포괄적 상호주의를 뜻한다.
- 무역문제에서의 다자주의는 국가간 협력 촉진을 위해 범세계적 협의체를 두고 규범·절차를 만들어 이를 준수하도록 하자는 접근방식을 말한다.
- WTO나 우루과이라운드(UR), 도하개발어젠다(DDA) 등이 그 대표적인 예이다. 이와 대조되는 개념으로는 양자주의, 지역주의 등이 있다.

■ 대안교육 특성화 고등학교

- 입시 위주의 주입식 교육과 학력 경쟁 중심으로 치우친 교육 상황에서 전인교육, 공동체 정신이 깃들어 있는 교육을 하고자 다양하고 독특한 교육과정을 운영하는 학교를 말한다.
- 국민공통기본 교육과정은 35% 범위 내에서 자율운영이 가능하고, 선택중심 교육과정도 자율적으로 운영하고 있다.

■ 두볼(Dovol)

- 두볼(Dovol)이라는 명칭은 'Do Volunteer(자원봉사 하다)'라는 문장의 약자로 '청소년 스스로가 친구나 가족, 선배와 함께 봉사활동을 하자!'라는 의미를 갖고 있다.
- 청소년들이 쉽고 편리하게 봉사활동에 관한 정보 검색 및 신청, 실적 확인까지 원스톱으로 진행할 수 있도록 개발된 '봉사활동 온라인 시스템'으로서, 빠르게 변화하고 발전하는 청소년들의 욕구를 반영하기 위하여 다양하고 흥미로운 청소년 봉사활동 프로그램을 제공하고 있다.

■ 드림스타트(Dream Start)
- 드림스타트의 시초는 학대, 방임 아동이 증가하는 가운데 아동복지 사각지대 해소를 위해 2006년 20개 보건소에서 시범사업으로 실시한 아동보호 보건복지 통합서비스이다.
- 2007년 희망스타트라는 이름으로 16개 시·군·구에서 시범사업을 실시하였으며, 2008년 사업명을 희망스타트에서 드림스타트로 변경해 현재에 이르고 있다. 취약계층 아동에게 맞춤형 통합서비스를 제공하여 아동의 건강한 성장과 발달을 도모하고, 공평한 출발 기회를 보장함으로써 건강하고 행복한 사회구성원으로 성장할 수 있도록 지원하고자 한다.

■ 레드 존(Red Zone : 청소년 통행금지·제한구역)
- 윤락가나 유흥가, 숙박업소 밀집지역 등 청소년의 범죄·비행·탈선 위험이 있는 유해환경에 청소년이 접근하거나 출입하는 것을 막기 위해 지정한 구역을 일컫는 말이다.
- 레드 존은 「청소년보호법」 제31조에 '청소년 통행금지·제한구역'이라는 명칭으로 명시되어 있다.

■ 면접교섭권
- 부부가 이혼한 뒤 자식을 양육하지 않는 부모가 자식을 만나거나 전화 또는 편지 등을 할 수 있는 권리를 말한다.
- 이 권리는 인간으로서 가지는 당연한 권리이자 천륜으로서, 특별한 사유가 없는 한 제한되지 않는다.
- 부부사이에 이혼하면서 어느 한 쪽의 면접교섭권을 허용하지 않는 계약을 체결한다 하더라도 「민법」 제103조의 사회상규에 반하는 계약으로서 무효이다.

■ 보건복지콜센터(129)
전국 어디서나 국번 없이 129번으로 전화해서 필요한 보건복지, 사회복지, 인구 정책, 위기대응관련 정보 및 상담 서비스를 제공받을 수 있다.

■ 사이버 불링(Cyber Bullying)
사이버 불링이란 피해자가 거부의사를 밝혔는데도 이메일이나 휴대전화 문자메시지로 협박 메시지를 보내거나 소셜 네트워크 서비스(SNS), 카카오톡 등 스마트폰 메신저를 이용하여 상대방을 정신적·심리적으로 괴롭히는 행위를 말한다.

■ 상상학교
- 여성가족부와 문화체육관광부가 공동 주최하고, 한국청소년활동진흥원과 한국문화예술교육진흥원이 공동으로 주관하고 있다.
- 상상학교란 서로 '상(相)'과 높이난 상(翔) + 학교'이 합성어로, '서로 마주보며 날개를 펴 높이 날자'라는 의미를 가진다.
- 청소년들의 꿈을 응원하고, 문화감수성 및 자기이해 증진의 기회를 가질 수 있도록 문화예술 교육을 지원하는 사업이다.
- 2022년부터 꿈다락 토요문화학교 '청소년 송캠프' 사업으로 개편되었다.

■ 성범죄 신고의무제도

- 「아동·청소년의 성보호에 관한 법률」 제34조에 의해 누구든지 아동·청소년 대상 성범죄의 발생 사실을 알게 된 때에는 수사기관에 신고할 수 있다.
- 관련 기관·시설 또는 단체의 장과 그 종사자는 직무상 아동·청소년 대상 성범죄의 발생 사실을 알게 된 때에는 즉시 수사기관에 신고하여야 한다.

■ 셧다운제

청소년의 과도한 게임 이용습관을 개선하고 청소년의 건강권·수면권을 확보하기 위해 16세 미만 청소년 대상 심야시간대(0~6시)에 인터넷게임 제공을 제한하는 제도이나, 2022년 1월부로 폐지되었다.

■ 세계청소년자원봉사의 날(Global Youth Service Day)

- 매년 4월에 전 세계적으로 개최되는 청소년이 중심이 되는 유일한 봉사 관련 행사로, 1988년에 시작되었다. 현재는 세계에서 가장 크고 오래된 봉사 관련 행사이다.
- 한국에서는 한국청소년활동진흥원을 중심으로 2001년부터 세계청소년자원봉사의 날을 기념하는 국제적 행동에 동참해오고 있으며, 행사기간은 일반적으로 5월 경이다.
- 2008년부터 2010년까지는 외국인 100만 시대의 새로운 이웃과의 소통을 위한 '다문화 자원봉사', 2011년에는 '가족과 함께하는 자원봉사'와 '성년의 날 기념 자원봉사', 2012년부터 2014년까지는 '소외계층과 함께하는 자원봉사활동', 2015년부터 2016년까지는 '지역사회와 함께하는 자원봉사활동'의 주제로 활동하였다. 2017~2018년의 주제는 '청소년의 자기주도적 봉사활동을 통한 지역사회 현안 해결'이었다.

■ 소년·소녀가정

부모의 사망, 이혼, 질병, 심신장애, 가출, 수형 등으로 인해 「국민기초생활보장법」에 의한 가구 중 만 18세 미만(출생일 기준, 부득이한 경우 20세까지 연장 가능)의 아동이 실질적으로 가정을 이끌어가고 있는 세대를 말한다.

■ 실종아동전문기관(Center for Missing Children)

실종아동과 관련된 실태조사 및 연구사업, 발생 예방을 위한 연구·교육 및 홍보, 실종아동 관련 데이터베이스 구축·운영, 실종아동의 가족지원 및 복귀 후 적응을 위한 상담 및 치료서비스를 제공한다.

■ 아동인권 당사자 모니터링

- 2006년 보건복지부에 의해 아동권리 모니터링 센터가 설립된 후 2014년까지는 보건복지부에서 담당하였다.
- 아동인권 당사자 모니터링 업무는 2015년 국가인권위원회로 이관되었다.
- UN아동권리협약을 바탕으로 하며, 아동안전 실태 모니터링, 아동의 놀 권리 보장실태 모니터링, 아동의 진로 선택권에 대한 모니터링 등이 이뤄진다.

- Lens(Lens of Children) 프로젝트
  - 권리 주체인 아동의 관점으로부터 출발하는 아동권리 증진을 표방하고 있다.
  - 능동적 모니터링 활동을 통해 스스로 만들어 나가는 아동 친화적 모니터링 방식이다.
  - 전국 10개 권역별 모니터링단으로 구성되고, 각 권역에는 30명 내외가 배정되며 실제 모니터링 기간은 8~11월로 4개월이다.
  - 2022년도 모니터링 공통주제는 '사이버(온라인)상에서 아동이 마주하는 폭력(사이버 폭력)'이었다.
  - 전국 10개 권역을 담당하는 코디네이터가 멘토 역할을 수행한다.

■ 아동권리 옴부즈퍼슨
  - 아동권리 옴부즈퍼슨은 UN 아동권리협약을 기반으로 국내 아동권리 보장 수준을 모니터링하는 것이 주 임무이다.
  - UN 아동권리협약에 근거한 ▲ 일반원칙 ▲ 시민적 권리와 자유 ▲ 가정환경과 대안양육 ▲ 장애, 기초보건 및 복지 ▲ 교육, 여가, 문화적 활동 ▲ 특별보호조치 등 각 영역별 활동 내용에 따라 우리나라 아동권리 현황을 모니터링하고, 이에 대한 정기적인 보고서를 제출하게 된다.

■ 아동보호전문기관
「아동복지법」 제45조에 의거하여 학대아동의 발견, 보호, 치료에 대한 신속한 처리 및 아동학대 예방을 전담하는 기관이다.

■ 아동빈곤율
  - 전체 아동이 있는 가구의 아동 중 최저생계비 이하인 아동 가구에 사는 아동 수를 백분율화한 것을 말한다.
  - 우리나라에서는 최저생계비를 기준으로 하여 그 이하에 속한 가족의 비율을 절대빈곤율이라고 보고 있는데, 이를 아동에 대입한 빈곤율이다.

■ 아동 이익 최우선의 원칙
  - 무차별 원칙, 생존과 발달의 권리 원칙, 어린이의견 존중 원칙과 함께 UN 아동권리협약의 기본이 되는 원칙이다.
  - 이 원칙은 공사의 사회복지기관, 법원·행정·입법기관 등에 의하여 실시되는 모든 아동 관련 활동에서 아동의 이익이 최우선으로 고려되어야 할 것을 규정하고 있다.

■ 아동학대
보호자를 포함한 성인이 아동의 건강 또는 복지를 해치거나 정상적 발달을 저해할 수 있는 신체적·정신적·성적 폭력이나 가혹행위를 하는 것과 아동의 보호자가 아동을 유기하거나 방임하는 것을 말한다.

- **아웃리치(Outreach)**
  - 일반적으로는 더 넓은 지역사회에 대한 봉사활동이라는 의미로 사용되기도 하는 아웃리치는 도움이 필요한 소외계층을 기다리기보다는 직접 현장에 나가 그들에게 도움과 정보를 제공하는 서비스를 말한다.
  - 여러 이유로 인해 복지기관이나 상담소를 찾지 않는 사람들에게 직접 찾아가서 실시하는 구제·지원활동을 말한다.
  - 청소년과 관련된 대표적인 아웃리치 활동은 현장으로 나가서 가출 배회 청소년을 적극적으로 발견하고, 상담 등의 적시적인 서비스 제공을 통해 청소년을 위기상황으로부터 구조하고 선도하는 보호활동이나 청소년이 흥미를 가질 수 있는 도구 및 프로그램을 활용하여 학업, 교우 관계 상담, 진로상담 등을 진행하는 것이다.

- **여성청소년 생리대 바우처 지원**
  - 자격기준을 충족하는 만 9~24세 여성청소년의 건강한 성장을 지원하기 위하여 월 13,000원, 연 최대 156,000원의 생리대 구입 바우처 포인트를 지원하는 사업이다(단, 19~24세는 2022년 5월부터 지원).
  - 청소년 대상자 본인 혹은 부모가 신청할 수 있으며, 부모의 사정으로 지원신청이 어렵거나 주양육자가 부모가 아닌 경우 청소년의 양육을 주로 담당하는 자가 신청할 수 있다.
  - 자격기준
    - 「국민기초생활보장법」에 따른 생계·의료·주거·교육 급여 수급자
    - 「국민기초생활보장법」에 따른 법정 차상위계층
      ※ 차상위계층 : 차상위자활, 차상위본인부담경감대상자, 차상위장애인, 차상위계층확인서 발급
    - 「한부모가족지원법」 제5조 및 제5조의2에 따른 지원대상자

- **요보호아동**
  부모 및 그 밖의 보호자와 사별하였거나 보호자가 행방불명되었을 때, 또는 보호자가 아동을 학대하는 경우 및 보호자에게 버림받는 등의 이유로 보호, 양육되지 못하는 18세 미만의 아동을 뜻한다.

- **우범소년**
  - 죄를 범하지는 아니하였으나 그 성격이나 환경으로 보아 장차 죄를 범할 우려가 있는 10세 이상 19세 미만의 소년을 일컫는다.
  - 우범소년에 대하여는 범죄를 미연에 방지하고, 본인을 보호·교도·개선시키기 위하여 형사·정책적으로 보안처분(보호처분)을 과하는 것이 세계 각국의 예로 되어 있다.
  - 한국의 「소년법」은 반사회성이 있는 소년에 대하여 그 환경의 조정과 품행의 교정(矯正)을 위하여 보호처분을 하도록 하고 있다.

■ 워킹스쿨버스
- 자원봉사자들이 통학 방향이 같은 초등학교 저학년 어린이들을 모아 안전하게 등·하교를 할 수 있도록 안내해 주는 프로그램을 말한다. '걸어 다니는 스쿨버스'라는 뜻으로, 정해진 시간과 장소에 모인 어린이들이 줄을 서서 걸으면 자원봉사자들이 이들의 앞뒤에서 횡단보도나 인적이 드문 곳 등 위험지역으로부터 안전하게 등·하교를 할 수 있도록 돕는다.
- 행정안전부가 2010년 5월 31일 교육과학기술부(현 교육부), 경찰청, 안전생활실천시민연합 등과 어린이 교통안전 지킴이 협약을 맺고 본격적인 워킹스쿨버스를 출범시켰다.

■ 유네스코 학생협회(KUSA)
- 지성의 요람인 대학에서 유네스코의 이념을 전파하고 건강한 대학문화를 창조하기 위해 활동하고 있는 유네스코 학생 동아리이다.
- 4·19 혁명, 5·16 군사쿠데타, 한·일 국교정상화 반대시위의 혼란 속에서 학생운동과 그에 대한 탄압으로 인해 대학 캠퍼스가 황폐화되고 학업에 정진할 수 없었던 1960년대의 참담한 현실 속에서 학원의 풍토를 반성하고 대학에 새로운 기풍을 일으키고자 했던 학생지도자들에 의해 1965년에 처음 설립되었다.

■ 유엔 아동권리협약(Convention on the Rights of the Child)
- 아동을 단순한 보호대상이 아닌, 존엄성과 권리를 지닌 주체로 보고 이들의 생존, 발달, 보호에 관한 기본 권리를 명시한 협약이다.
- 이 협약은 1989년 11월 20일 유엔총회에서 만장일치로 채택돼 한국(1991년 가입)과 북한을 포함하여 세계 196개국이 비준했다(2023년 기준).
- 협약은 18세 미만 아동의 생명권, 의사표시권, 고문 및 형벌 금지, 불법해외이송 및 성적학대금지 등 각종 아동기본권의 보장을 규정하고 있으며, 협약가입국은 이를 위해 최대한의 입법·사법·행정적 조치를 취하도록 의무화하고 있다.

■ 위스타트(We Start)
저소득층 아동들이 가난의 대물림으로부터 벗어나도록 복지와 교육의 기회를 제공해 주어 삶의 출발(Start)을 돕자는 취지의 시민운동으로 복지, 교육, 건강 서비스를 3대 축으로 한다.

■ 이주배경청소년

• 이주배경청소년(9~24세)이란 「청소년복지지원법」 제18조에 따라 다문화가족의 청소년과 그 밖에 국내로 이주하여 사회·문화 적응 및 언어 학습 등에 어려움을 겪는 청소년을 의미한다.

• 지원 내용

구 분	내 용
레인보우 스쿨	• 전국 17개 시·도, 26개 기관에서 위탁운영(2024년 기준) • 한국어 교육(기초·심화 학습), 진로교육(진로 탐색·설계), 필수교육(안전, 유해환경), 사회적응 프로그램 등 지원 • 총 32주(1학기 16주, 2학기 16주), 전일제, 시간제 운영 ※ 위탁운영기관마다 프로그램의 차이가 있음
탈북청소년 사회적응 프로그램	• 비교문화체험학습 : 기초생활 체험(대중교통 이용, 교통카드 충전), 경제생활 체험(남한의 화폐 사용 및 물품 구매 체험), 교육기관 체험(대학 탐방), 문화체험, 역사체험 등 • 미래를 향한 첫걸음 : 한국사회 적응에 필요한 성, 인권, 진로, 건강, 자기이해 등 관련 교육을 지원하여 건강한 가치관 확립
상담지원 및 상담환경 조성	• 이주배경청소년의 심리적 어려움 해소 및 한국생활 정착을 위한 통합적 심리정서지원(대면, 비대면, 온라인 등) • 이주배경청소년의 원활한 심리·상담을 돕고자 상담 통역(중국어, 베트남어, 러시아어, 몽골어) 지원 • 상담 및 사례관리사 위촉하여 상담역량 강화 및 찾아가는 상담 지원 • 이주배경청소년의 사회적응 심리상태를 객관적으로 평가할 수 있는 심리사회적응검사 온라인 프로그램 운영·보급
청소년 다문화감수성 증진 프로그램 (다가감)	• 이주배경청소년 다문화감수성 증진 프로그램 12차시 운영(다양성, 관계성, 보편성)을 위해 강사 파견, 프로그램 보급 및 교육 자료 지원 • 초·중학생 등 학령기 청소년의 다문화 감수성을 향상해 인식개선 및 세계시민의식 제고
이주배경청소년 지원인력 양성	• 이주배경청소년 유관기관 종사자들의 다문화 역량 강화 • 청소년지도자 대상 다문화 역량강화 교육과정 제작 및 보급

※ 다톡다톡 카페 : 이주배경청소년들의 사회 연계 및 자립지원을 목적으로 2013년부터 시작된 카페로, 바리스타 및 제과제빵사 직업훈련과정을 수료하고 자격증을 취득한 이주배경청소년들이 주도적으로 운영해보는 과정을 통해 지속적으로 직업훈련과 실습교육을 받고, 이를 통해 안정적으로 사회에 진출하도록 돕는다. 2020년 12월 운영을 종료하였다.

■ 인터넷・스마트폰 치유캠프
- 인터넷・스마트폰 치유캠프는 여성가족부가 주최하고 한국청소년상담복지개발원이 주관하는 11박 12일의 기숙형 치료캠프로서, 인터넷・스마트폰 과의존을 극복하도록 지원하는 프로그램이다.
- 참여대상은 중학생 연령 이상의 인터넷・스마트폰 과의존 위험군 청소년이다.
- 기준중위소득 50% 이하일 경우 참가비용이 면제된다.
- 프로그램 구성
  - 전문가들의 정확한 진단 및 평가
  - 개별 특성에 따른 맞춤형 개인상담
  - 또래와 함께하는 집단상담
  - 부모교육 및 가족상담
  - 인터넷을 대체할 대안활동 체험
  - 자율성, 성취감, 자존감을 높이는 자치활동
  - 캠프 종료 후 청소년동반자 연계를 통한 사후관리

■ 입양 숙려제
- 친생부모(특히 미혼모)의 입양결정이 출산 전 또는 출산 직후에 이루어지는 것으로 인한 문제점을 예방하기 위한 제도로서, 친생부모의 입양동의가 아동의 출생일로부터 일주일이 지난 후 이루어지도록 법적으로 규정한 것이다.
- 숙려기간 동안에는 친생부모가 아동을 보호하는 것을 원칙으로 한다.

■ 자기주도적 학습
학습자가 스스로 학습의 참여여부에서부터 목표설정 및 교육프로그램의 선정과 교육평가에 이르기까지 자발적 의사에 따라 선택하고 결정하여 행하게 하는 학습형태이다.

■ 정서・행동장애 청소년 지원
- 정서・행동장애로 어려움이 있는 만 9~18세 청소년(우울, 불안, 비행, 품행 장애, 주의력결핍 및 과잉행동장애 등의 문제로 학교생활이나 대인관계에서 어려움을 겪는 청소년)에게 종합적・전문적 치료・재활 서비스를 제공하여 청소년의 정상적 생활 영위 및 건강한 성장을 지원하기 위한 사업이다.
- 지원내용
  - 상담・치료 : 정신의학전문의, 상담사 등의 종합적・전문적 상담
  - 보호 : 기숙형 보호시설에서 생활습관 및 사회적응행동, 대인관계기술 습득
  - 교육 : 학습권 보장을 위한 대안 교육(초, 중, 고)
  - 자립지도 : 수료 후 청소년들의 사회적응 및 자립을 위한 직업교육, 진로탐색, 체험활동 등

■ 정책 프로슈머

프로슈머는 생산자(Producer)와 소비자(Consumer)의 합성어로 '정책 프로슈머'는 국민이 단순한 정책집행 대상이 아니라 정책개발자로서 적극 참여, 정부와 국민이 정책으로 소통하는 것을 의미한다.

■ 제7차 청소년정책 기본계획(2023~2027)

• 비전 : 디지털 시대를 선도하는 글로벌 K-청소년

• 수립 방향

  – 플랫폼 기반 청소년활동 활성화 : 청소년 디지털 역량 활동 강화, 청소년 미래 역량 제고, 다양한 체험활동 확대, 학교안팎 청소년활동 지원 강화

  – 데이터 활용 청소년 지원망 구축 : 위기청소년 복지지원체계 강화, 청소년 자립지원 강화, 청소년 유형별 맞춤형 지원

  – 청소년 유해환경 차단 및 보호 확대 : 청소년이 안전한 온・오프라인 환경 조성, 청소년 범죄 예방 및 회복 지원, 청소년 근로보호 강화

  – 청소년의 참여・권리 보장 강화 : 청소년 참여활동 강화, 청소년 권익 증진

  – 청소년정책 총괄 조정 강화 : 청소년정책 인프라 개선, 지역 맞춤형 청소년정책 추진체계 구축

■ 조사망률

• 1년간의 사망수를 그 해의 인구로 나눈 것으로 보통 1,000배하여 인구 1,000대로 표시한다.

• 연령, 계층, 성별, 사인 등을 고려하지 않고 정정하지 않은 채로 나타낸 사망률을 말한다.

• 조사망률(%) = (특정 1년간의 총 사망건수 / 당해 연도의 연앙인구) × 1,000

■ 조이혼율

• 1년간 발생한 총 이혼건수를 당해 연도의 주민등록에 의한 연앙인구로 나눈 수치를 1,000분비로 나타낸 것이다.

• 조이혼율(%) = (특정 1년간의 총 이혼건수 / 당해 연도의 연앙인구) × 1,000

■ 조출생률

• 특정 인구집단의 출산수준을 나타내는 기본적인 지표로서, 1년간의 총 출생아 수를 당해 연도의 총 인구로 나눈 수치를 1,000분비로 나타낸 것이다.

• 조출생률(%) = (특정 1년간의 총 출생아수 / 당해 연도의 연앙인구) × 1,000

■ 주의력결핍 및 과잉행동장애(ADHD)

• 아동기에 많이 나타나는 장애로서, 지속적으로 주의력이 부족하며 산만하고 과다활동, 충동성을 보이는 상태를 말한다.

• 이러한 증상들을 치료하지 않고 방치할 경우 아동기 내내 여러 방면에서 어려움이 지속되고, 일부의 경우 청소년기와 성인기가 되어서도 증상이 남게 된다.

■ 중도입국 청소년

결혼이민자가 한국인 배우자와 재혼하여 본국의 자녀를 데려온 경우와 국제결혼가정의 자녀 중 외국인 부모의 본국에서 성장하다 청소년기에 재입국한 청소년의 경우를 말한다.

■ 중앙다문화교육센터

• 국가평생교육진흥원이 2012년 5월부터 교육부 지정으로 운영하고 있다.

• 건강하고 조화로운 다문화사회를 구현하는 것이 목표이며, 국가 다문화교육 추진체계의 중추로서 다문화교육 정책연구 및 정책 사업을 선도적으로 추진하고 있으며, 사회적인 인식을 개선하여 지속적인 관심과 적극적인 참여를 유도하고 있다.

• 관계부처, 민간기업, NGO, 대학, 연구소 등과 파트너십을 맺고, 시도교육청, 시·도 다문화교육지원센터와 연계사업을 추진하여 단위학교에 다문화 정책이 실행될 수 있게 기능한다.

■ 지역사회 청소년통합지원체계(CYS–Net, Community Youth Safety Network)

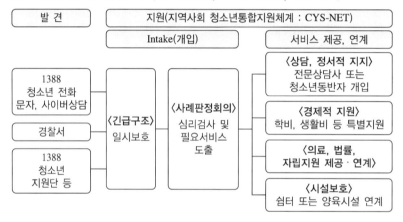

• 지역사회 내 청소년 관련 자원을 연계하여 학업중단, 가출, 인터넷중독 등 위기청소년에 대한 상담·보호·교육·자립 등 맞춤형 서비스를 제공하는 사업이다.

• 만 9~24세의 청소년과 그 가족을 대상으로 한다.

• 지원 내용
 – 지역사회 청소년통합지원체계(청소년안전망)를 구축·운영하고 있는 전국 청소년상담복지센터에서 서비스 제공
 – 청소년에 대한 상담, 긴급구조, 보호, 의료지원, 학업지원, 자립지원 등의 서비스 제공 및 상담복지 사례 관리
 – 전화, 휴대전화 문자상담, 사이버 채팅상담 등 유·무선 상담 지원
 – 위기청소년의 학교나 가정을 찾아가 심리적·정서적으로 안정을 찾을 수 있도록 찾아가는 전문가(청소년동반자) 상담 서비스 제공
 – 학교 밖 청소년 지원센터(학업중단 청소년 자립 및 학습지원) 등 지역사회 청소년 연계기관과의 원활한 연계 지원

■ 청소년(Youth)

- 「청소년기본법」 제3조에 의거해 9세 이상 24세 이하인 사람을 말한다.

- 「청소년보호법」 제2조에 의거해 만 19세 미만인 사람을 말한다. 다만, 만 19세가 되는 해의 1월 1일을 맞이한 사람은 제외한다.

- 다른 법률에서 청소년에 대한 적용을 다르게 할 필요가 있는 경우에는 따로 정할 수 있다.

■ 청소년 근로권익 보호

- 일하는 청소년 보호 및 안전한 근로 환경을 조성하려는 목적으로 시작된 사업이다.

- 지원 내용

  - 청소년이 아르바이트 도중 부당한 처우를 받은 경우, 상담 제공 및 부당처우 사례에 대한 아르바이트 현장 도우미(근로 청소년의 부당처우에 대해 직접 현장을 찾아가서 문제해결에 도움을 주는 서비스)를 연계해준다.

  - 밀착상담, 노동관서 신고, 현장방문 등의 문제해결 서비스를 제공한다.

■ 청소년동반자

- 여성가족부의 '청소년동반자 프로그램'의 핵심인력으로 위기청소년들에게 찾아가서 서비스를 제공하는 전문가를 말한다.

- 청소년동반자가 위기청소년과 연결되어 직접 찾아가서 상담, 정서적 지지, 기관연계, 사례관리 등을 제공하는 프로그램이다.

- 청소년동반자는 여성가족부의 사회안전망인 지역사회 통합지원체계(Community Youth Safety-Net) 내에서 활동하여 효율성을 높이는 역할을 한다.

전일제 동반자	주 40시간 근무를 실시하되, 청소년의 시간에 맞추어 저녁, 휴일 등에 탄력적으로 근무한다.
시간제 동반자	시간제 동반자는 주 12시간 근무한다.

■ 청소년방과후아카데미

- 초등 4학년부터 중등 3학년까지의 청소년을 대상으로 여성가족부와 지방자치단체에서 청소년들의 건강한 방과 후 생활과 삶의 질 향상을 위해 전문체험 및 학습 프로그램, 청소년 생활관리 등 종합서비스를 지원하는 국가정책지원 사업이다(10월부터는 지역 수요에 따라 예비 4학년도 참여 가능).

- 2005년 46개소 시범운영을 시작하여 2006년 전국적으로 확대, 현재 청소년 수련관, 청소년문화의 집 등의 지자체 공공시설에서 350개소가 운영되고 있다(2023년 12월 기준).

- 맞벌이 · 한부모 · 장애 · 취약계층 가정의 나홀로 청소년을 대상으로 활동 · 복지 · 보호 · 지도를 통하여 자립할 수 있는 역량배양을 지원하는 것을 목표로 한다.

- 청소년방과후아카데미의 운영 기능
  - '방과 후 나홀로 청소년'을 위한 안전하고 안정적인 공간의 기능
  - 체험을 통한 건강한 놀이·문화를 체험하고 실천하는 기능
  - 보호자·청소년·지역사회가 원활하게 소통할 수 있도록 돕는 기능
  - 정규교육으로 부족한 인성 및 창의성 개발 지원 기능
- 지역사회 차원에서 청소년 활동·복지·보호체계를 구축하고 청소년의 건강한 성장을 도모하며, 청소년의 요구와 부모의 기대에 부응하는 운영을 추진 내용으로 한다.

■ 청소년복지지원법

- 「청소년기본법」 제49조 제4항의 규정에 따라 청소년복지 증진에 관한 사항을 정하기 위해 제정한 법이다.
- 청소년복지란 청소년이 정상적인 삶을 영위할 수 있는 기본적인 여건을 조성하고 조화롭게 성장·발달할 수 있도록 제공되는 사회적·경제적 지원을 말한다.
- 청소년은 이 법의 규정을 적용함에 있어 인종·종교·성·연령·학력·신체조건 등의 조건에 의해 차별을 받아서는 안 된다.
- 청소년은 사회의 정당한 구성원으로서 본인과 관련된 의사결정에 참여할 권리를 가진다.

■ 청소년성문화센터

- 「서울시 청소년시설 및 설치운영에 관한 조례」와 「아동·청소년 성보호에 관한 법률」에 근거하여 운영되는 청소년 성교육 전문 특화시설이다.
- 청소년의 건전한 성 가치관 함양과 폭력 예방 등을 목적으로 전국 57개소의 청소년성문화센터가 운영되고 있다.
- 아동·청소년이 다양한 도구와 매체를 활용하여 자기주도적으로 학습할 수 있는 성교육 전문기관으로서, 체험학습을 통해 건강한 성 가치관 정립을 지원하고, 한편으로는 성범죄 피해를 사전에 예방할 수 있도록 교육을 진행하는 곳이다.

■ 청소년수련활동인증제

- 청소년수련활동인증제는 「청소년활동진흥법」 제35조에 따라 국가 및 지방자치단체 또는 개인·법인·단체 등이 실시하고자 하는 청소년수련활동을 인증하고, 인증수련활동에 참여한 청소년의 활동 기록을 유지·관리·제공하는 국가인증제도이다.
- 국가가 청소년수련활동의 공공성과 신뢰성을 인증함으로써 청소년활동 정책의 실효성을 제고하고, 청소년의 교육·사회적 환경변화에 따른 양질의 청소년활동 정책과 참여 기회를 제공한다.
- 다양한 청소년활동 정보제공 및 청소년활동 참여 활성화 기능을 하며, 자기계발 및 진로모색 등에 활용 가능한 활동기록을 관리하고 제공한다.

■ 청소년 어울림마당
- 문화예술, 스포츠 등을 소재로 한 공연, 경연, 전시, 놀이체험 등 다양한 청소년 활동이 펼쳐지는 장으로 청소년의 접근이 용이하고 다양한 지역 사회 자원이 결합된 일정한 공간을 의미한다.
- 주말중심의 정기 운영이 원칙이며, 이에 따른 무대와 음향, 조명 등 장비의 상설화 방안을 강구해야 한다.
- 2011년부터 16개 시·도 대표 어울림마당과 110개 시·군·구 어울림마당이 지원·운영되고 있으며, 시·도 대표 어울림마당은 연 11회 이상(단, 세종특별자치시는 연 6회 이상), 시·군·구 어울림마당은 연 6회 이상 진행하는 것을 원칙으로 한다.

■ 청소년육성기금의 주요기능
- 청소년활동의 지원
- 청소년시설의 설치와 운영을 위한 지원
- 청소년지도자의 양성을 위한 지원
- 청소년단체의 운영과 활동을 위한 지원
- 청소년복지 증진을 위한 지원
- 청소년보호를 위한 지원
- 청소년 육성 정책의 수행 과정에 관한 과학적 연구의 지원
- 청소년 육성기금의 용도(「청소년기본법 시행령」 제37조)
  - 청소년육성에 관한 홍보
  - 청소년의 포상 및 격려
  - 기금의 운용 및 관리
  - 그 밖에 여성가족부장관이 청소년육성 등을 위하여 필요하다고 인정하는 사업

■ 청소년의 달
- 청소년의 능동적이고 자주적인 주인의식을 고취하고, 청소년육성을 위한 국민의 참여 분위기를 조성할 목적으로 제정한 달로, 해마다 5월이다(「청소년기본법」 제16조).
- 행사 주관 부처는 여성가족부이며, 국가·지방자치단체·공공단체·청소년단체 및 직장별로 각각 실정에 따라 기념행사를 연다.
- 행사 내용
  - 청소년의 문화·예술·수련·체육에 관한 행사
  - 청소년의 인권 증진 및 육성 등에 관한 연구 발표 행사
  - 모범 청소년, 청소년지도자 및 우수 청소년단체 등에 대한 포상
  - 대중매체 등을 이용한 홍보 행사
  - 그 밖에 청소년육성에 관하여 범국민적인 관심을 높이기 위하여 필요한 행사 등

PART 4

■ 청소년쉼터

청소년쉼터에서는 무료 숙식 및 의료 서비스 제공, 가정 밖 청소년을 위한 상담 및 심리검사, 생활지도 등의 일시보호 활동을 한다. 또한, 상담프로그램을 제공하고 청소년 가출 실태조사연구 등의 조사연구 활동, 청소년문제 예방프로그램 진행 등을 한다.

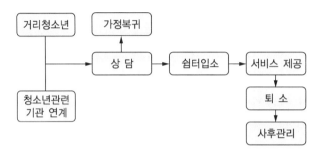

구 분	일시쉼터	단기쉼터	중장기쉼터
보호기간	24시간~7일 이내	3개월 이내(최장 9개월) *3개월씩 2회에 한하여 연장 가능	3년 이내(최장 4년) *1년씩 1회에 한하여 연장 가능

[청소년쉼터 입소절차 및 기간]

■ 청소년 유해매체물
• 「청소년보호법」 제2조에 의거해 청소년보호위원회가 청소년에게 유해한 것으로 결정하거나 확인하여 고시한 매체물로 「청소년보호법」 규정에 따른다.
• 동법 제7조에 의해 청소년 유해매체물을 심의·결정하는 곳은 여성가족부 산하 '청소년보호위원회'이다.

■ 청소년 유해매체물 방송 금지 시간
• 평일 : 오전 7시부터 오전 9시까지, 오후 1시부터 오후 10시까지
• 토요일, 공휴일 및 초등학교·중학교·고등학교의 방학기간 : 오전 7시부터 오후 10시까지
• 다만, 「방송법」에 따른 방송 중 시청자와의 계약에 의하여 채널별로 대가를 받고 제공하는 방송의 경우에는 오후 6시부터 오후 10시까지로 한다.

■ 청소년상담 1388
• 청소년이라면 누구나 이 전화를 통하여 다급한 위기 해결에서부터 근본적인 심리 상담까지 종합적인 서비스를 제공받을 수 있다.
• 청소년의 보호자와 지도자는 물론이고, 청소년의 건강한 성장을 바라는 사람이라면 누구나 이 전화를 통하여 청소년 유해환경 신고, 정보제공, 전문가와의 상담 등을 할 수 있다.
• 1388은 언제, 어느 곳에서든 도움을 필요로 하는 청소년 곁으로 제일 먼저 달려가기 위해 전국에서 24시간 쉬지 않고 운영되고 있다.

- 청소년자기도전포상제
  - 만 7~15세(초등학교 1학년~중학교 3학년) 청소년들이 스스로 정한 목표를 성취해가며, 숨겨진 끼를 발견하고 꿈을 찾아가는 자기성장 프로그램이다.
  - 봉사활동, 자기개발활동, 신체단련활동, 탐험활동, 진로개발활동의 5가지 활동영역으로 구성되어 있다.
  - 포상단계는 동장(16주), 은장(16~32주), 금장(24~48주)이다.

- 청소년증
  - 만 9~18세 청소년의 공적 신분증으로 대학수학능력시험 · 검정고시 · 운전면허시험 · 어학시험 등 각종 시험과 금융기관에서 본인확인, 대중교통 · 박물관 · 공원 · 미술관 · 유원지 등에서 청소년 우대요금 적용이 된다.
  - 2017년 1월 11일부터 교통카드 기능이 추가되어 대중교통 및 편의점, 베이커리 등 가맹점에서 선불결제도 가능하다.
  - 청소년 또는 대리인이 주소지와 관계없이 가까운 읍 · 면 · 동 주민센터에서 무료로 신청할 수 있다.

- 청소년 참여활동
  - 청소년특별회의
    - 「청소년기본법」 제12조에 의거해 2005년에 설치된 여성가족부 소속의 청소년 및 관련 전문가들이 토론과 활동을 통해 범정부적 청소년정책과제를 정부에 제안하는 전국단위의 청소년참여기구이다.
    - 타 회의체와는 다르게, 청소년특별회의 지역회의를 구성해, 의제를 발굴, 예비회의와 평가회의를 거쳐 본회의를 통해 의제를 각 부처에 제안한다.
  - 청소년참여위원회
    - 여성가족부 및 지방자치단체 청소년정책 수립 및 시행과정에 청소년이 참여하고 의견을 제안하는 청소년참여기구이다.
    - 청소년 시책의 실효성을 제고하고 권익 증진을 도모하는 것을 목적으로 한다.
  - 청소년운영위원회
    - 청소년수련시설(청소년수련관, 청소년문화의 집 등) 사업 · 프로그램 등 운영에 청소년이 참여하여 의견제시와 자문, 평가 등의 활동을 하는 청소년참여기구이다.
    - 청소년의 수요와 의견을 반영하는 청소년이 주인이 되는 시설이 되도록 하기 위해 설치한 위원회를 말한다.

■ 청소년 희망센터(청소년 권리교육 사업)
- 2011년부터 여성가족부 위탁사업의 일환으로 한국청소년상담복지개발원 내에 설치된 청소년권리 전담기구이다.
- 권리의 주체자이자 의무자인 청소년들이 자신의 권리를 지키고, 타인의 권리를 존중해 주며, 희망 속에 살아갈 수 있도록 돕기 위해 청소년 권리과제 발굴 및 모니터링, 교육·홍보, 프로그램 개발·보급 등 다양한 활동을 하고 있다.

■ 탈북청소년 교육지원센터
- 2009년 7월 교육부가 탈북청소년에 대한 종합적 교육대책을 수립하고, 그 일환으로 한국교육개발원에 탈북청소년 지원사업을 위탁하였다.
- 탈북청소년 교육지원센터는 탈북청소년의 교육기회 보장과 사회정착 지원을 위해 탈북청소년 교육 문제를 진단하고, 지원사업을 수행한다.

■ 학교 밖 청소년(「학교 밖 청소년 지원에 관한 법률」 제2조)
- 초등학교·중학교 또는 이와 동일한 과정을 교육하는 학교에 입학 후 3개월 이상 결석하거나 취학 의무를 유예한 청소년
- 고등학교 또는 이와 동일한 과정을 교육하는 학교에서 제적·퇴학처분을 받거나 자퇴한 청소년
- 고등학교 또는 이와 동일한 과정을 교육하는 상급학교에 진학하지 아니한 청소년

■ 학교전담경찰관(School Police Officer)
각 초·중·고등학교에 배치돼 학교폭력 예방교육과 상담 등을 담당한다. 강의로 학교폭력에 대한 경각심을 높이고, 상담으로 학교폭력 가해 및 피해학생을 선도하며, 교사와 유기적 관계를 유지해 학교폭력을 예방하는 것이 그 역할이다.

■ 학교폭력
- 「학교폭력예방 및 대책에 관한 법률」 제2조에 의거하여 학교 내·외에서 학생을 대상으로 발생한 상해, 폭력, 감금, 협박, 약취·유인, 명예훼손·모욕, 공갈, 강요·강제적 심부름 및 성폭력, 따돌림, 사이버 따돌림, 정보통신망을 이용한 음란·폭력 정보 등에 의하여 신체·정신 또는 재산상의 피해를 주는 행동 모두를 말한다.
- 학교폭력 전화상담 : 117
- 학교폭력 문자상담 : #0117

■ 학령인구
초등학교에서 대학교까지의 인구로 만 6~21세 인구를 말한다.

■ 학습 자아효능감
학습과제를 성공적으로 학습하거나 수행해 낼 수 있는지에 관한 주관적인 확신을 가리킨다.

- **학업중단 숙려제**
  - 학업중단 징후가 발견되거나 의사를 밝힌 초·중·고 학생 및 학부모에게 Wee센터(Wee클래스), 청소년상담복지센터 등에서 외부 전문 상담을 받으며, 최소 1주~최대 7주의 숙려하는 기간을 갖도록 하는 제도이다.
  - 학생에게 신중한 선택을 할 수 있도록 기간을 부여하는 것이 제도의 목적이다.

- **한국직업정보시스템(워크넷)**

  국내 대표직업 625개 직업에 대해 하는 일, 되는 길, 업무수행능력, 지식, 성격, 흥미, 직업가치관, 관련학과, 일자리 전망 및 180여개의 학과정보를 제공하며 온라인 진로상담이 가능하다.

- **한국청소년단체협의회**
  - 국내 청소년단체들의 자발적인 민간협의체로 약칭 '청협(靑協)'이라 한다.
  - 국가 발전에 이바지할 수 있는 바람직한 청소년 육성과 국내외 청소년단체 상호간의 협력 및 교류와 지원을 목적으로 하고 있다.

- **한국청소년상담복지개발원**
  - 국책 상담복지 중추기관으로 청소년 문제의 예방 및 해결을 위해 일하고 있다.
  - 주요 사업으로는 청소년 상담 및 복지와 관련된 정책의 연구, 청소년 상담·복지 사업의 개발 및 운영지원, 청소년 상담기법의 개발 및 상담 자료의 제작·보급, 청소년 상담·복지 인력의 양성 및 교육 등이 있다.

- **한국청소년활동진흥원(KYWA)**
  - 다양하고 창의적인 청소년 체험활동을 진흥시켜 청소년의 잠재 역량 계발과 인격형성을 도모하고, 수련·참여·교류·권리증진 활동을 종합적으로 지원함으로써, 궁극적으로 청소년의 삶의 질 향상에 기여함을 목적으로 한다.
  - 청소년수련활동인증제, 자원봉사활동, 국제청소년성취포상제, 청소년활동프로그램 개발·보급, 청소년활동정보의 종합관리, 청소년지도자 양성, 국내외 청소년교류 등 청소년활동 활성화를 위한 주요 사업과 기능을 발전시키고 있다.
  - 국립수련시설 : 국립중앙청소년수련원(충남 천안), 국립평창청소년수련원(강원 평창), 국립청소년우주센터(전남 고흥), 국립청소년농생명센터(전북 김제), 국립청소년해양센터(경북 영덕), 국립청소년미래환경센터(경북 봉화)

  ※ 참 고

  2024년 7월 국립청소년생태센터(부산) 개원 예정

■ PISA(Programme for International Student Assessment, 국제학업성취도평가)

- 만 15세 학생들의 읽기, 수학, 과학 소양 수준 파악 및 소양 수준에 영향을 주는 배경변인과의 연계 분석을 통해 각국 교육정책 수립의 기초자료를 제공하는 것을 목적으로 한다.
- 지식을 상황과 목적에 맞게 활용할 수 있는 기본적인 '소양'을 강조하는 평가이다.
- 대부분의 나라에서 의무교육이 종료되는 시점인 만 15세 학생을 대상으로 평가가 이루어진다.
- 우리나라의 경우, 만 15세 학생의 대부분(약 98%)이 고등학교 1학년에 해당한다.

■ Wee 프로젝트

- Wee는 We(우리들)와 Education(교육), 또는 We(우리들)와 Emotion(감성)의 합성어로서, 학교, 교육청, 지역사회가 연계하여 학생들의 건강하고 즐거운 학교생활을 지원하는 다중의 통합지원 서비스이다.
- Wee클래스는 단위학교에 설치되는 1차 Safe-Net으로서, 학교부적응 학생을 조기에 발견하고 예방하며, 학교적응력 향상을 지원한다.
- Wee센터는 시·도 지역교육청 차원에 설치되는 2차 Safe-Net으로서, 전문가의 지속적인 관리가 필요한 학생을 위한 진단-상담-치유 원스톱 서비스를 제공한다.
- Wee스쿨은 시·도 교육청 차원에 설치되는 3차 Safe-Net으로서, 중·장기적인 치유가 필요한 고위기군 학생을 위한 통학형·기숙형 장기위탁교육 서비스를 제공한다.

2024 SD에듀 청소년지도사 2 · 3급 2차 면접대비

개정8판1쇄 발행	2024년 07월 15일 (인쇄 2024년 05월 16일)
초 판 발 행	2016년 06월 10일 (인쇄 2016년 04월 21일)
발 행 인	박영일
책 임 편 집	이해욱
저 자	SD 청소년지도연구소
편 집 진 행	김은영 · 오지민
표지디자인	김지수
편집디자인	최미림 · 채현주
발 행 처	(주)시대고시기획
출 판 등 록	제10-1521호
주 소	서울시 마포구 큰우물로 75 [도화동 538 성지 B/D] 9F
전 화	1600-3600
팩 스	02-701-8823
홈 페 이 지	www.sdedu.co.kr

I S B N	979-11-383-6921-3 (13330)
정 가	28,000원

나는 이렇게 합격했다

당신의 합격 스토리를 들려주세요
추첨을 통해 선물을 드립니다

베스트 리뷰
갤럭시탭/ 버즈 2

상/하반기 추천 리뷰
상품권/ 스벅커피

인터뷰 참여
백화점 상품권

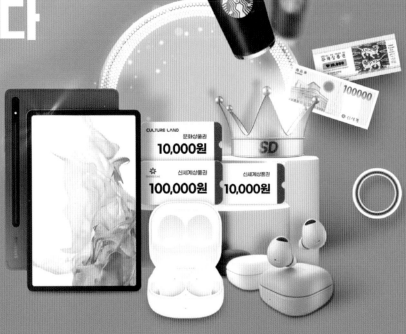

이벤트 참여방법

합격수기

SD에듀와 함께한
도서 or 강의 선택 > 나만의 합격 노하우
정성껏 작성 > 상반기/하반기
추첨을 통해 선물 증정

인터뷰

SD에듀와 함께한
강의 선택 > 합격증명서 or
자격증 사본 첨부,
간단한 소개 작성 > 인터뷰 완료 후
백화점 상품권 증정

이벤트 참여방법
다음 합격의 주인공은 바로 여러분입니다!

QR코드 스캔하고 ▷ ▷ ▷ ▶
이벤트 참여하여 푸짐한 경품받자!

합격의 공식
SD에듀